商业地产实战系列丛书

商业地产金牌策划与案例大全

徽 湖 编著

中国建筑工业出版社

图书在版编目（CIP）数据

商业地产金牌策划与案例大全 / 徽湖编著. 一北京：中国建筑工业出版社，2016.12

（商业地产实战系列丛书）

ISBN 978-7-112-19783-5

Ⅰ.①商… Ⅱ.①徽… Ⅲ.①房地产市场—营销策划 Ⅳ.①F293.352

中国版本图书馆CIP数据核字（2016）第214472号

本书主要内容为：第一章商业地产策划的基本知识，第二章商业策划的目的，第三章商业地产调研，第四章商业地产项目定位，第五章商业地产客户定位，第六章商业地产产品策略建议，第七章商业地产营销策划，第八章商业地产价格策略，第九章大型购物中心（Shopping Mall）策划，第十章超级市场策划，第十一章社区底商策划，第十二章城市综合体策划，第十三章商业步行街策划，第十四章商业地产策划实务，附录还有商业地产策划所需表格。

责任编辑：毕凤鸣
责任校对：李欣慰　姜小莲

商业地产实战系列丛书
商业地产金牌策划与案例大全
徽　湖　编著
*
中国建筑工业出版社出版、发行（北京海淀三里河路9号）
各地新华书店、建筑书店经销
北京京点图文设计有限公司制版
廊坊市海涛印刷有限公司印刷
*
开本：787×1092 毫米　1/16　印张：24¾　字数：417千字
2017年1月第一版　2017年1月第一次印刷
定价：**54.00**元
ISBN 978-7-112-19783-5
（29174）

版权所有　翻印必究
如有印装质量问题，可寄本社退换
（邮政编码 100037）

目 录

第一章 商业地产策划的基本知识

第二章 商业策划的目的

第三章 商业地产调研

第四章 商业地产项目定位

第五章 商业地产客户定位

第六章 商业地产产品策略建议

第七章 商业地产营销策划

第十章 超级市场策划

第十一章 社区底商策划

第十二章　城市综合体策划

第十三章 商业步行街策划

第十四章 商业地产策划实务

第一章

商业地产策划的基本知识

第一节　策划的起源

中国是策划的鼻祖。在古代，策划广泛应用于军事、政治和外交领域。在中国，策划的第一次大发在春秋战国时期。春秋战国时期诸侯之间相互争霸，各自聚集了一批谋士、策士为其实现霸权出谋划策。除了儒、道、法和纵横家之外，以孙子为首的兵家在当时也占有一席之地。兵家许多策略至今仍然是策划人常用的招数。这一时期，兵书巨著有如雨后春笋般问世。其中，具有代表性的有《孙子兵法》、《吴子兵法》、《尉缭子》、《孙膑兵法》、《战国策》等。这个时期所创造的一个个经典策划案例，组成了中国策划思想史上的一个宝库。其中的齐王与田忌赛马、周忌讽齐王纳谏、孝公识贤轶变法、苏秦合纵齐抗齐、张仪连横破六国、信陵冒死窃兵符等，都是中国古代典型的策划案例。

策划在汉朝一度活跃，特别是东汉末年的三国鼎立时代，由于魏、蜀、吴三国争天下，策划人才得到重视和重用，诸葛亮就是这一时期最具代表性的策划大师。建安十二年（公元 207 年），诸葛亮 27 岁时，刘备“三顾茅庐”于襄阳隆中会见诸葛亮，问统一天下大计，诸葛亮精辟地分析了当时的形势，提出了首先夺取荆、益作为根据地，对内改革政治，对外联合孙权，南抚夷越，西和诸戎，等待时机，两路出兵北伐，从而统一全国的战略思想。这次交谈即是著名的《隆中对》。诸葛亮于危难之际出面辅佐刘备，联孙抗曹，夺得汉中。建安二十六年，刘备在成都建立蜀汉政权，诸葛亮被任命为丞相，主朝朝政。

此外，从中国历史上一些重要事件都可看作是策划的经典案例，例如，李世民策划的“玄武门之变”使其登上龙椅宝座、武则天为李唐营造“开元盛世”；文成公主远嫁松赞干布、金城公主与尺带珠丹结合，则是婚姻与政治的巧妙整合策划；成吉思汗采取的逐步推进、迂回包抄军事策略等等。

策划虽然发端在中国，策划科学的真正成熟却是在西方。19 世纪后期，由于第一次和第二次技术革命所推动的工业革命以及由此推进的国际化大科技、大工业、大经济发展，个人或少数几人仅凭经验所作的策划难以满足竞争日益激烈的需求，这就提出了领先专家智囊作为科学策划参谋助手的现实需要。现代策划业包括咨询业、顾问业、策划业在内的智囊产业逐渐发展起来。首先在发达国家出现了一批服务于政治决策、军事决策、经营决策等决策活动的"脑库"、"智慧机构"，如美国的兰德公司、斯坦福国际咨询研究所、巴特尔纪念研究所、国际应用系统分析研究所，日本的野村综合研究所、三菱综合研究所，德国的工业设备企业公司，英国的艾特金斯咨询公司。中国在20世纪80年代以后，也出现了咨询公司、策划公司、策划师协会一类专业机构和团体，一些公司建立了策划部并设置策划师岗位，策划师在20世纪90年代成为一种专门的社会职业，进入到20世纪逐渐成为最热门的黄金职业。

第二节 商业项目与住宅项目运作的区别

一、商业项目和住宅的区别

商业地产项目从规模和形态上分两大类，一类是大型的Shopping Mall，还有一类是商业街的商铺店面。Shopping Mall即购物中心，全国各地到处都有打着Shopping Mall的幌子进行宣传推广的，但到目前为止，真正意义上的Shopping Mall却并不多。

这中间反映出一个问题，国内开发商在商业地产开发方面缺乏经验，操作思路、操作程序、招商渠道等也把握得不好。其中最大的问题是认不清商业地产和住宅项目开发的区别。很多开发商已经做了许多住宅项目的开发，以为商业地产也可以像住宅项目那样运作，找地找项目，自己做市场评估，自己完成规划设计，然后招商，振臂一呼，结果就会一呼百应，实际上存在很大的问题。

为什么说商业地产和住宅项目存在很大的区别呢？做住宅项目时，开发商可以自己分析市场，根据对市场需求的研究作产品定位，决定户型的比例以及住宅产品的类型，然后通过销售处进行直接销售。但大型的综合商业则完全不同，它的销售对象不是直接的购物消费者（可能有些散户，可以把他们视为直销），而是商家，特别是主力店。开发商首先要找到主力店，按照他们的要求进行规划设计。对于大型综合商业，这是最难的一件事情。比如一个几十万平方米的店，招一家主力店最多是 2 万平方米（家乐福分店卖场部分是 8000 ~ 12000 平方米），就算能拿到能够解决十万平方米的主力店，还有十几万平方米等待解决，这会对开发商产生非常大的压力。

开发商通过对市场环境和地区人口的分析，认为 Shopping Mall 有市场需求，然而具体操作并不容易。开发商要把店铺卖出去，就应该先决定主力店的形式，对于不同的主力店其卖场的比例大小也不同。例如家乐福一般对卖场的面积、停车位的面积、货架的陈列等都有一系列的要求。如果开发商自己规划设计不符合主力店要求，那绝对是错误的，而且做得越深入，后期招商的困难越大。

二、商业功能划分的复杂严苛性

商业街不是简单的概念，更不是简单地把一条街道两边做成店铺就完了。每个人对 空间个性都会产生一种感受，每个不同的广场、街道也都有自己的个性，怎样能够让消费者对购物环境有一种良好的感觉？这就需要建筑师进行精心地设计。

现在中国处于经济的大爆发时代，特别强调气派，建筑设计也是如此。很多大商厦，远看很雄伟，但缺乏人情味，不是很好的购物环境。王府井大街经过改造以后，四五十米宽的大尺度，购物的人只能顺着一边走，不愿走之字形来回过到马路对面购物。过去王府井是老店街、名店街，千姿百态，现在变成一眼看过去就是像政府办公大楼的几栋大厦，没有人的尺度感。现在开始慢慢地进行改善，马路中间围起一小块咖啡座，几个凳子，几个雕塑小品，试图在辽阔的广场尺度上做出一点人情味。其实这些东西在原来的规划设计中就应该考虑到。商业街要特别强调平易近人，这样才能吸引人来。尺度作为建筑用词，尽管尺寸是固定的，但合适的尺度更能让人觉得很舒服、很亲切。柏扬讲过美国的尺度体现的是马路非常宽，汽车非常宽，楼房非常高，好像是给巨人、神用的。亚洲是鬼的尺度，主要是香港、东京的楼房非常高，给人非常压抑、狭窄的感觉。欧洲是一种人的尺度，小镇、小桥流水都很有人情味。所以尺度舒适应该是欧洲的商业街、步行街这种模式，而不是像美国那种自大自狂的尺度。

现在商业街的外观设计已经不仅仅是建筑材料，还包括用装饰材料、灯箱广告、干花、灯饰、招牌等各种各样的软性装饰，目的是为了营造繁华感和商业氛围。商业街的细部处理，跟业态定位、店铺档次有关。每个商业街应该有自己的个性，而不是千篇一律，做餐饮酒吧一条街和国贸品牌店不应该采用同一种手法。

住宅和商业是互相支撑的，以前的商业街可能是出于配套的考虑，因为住宅小区有这方面的需要。但在广东更注重人人皆商，小区下面一定要有底商，商铺也很好出租。这种底商档次一般不高，但一应俱全，商业非常普及。现在的很多高档楼盘大都规定不让餐饮业进去，实际上餐饮业也是小区配套需要的一部分。

第三节　商业地产开发误区

一、盲目设计

很多开发商常常存在这种情况，盲目进行设计。应该先明确了业态、招商渠道以后再做设计，否则招商会有压力。同样是商业地产，它们的定位是不同的，像体验式的商业，咖啡、休闲、娱乐、电脑这类游戏设施可以兼容，还有一些业态是无法互相兼容的。有的 Shopping Mall 是家具城，有的是建材城，它们的定位是不一样的。即使同是大型业态，如沃尔玛、家乐福，或者国内的联华超市，也首先得明确商业态的形式。

二、忽视专业顾问机构的重要性

国内开发商对此基本没有认识，所以导致专业化的顾问机构在国内没有市场。中国开发商基本上是自己做招商材料，英文写得一塌糊涂，让真正讲英语的人根本看不懂。中国人招商文件前几页总是自己很在乎的，如政府领导的题词，而国外的企业、财团、连锁店看中的却是市场分析、财务分析等，目前市场上恰恰缺乏这些信誉保证。

开发商都以为自己能够招商，实际上很困难。像家乐福这样的连锁店，进中国的目的是为了挣钱，因此对项目一定认真评估，否则不会轻易投资。他们会把钱花在物业上，但不会自己成立一个开发公司。市场如何、开发商的房子如何、开店的效益如何就需要做专业的评估。开发商如果提供不了这方面的评估，就需要聘请专业顾问公司。同时开发商提供的可行性报告是代表开发商的利益，作为商户尤其是国外的大型商户，需要一个代表它自己利益的机构进行评估。中介机构就是起这个作用的。如果能够找到非常好的渠道，招几家主力店进来，把几十万平方米的 Shopping Mall 撑起来就变得很容易。大的主力店机构比较强大，各个部门的职责、职权都比较明确。开发商想找他们合作，却不知道该找哪个部门，更需要通过中介机构这样的特殊合作顾问关系。

第四节　商业地产的设计

一、地产设计综合性和复杂性

对于大型商场，商家比较强调内部空间的可视性，加大可视性可以对公共购物产生引导作用。商场里面有很多店，如果哪一间店能够被人一眼看见或者多个角度都能看到，出租或者出售起来就非常方便，否则就很难出租。因此加大可视性以便对公共购物产生引导作用是很重要的。整个空间可以通过天窗和中庭的变化，让顾客产生空间安全感和舒适感，而不是像进了迷宫。中庭做得比较好的有上海恒隆广场，做得最极端的是上海正大广场，由泰国设计师设计，中庭做得极其复杂，十几层高，进去以后有游乐场的感觉。里边天桥横过来，绕过去，感觉很乱。

现在的大型综合商业趋向于多种购物消费形式的大融合。比如深圳的一个项目，它融合了三家主力店，小的精品店、品牌店，购物街，再加上室外露天咖啡茶座的商务餐饮部分。室外广场不仅是商场的需要，也是城市空间的需要。我们经常会看到有些商场在门口临时搭个台子，或是时装表演，或是抽奖促销。跟原来卖东西的方式不同的是，这些活动都是现代商业演化出来的形式，如今已经变成一种模式。

大型商场的交通组织非常复杂，因此还有两个方面必须考虑：一是怎样从一开始就应该把人流分开，让人往楼上走，比如一进门就有通往二层的扶梯，或者可以直接上三、四层。我们经常会发现所有商场的电梯都很挤，商店入口处人流压力非常大。二是如何把人流往深处引的问题。只要顾客能够看到、走到的地方就会产生效益。对大规模商业建筑来说这是最重要的。

二、如何进行商业地产设计

建筑设计应该有三个层次：第一个层次是宏观的外观造型。从很远的地方可以看得到建筑的天际轮廓线，强调可识别性。第二个层次是通常所说的立面设计，讲究横、竖线条。第三个层次就是细节的精细设计，国内的设计基本达不到这个层次。人们对商业建筑感兴趣的是装修装饰层面上的设计，如建筑材料、楼梯扶手、墙上吊灯等，对跟人发生亲密接触、亲密对话这个层次的设计基本做不到。越大的项目越容易做得宏观上气派，微观上粗糙。

对于一幢建筑，开发商如果分别委托不同的公司来做整体规划、建筑设计、景观设计、店面设计，这就造成在结合点留下了很多空白。现在商业地产设计整体的发展趋势，就是多方面设计的整合最后达到最佳效果。新近入市的几个楼盘，像珠江国际城、天津万科水晶城等的共同点，就是把景观、规划、建筑、装修整合得非常好，在结合部分出彩，尤其是对底层部分。

在商业地产设计方面，首先要明确开发者、使用者和消费者之间的关系。商业地产跟酒店设计比较相似，酒店设计开发商应该先把酒店管理公司找好，是找喜来登集团、假日集团、还是国内的锦江集团？每一个集团都有自己的管理规定，应该按照他们的要求去进行设计。开发商不是自己使用店面，而是要租卖给主力店，必须按照主力店的要求去设计。

在整个合作过程中，开发商、投资商是最大的投资方，也是最大的风险承担者。整个操作应该以专业的态度去进行，有钱、有权不等于有专业技术，否则最后项目卖不掉要砸在自己手里。同时也应该选择专业的建筑设计单位。许多商业项目设计得不伦不类，经营使用阶段出现很多问题，特别是硬件方面的问题，如楼内电梯分布不合理、店铺价值差异太大、厕所太少或找不到。这样的问题都很难补救，给开发商或经营方带来的损失可能远远超过一次性的设计费用。所以应该慎重地选用有商业项目专长的设计师。

第五节　商业策划的工作内容

随着国家经济的发展壮大，居民消费水平的不断提高，休闲与购物相结合的“一站式购物”作为一种全新的购物理念，逐渐被人们接受。顺应这种新的消费潮流，近年来，商业地产行业迅速崛起，Shopping Mall、商业街、购物村、购物镇等大型商业地产项目如雨后春笋般涌现在大江南北，规模从几万平方米发展到几十万平方米，从单栋建筑形态发展到由多栋建筑构成的组团式建筑群落。虽然开发形势火热，但此类项目在实际操作中也存在着大量问题，项目搁浅或开业后运营困难的现象屡有发生。

商业地产项目的开发不同于住宅项目开发，不能沿用住宅项目开发的操作模式，机械地照搬设计住宅项目的理念和流程对商业项目进行规划设计。商业地产项目无论业态定位，还是设施的规划都要考虑其商业属性，商业属性是项目开发的根本点，贯穿项目开发、设计、建设、运营的每个过程与环节。与之对应的商业策划师也随着上述时代背景而应运而生。

一、市场调查

市场调研工序是营销策划的前提。在此工作阶段，一是寻求营销策划项目，并通过营销策划公司客户服务部进行相关的商务谈判，确认项目合约；二是在获取策划项目的基础上，营销策划主管或项目负责人充分与客户沟通，准确地领会客户对未来营销策划活动的构想及要求；三是进行相关的项目调研、收集资料以及数据采集等必要的技术准备；四是初步进行项目工作分析和任务拟订。

二、SWOT分析

SWOT 分析方法是一种企业战略分析方法，即根据企业自身的既定内在条件进行分析，找出企业的优势、劣势及核心竞争力之所在。其中，S 代表

strength（优势），W 代表 weakness（弱势），O 代表 opportunity（机会），T 代表 threat（威胁），其中，S、W 是内部因素，O、T 是外部因素。SWOT 分析工序是营销策划的基础。在此工作阶段，一是客观全面地分析行业市场情况，例如，宏观环境、行业动态和竞争对手等。二是对某一具体企业进行 SWOT 分析，包括优势与劣势、机会与威胁分析等。对项目研究结果进行综合分析，提交报告，为制定出营销目标、营销战略与营销组合策略及措施等打好基础。完成此项工作，需要掌握相关的市场分析、消费分析、SWOT 分析等方面的知识及能力。

三、目标与定位

目标与定位工序是营销策划的核心，也是主体工作的起始点。在此阶段，一是确立目标。召开项目策划组会议，讨论所要解决的问题，并根据讨论意见，择善而取，制定企业整体目标与营销目标及定位。二是量化目标。例如，扩大销量 30%，缩短流通时间 20% 等。目标的量化处理，可以使营销策划方案实施由数量标准衡量，为开展创意策划提供依据，为拟定行动方案提供基础。三是目标要切实可行。策划目标既要符合企业实际，要有提高企业各项经营指标的标准，又要具有挑战性和可行性，是企业通过努力能够达到的。完成此项目工作，需要掌握相关的市场细分、目标市场和营销定位等方面的知识及技能。

四、创意与方案

创意与方案工序是营销策划的灵魂和生命。在此阶段，一是寻求策划线索。在设定好策划目标与定位后，要动脑筋思考以什么样的创意构成策划，以及如何实现创意，这就是寻求策划线索及创意的过程。二是产生创意。创意是策划的必备要素，是将暗示、灵感、突发念头等层次的想法，酝酿成可能实现的构想乃至有结构的可能实现的构想层次的想法。三是提交方案或策划书。方案包括营销策划的目标、战略、策略、计划与控制。策划创意与方案要多次征询企业以及有关方面的意见，并修改、完善和最终确定策划书。完成此阶段工作，需要掌握相关的创造性思维、广告创意、方案写作等方面的知识，同时掌握一些重要的、常用的创意方法，如头脑风暴法、六帽思考法、思路提示法，具备较强的文字、语言表达能力。

五、策略与组合

策略与组合工序是营销策划的关键。在此阶段，一是根据市场营销策略的要求，对可控因素加以整合策划。二是依据市场营销组合的要求，对产品、价格、销售渠道和促销等各种可控因素进行分别策划。三是策略组合要具体化和具有可控制性，包括营销策划（4P+4C）和各部门人员的时间表、任务和措施，及时了解计划完成情况。完成此阶段工作，需掌握相关的营销策略等方面的理论知识和有关营销组合的技能，并且能对多种营销策略技术进行综合运用。

六、管理与评估

管理与评估工序是营销策划的保证。在此阶段，一是调整。按照客户要求对存在分歧的问题进行分析研究，提出具有可选择性的解决建议；双方共同分析存在的问题和难点，商定可能的解决方案；随时根据市场的反馈及时对方案进行调整。二是执行。根据营销策划书的要求实施各项推广方案及措施，具体包括实施项目外部公共场地公关活动的组织、服务管理、与媒体的沟通和协调等工作。三是评估。方案实施后，其效果如何，要用特定的标准、方法及报告来进行检测和评价，并随时反馈评估结果。营销策划方案实施的效果测评，可分为阶段性测评和终结性测评。对经济测评主要采用定量测评方法。完成此阶段工作，需要掌握相关的营销策划方案推广应用与实施的知识和技能。

第六节 商业项目策划文案的内容

一、策划书的撰写要领

为了使策划能准确而细致地表达出策划人的构思，除了在策划中深思熟虑外，策划书的撰写还需要掌握一定的要领。

1. 要了解策划环境

无论针对哪一种主题的策划，都应该首先考虑一下策划的限制条件，也就是先进行策划分析。通过了解环境，了解策划的全貌，以便加强逻辑构思，防止疏漏。

2. 抓住策划的核心部分

策划的核心在策划书写作之前就已形成，如何将策划的核心写深、写透，应是策划书写作的关键。抓住策划的核心，能起到提纲挈领的效果。从形式上看，写作核心问题首先要有一定篇幅，这是突出重点的一种方法，其次要对核心问题的来龙去脉、前因后果有一个明确的交代。从实质上看，策划的核心问题是如何创新与突破，重点是从“奇胜”方面寻求突破。

3. 说明策划解决主题的构思

策划的目的，就是解决问题。因此，对于策划解决主题的构思必须详加说明。解决主题的构想不是现实，而是将来可能实现的目标，也就是把眼下的虚构变成将来的现实。为此，在说明这一构想时，必须做到有理有据，必须把这一构思的逻辑论证写清楚，相关调查结果以及各种结果之间的逻辑关系，原始的证明材料也应一一注明，以充分的论证赢得策划需求者或决策者的信任。

4. 重视策划枝节的配合

策划主干固然很重要，但是单单有主干而没有枝叶，也难以成为大树。所以，策划书的枝节配合也很重要。枝节是那些与主干相配合的但却是鲜活的小创意和细节补充，它们能使策划的精巧性大大提高。

在实际写作中，策划书第一稿形成后，还要统一策划案的体裁、语言及格式。尤其是几个人共同执笔时，必须注意主干和细节的统一，前后呼应，然后再撰写正式的策划案。最后制作封面、编撰目录、将各章节统一起来。

优秀策划书的写作必须提出具有相对新颖性的观点、论点、决策点；必须提供有显著说服力的论据；必须有完整且可以被决策管理层理解的论证过程；必须有清晰严密的工作分解分工的执行计划。除此之外专业的营销策划书还应该充分考虑和体现委托方的利益与需求，形式上一定要体现出精心设计的特征，条理清晰、逻辑分明，舒朗清新、图文并茂，语言上应深浅得当、简洁明快。同时，在策划书的写过程中，要始终注意做好保密工作。

二、策划书的撰写技巧

可信性、可操作性是营销策划书的生命，也是营销策划书追求的目标，因此在撰写营销策划书时应十分注重可信性、可操作性以及说服力。

1. 合理使用理论依据

要提高营销策划内容的可信性，更好地说服阅读者，就要为策划者的观点寻找理论依据，这是一个事半功倍的有效办法，但要防止纯粹的理论堆砌。

2. 适当举例说明

在营销策划书中，加入适当的成功与失败的例子既可以充实内容，又能增强说服力，以举例来证明自己的观点。在具体使用时一般以多举成功的例子为宜，选择一些国外先进的经验与做法，以印证自己的观点，效果非常明显。

3. 充分利用数字说明问题

策划书是为了指导企业营销实践，必须保证其可靠程度。营销策划书的内容应有根有据，任何一个论点最好都有依据，而数字就是最好的依据。在营销策划书中利用各种绝对数和相对数来进行比较对照是绝对不可少的，而且使用各种数字都有可靠的出处。

4. 运用图表帮助理解

图表有强烈的直观效果，有助于阅读者理解策划的内容，用其进行比较分析、概括归纳、辅助说明非常有效。

5. 合理设计版面

策划书视觉效果的优劣在一定程度上影响着策划效果的发挥。有效利用版面安排也是策划书撰写的技巧之一。这包括打印的字体、字号、字与字的空隙、行与行的间隔、黑体字的采用以及插图的颜色等。版面风格应突出重点、层次分明、严谨而不失活泼。

6. 注意细节、消灭差错

细节往往会被人忽视，但是对于策划报告书来说却十分重要。

一是策划书中的错字、漏字，如果出现就会影响阅读者对策划者的印象；二是企业的名称、专业术语不得有误；三是一些专门的英文单词，差错率往往是很高的，在检查时要特别予以注意；如果出现差错，阅读者往往会以为是由于撰写人本身的知识水平不高所致，这就影响了对策划内容的信任度；四是纸张的好坏、打印的质量都会对策划书本身产生影响。

第七节 商业地产策划的知识构成

一、信息整理分析

信息工具应用。了解国家经济社会信息统计政策；了解获取有效信息的渠道；了解和掌握互联网查询方法；了解电话、传真、电子邮件等信息工具的使用方法；了解全国各种主要媒体的主要内容特点。

市场（商情）调查。能够设计市场调查表；了解市场调查机构的运行特点，掌握与市场调查机构合作的要领；学会临时组建信息调查小组；掌握各种获取调查数据的方式方法。

信息数据分析。掌握基本的统计学知识，对获取的信息数据能够做出各种指标分析。

文案书写格式。熟悉主要的营销文本、文件格式，熟练掌握可行性分析报告、项目建议书、市场分析报告、上报营销策划方案等典型的或常用的与营销策划工作相关的文本和文件格式。

二、市场分析管理

市场营销学。了解和掌握市场营销的基本概念、方法、原理、模式和最新理念等。

政策法规。了解国家产业政策、经济法规，特别是熟悉和运用公司法。

财务管理。熟悉资产负债表和利润表上各个要素的含义，掌握主要的财务分析指标。

企业诊断方法。能够通过财务指标等案头数据初步估测企业的现状和未来走势；能够根据企业的现状和发展趋势找到营销管理难点、发展的瓶颈，并能作出相应的处理，能够对企业营销的矛盾进行主次排序。

经济学。包括宏观经济学和微观经济学，学会分析主要经济现象和市场动态的本质，能够掌握主要经济现象的因果关系，形成理性经济与市场走势的思维和方法。

管理学。了解和掌握企业管理的主要概念，主要技术和方法、流行的管理理论等。

公共关系学。掌握公共关系资源的评价、沟通、开发、管理、利用等方面的基本原理，了解社会主要公共关系资源的基本形态。

三、创新类基本知识

营销策划理论。掌握现代营销策划基本知识框架，努力跟踪最新经济理论和策划理论的发展，不断丰富自己的营销知识。

哲学。学习马克思主义哲学思想和其他哲学思想，提高总体把握事物的能力，提高对社会各种现象的洞察力，依照一般规律增强想象力。

心理学。了解人（特别是消费者）的心理活动规律，利用这些规律，设计对外营销活动方案。

经典著作。学习中外智慧著作，了解主要篇章，研究主要观点，结合经营实际，不断加深对自己所从事的营销策划领域内的认识。

需要注意的是，营销策划师的知识结构是开放性的，要随着社会发展和科技进步而更新自己的知识。随着现代社会的不断发展，科学技术的不断进步，新的学科和专业领域不断出现，由此而生的新理论、新技术、新事物，要求人们不断学习和吸取最新知识。同时，知识更替也日新月异，知识更新速度不断加快，这就要求营销策划师的知识结构处于一种动态的、开放的状态；营销策划师也只有不断接受新知识、不断更新自身的知识结构，才能适应开放性的要求。

第八节 商业策划师的专业价值

商业地产策划师对本行业的价值定位：

1. 商业用地的价值判别与发展定位

策划人员必须回答：开发什么样的物业才能实现价值最大化？为此，策划人员必须研究地段、街区、商圈、商业功能演变、不同类型物业与地段的经济效果，甚至要研究物业建成后物业与街区发展的互动关系。价值判别结论决定项目的客户定位、建筑定位、形象定位和价格定位。

2. 商业地产融资策划

商业地产开发和运营的突出特征是需要巨资投入（初始投资和总投资），筹措足够的资金是项目能否成功的关键。为筹措资金，赢得投资人（银行、基金、信托机构、独立投资人、投资公司、开发商等）的青睐和认可，必须制定系统、科学、完善、可实施的可行性研究报告，描绘完整可信的投资收益“路线图”。

根据融资方案，企业应通过招商寻找潜在投资人、建立融资渠道，并评价融资方案的成本与收益，选择最合适的方案。例如我们从银行贷款和投资人出资入股两种方案。银行虽不分配利润、不干涉经营管理，但要贷款利息；后者不要利息但要参与分配利润，介入公司经营管理，究竟如何选择，应具体问题具体分析。

3. 商业地产价值链构造和策划

商业物业的开发和运营是价值创造和分配过程，发现价值和创造价值同等重要，价值受多种因素和规律的影响，没有深厚的价值理论功底就不可能制定完善的价值链策划活动。价值链构造包括产品纵向价值链和企业内部价值链。针对一个商业地产项目，首要的是构造产品纵向价值链，把参与商业物业开发和运营的各方利益有机地联结起来，其次也要采取组织措施构建企业内部价值链。

4. 商业地产建筑策划

商业建筑一般由主要营业空间、附属营业空间、配套空间和共享空间构成。建筑策划意在优化建筑空间与经营业绩之间的关系，优化建筑空间的功能组合，以降低成本，提高使用率，实现效益最大化。为此必须采取科学的建筑设计和评价方法，遵循整体化设计和全过程管理理念。

5. 商业地产技术策划

建筑和管理技术发展迅速，例如节能技术、智能化技术、无线通信技术、钢结构技术、自动化车库管理系统等不断推陈出新，策划人员应在准确把握发展趋势的前提下，准确评价技术的经济技术合理性和营销价值，坚持经济与技术联系原则，提出价值最大化技术方案。

6. 商业地产营销推广策划

亦即销售促进，实质是把商品和服务的信息有效传播给目标客户，促使客户愿意购买。传播的最佳模式是整合营销传播，超越传统的4P理论，用4C理论指导传播实践，整合生产、管理和营销活动。

7. 商业地产招商策划

招商是商业地产永恒的主题，也是难点。在商业地产开发的不同阶段，招商内容不同。例如，项目前期招商重点是寻找合作伙伴、出资人，与大商家签订合作合同；建设过程中的重点是物业销售；建设后期招商内容转变为寻找中小经营者进场经营；投入使用若干年后根据形势发展，招商的目的是不断优化客户组合。

第九节　商业策划师的必备素质

要作为一个合格的商业策划师，必须在职业道德、心理素质和综合技能上达到一定水平。

一、职业道德

职业道德也就是职业素质，是劳动者对社会职业了解与适应能力的一种综合体现。通常，其主要表现在职业兴趣、职业能力及职业情况等方面。影响和制约职业素质的因素很多，主要包括：受教育程度、实践经验、社会环境、工作经历以及自身的一些基本情况。一般来说，商业策划师经过系统地学习和培训，综合掌握商业策划的基础知识，将会极大提高职业素质和就业竞争力。实际上，职业道德越高的人，获得成功的机会就越多。策划人员的职业道德主要包括：遵守国家法律、法规和各项政策，不违法违规行事；始终把客户利益放在第一位，不借策划之便谋求个人私利；实事求是，量力而行，不接受力不能及的委托项目；为客户保守商业秘密，未经许可，不得泄露客户信息；严格按照合约、规定收取费用，不得索取约定之外的其他报酬；团结业内人士，不诋毁同行。

二、心理素质

心理素质包括责任感、意志力、自控力等。

责任感强，对工作有高度负责精神，面对重大责任或紧急关头，应刚毅果断，勇于做权限内的决策；敢于承担责任，做到秉公办事，不徇私情，坚持公正的立场，充分发挥综合能力。

意志力坚韧顽强、意志品质坚强、稳健持重的策划人员，才能去认真克服困难，并不为小恩小惠诱惑，商业地产策划不仅是智力、技能和实力的比较，也是意志、耐性和毅力的争斗。

自控能力好，因为都要围绕各自利益，心理上和对方处于对立状态，出现僵持甚至不欢而散的现象亦为常见。

三、综合技能

商业策划人员特别需要具有综合技能。主要包括：社交能力、语言表达能力、创意能力、创新能力、市场调研能力、竞争能力和执行能力。

社交能力，策划人员需要充分地与各管理层人员进行沟通，因而交际工作十分必要。

语言表达能力，商业信息主要是通过文字形式传递出去，商业策划人员也需要通过语言来沟通，语言表达正确规范，使用有效的语法、修辞和逻辑，能使表达更具吸引力、说服力和感染力。

创意能力，“运筹帷幄，决胜千里”就是对营销策划人员的创意能力的要求。“运筹帷幄”，是指对外界所有相关趋势的掌握，并能立足现实推断未来的变化；“决胜千里”则意味着营销策划的事业不仅要立足于现实，更需跨越时空的限制。

创新能力，从营销策划主意的产生、选择到构思的精细巧妙，从方案的表现、描述，到企业营销方案的实施，每一个阶段都需要创新能力。

市场调研能力，营销策划人要有深谋远虑、未雨绸缪的战略眼光。市场调研能力会直接影响营销的结果。

洞察能力，营销策划人员要具备敏锐的市场洞察能力，在瞬息万变的市场中去捕捉所需要的信息。机会对于大家来说是平等的，关键就在于如何去发现、如何去挖掘、如何去把握。

竞争能力，营销策划人员必须要在进行营销策划活动之前搞清楚这几个问题：这个企业营销策划能否给企业带来利润？这个企业营销策划方案在实施过程中会遇到很大困难吗？这个企业营销策划与其他同类企业的营销策划有何区别？是否具有竞争力？

执行能力，一位出色的营销策划人员不仅应善于创意，更要能将其付诸实施，并在实践后能得到良好的效益。

第十节　如何制作适用商业策划的PPT

一、制作PPT的步骤

PPT 汇报文件在商业沟通中扮演重要的角色：文字沟通，语言沟通，多媒体沟通。制作 PPT 汇报文件的一般步骤：明确中心思想（要展示什么，要表达到什么样的目的），梳理结构、建立论证（先展示什么，后展示什么），绘制 PPT（如何展示最生动，最吸引人）。

第一步：明确中心思想

传达的中心思想应符合一定标准。中心思想的要诀：

有的放矢——具体的，而不是笼统的。

贯穿整体——统领的，而不是局部的。

掷地有声——具有冲击力的，而不是平淡的。

言之有据——以事实科学分析为基础的，而不是“拍脑袋”的。

第二步：梳理结构，建立论证。

组织 PPT 汇报内容结构，选择合适的切入点，如从问题入手，从解决方案入手，从理论入手，从成功案例 / 同行业其他成功经验入手……

第三步，绘制 PPT

PPT 的一般绘制方法：

确定模板，确定汇报文件的风格。包括背景和 LOGO、页码。

拟好标题，根据切割的“豆腐块”撰写每页 PPT 的题目。包括正文和目录页。

选择并绘制素材，选择合适的素材，进行绘制和构图。包括图表，文本，动画。

修改润色，对 PPT 中的各个组成部分，如颜色、图形的位置、标题内容等进行修改，以达到最佳的表现效果。

二、制作PPT技巧

1. 模板的基本要求

尽量选择同一底色的模板。

文字或图片颜色不能过于接近底色，有一定对比度。

整个幻灯片配色要一致。文字、图表出现方式可适当选用动画，但不可过多。

白底，选用黑字、红字或蓝字；蓝底，深蓝更好，可配白字或黄字，避免暗红色；黑底，配白字或黄字。文字行数不宜过多，简单明了，一张幻灯在 1 分钟内能看完。字体颜色不超过 3 种。

2. 图表使用

文不如表——别写那么多字，没人看，除非你打算照着念。能用图表的坚决不用文字。

表不如图——图表依赖于你对内容的理解，你理解了，就可以找出对比，有对比，就有图表存在的可能。

3. 配色要求

不超过三种颜色；背景应简单，颜色较暗；采用白、黄、黑或与背景反差大的浅色的字色。

一般而言，PPT 应简洁鲜明，字体不超过三种，色系不超过三种，动画效果不超过三种。

第二章

商业策划的目的

近 10 年以来，国内的商业地产方面取得了较快的发展，加快了国际化进程，比如深圳、上海、北京、天津等地，一些大的城市。与此同时，这些国际都市化进程对周边城市有了一些辐射性作用以及影响。这种国际都市化的进程和辐射的必然性引起了商业地产的升级，刺激了商业地产的投资，提高了商业地产的需求潜力，以及未来要加强资产管理的标准化，促进商业地产的资本运作。因此，对商业地产策划师而言，要了解商业地产的投融资过程，并对商业地产的资产管理有一个全面的认识，才能给更好的商业项目作出完整的策划方案，才能促进项目完成商业地产的投资、融资和资产经营管理的全过程工作。

第一节 商业地产投资

1. 商业地产的投资分类

商业地产主要分两种类型，一个是持有型，一个是出租型。

持有型的商业地产包括各种类型：百货业态、超市、家居、工业直销折扣的工厂店、商业街以及各类专业市场，娱乐以及购物中心等。持有型商业地产的投资模式，出租经营这类地产是唯一类的经营模式，意味着开发商必须先通过金融操作筹备到足够的资金，按照商业规划去进行建设。通过投入运营，再依靠租金的收入提取回报的资本，获取利润。如果开发商不能解决项目开发前的资金问题，对后面的资本运作和商业资产的维护，以及资产收益的提升，就会有一定的影响。

由于国内商业地产正处在发展初期，持有型商业地产目前的投资状态，至今为止资本市场还没有形成一个有效的循环。虽然不少零售商已经在国内证券市场挂牌上市，但是资金的用途主要用于零售的经营，而不是专业进行地产投资。专业进行地产投资的很少有获得挂牌上市的资格，很少有从事资金运作的。专门进行商业地产投资的机构没有进行组合，而且普遍地缺乏驱动性。

针对出售型的商业地产，出售型商业地产有以下几种类型：商业街、商铺、各种类型的专业市场，特别是批发市场，也有餐饮业态，以及建筑底商的商业形式，他们一般以散售为主，部分项目采取整售的形式。出售型的商业地产投资模式是以商铺出售为特点，开发商在项目开发过程中因为资金压力比较大，为了缓解投资的压力，降低开发商的投资门槛，因此采取出售的手段，这样的方式有利于资金运作压力较大的项目的开发和运作。鉴于出售型商业地产投资门槛相对低一些，所以很多房地产商在规模超过 10 万平方米以内的项目大部分采取了销售的形式，以及实现资金循环，增加收益。另外，这样可以提升整体项目的综合价值，为整个项目增加了一些卖点。

目前，在商业地产的实践中，二三线城市许多开发商采取了一种新的投资模式，也象征着另外一种融资模式。开发商通过投资回报的产品，向民间融资，通过一定的回报率出售商业项目，这种出售型商业地产的投资也会给很多购房者造成一定经济上的压力以及损失。因为这样销售型的商业若没有整体运营，会对民间投资者有一定的影响。

2. 商业地产投资的特点

商业地产投资有抗调性和抗风险性。以 2008 年 ~ 2009 年房地产市场为例，2008 年经过金融危机的洗礼之后，显著地看到商业地产，特别是综合体的抗调性，价格的取向不像住宅这么明显，加上商业地产总量的聚集，有很多商业地产因为奥运会晚一些时间开业或者是延期开业，都在 2009 年后陆续正常地推向市场。无论它是资金回笼的需要推向市场，还是从正常开发到开业，2009 年的商业地产都形成了热点。股市的震荡和全球经济形势的不稳定，让投资渠道更加狭窄了，但是商业地产是可持久性发展的业态。商业地产因为率先反弹和反转并走上上升的形势，使得运作商业地产项目的公司在金融危机中受到打击均相对比较小。如果住宅在金融危机中及楼市投资置业领域中是有目共睹的红海，那么商业地产是柳暗花明的蓝海，通过近年来优质物业投资的市场表现来看，商业地产是“具有抗风险性和抗调性”一个非常好的投资热点。

商业地产投资的另外一个特点就是稳定经济、刺激消费。因为商业地产的发展促进了经济生活的重要条件，也是扩大消费和促进消费升级的一个启动机器。当社会经济情况发生变动时，特别是经济发展面临危机时，为了稳定市场保证就业，国家会不断推出就业政策，拉动内需，刺激消费。反过来不难理解刺激消费就是商业地产，就是救市经济。市场上嗅觉比较好的开发商一定会抓住这个机遇，在今后的房地产市场上实现完美的转身，投入商业地产。

另外，就是国家的新政策非常有利于商业地产的投资。扶持中小型企业的政策有利于商业地产的发展，中小型企业就像满天的星星一样分散在全国各地。国家政策有助于协助中小型企业搭建创业平台。国务院关于搞活流通扩大消费的意见，对商业地产的发展提供了政策的环境。这个政策环境指出的是要促进流通企业发展，降低企业经营成本和销售价格，让利于消费者。通过支持中小贸易企业的发展，扶持和促进中小型贸易企业的发展。实行商业与工业用水、用电的优惠政策，都是国家为商业地产开辟了新的投资条件。

还有一个特点就是投资商业地产符合市场的发展规律。从现在市场的状况来看，随着商品房的快速成熟，随之而来的就是人们的就业需求，以及对就业需求产生经济经营功能的产业地产，从而带动商业地产的发展。这个发展路径，符合未来发展趋势的，也是启动商业地产的一个有利的客观条件。

3. 商业地产的投资现状

中国商业地产一直在学习国外的模式，在西方经济世界里美国地产模式是比较容易被中国接受的，因为它的模式已经非常成熟，被认为是一种比较成熟的开发模式。美国模式是研究消费者的心理为中心，以消费者需求进行物业的开发和销售。

美国商业地产是以商业运营组合为核心，这样跟中国商业地产投资形势和投资利润目标分析是完全不一样的。国外是以保证项目的运营为中心来进行整体产业链的设计，包括产品的设计、运营的设计以及融资渠道的设计。在美国大型商业载体，在规划、投资、开发到出租经营的过程中，有很多该领域强势的机构进行整合，进行把关，而我们中国是缺乏整合资源的能力。开发商的主要责任是将商业地产建成，通过整体出租，收取租金获取投资回报，并由开发商自有的商业管理公司进行统一的经营管理。

这种投资模式的主要构建形式，以投资机构的组合包括投资商、开发商、运营商、房地产投资信托公司以及产业基金构成；经营模式包括物权整合、持有和统一经营，管理模式包括专业的商业管理公司以及各业态的专业管理公司进行整体统一经营。

4. 目前存在的商业地产投资的问题

商业地产在中国来讲，它的投资主要由开发商先通过招、拍、挂的形式从政府土地部门获得土地，再做规划事项审批，开发资金一般为自有资金加金融机构贷款的筹措，项目建设完成后以出租经营或产权出售为主，一般不直接参与商业项目的经营，没有意识在商业地产投资的价值上进行整合，由运营商和开发商共同承担风险。还有一点，中国现在存在一个问题，国家发改委和商务部联合分发了外商投资产业指导的目标，于2007年12月正式实施。根据这个新版的目标，高档宾馆、别墅、写字楼的建设和经营，虽然国家政策对外资进入地产领域进行了相应的限制和控制，但是市场发展趋势决定了商业物业必须与资金结合，才能延续商业地产的存在和它的生命力。可见，中国商业地产在实现国际化发展面临很多的困难。

同时，商业地产也在实现国际化发展中面临着很多困难。如何推动中国商业地产与国际接轨，实现中国特色的商业地产发展，是推动中国地产发展所需要考虑的问题。

目前国内的商业地产的投资，应学习国外先进的经验，按照国际上现在最成熟模式实施。国内主要流程是从政府手里进行招、拍、挂取得土地之后进行项目的研测，再进行项目的定位和规划，再进行施工，招商，开业。一般租金是这个项目最主要的一种回报方式。

而国际成熟的商业地产模式，是需要首先明确项目的商业定位，有了准确的定位之后，先组合投资经营者，这些经营者可能有酒店、酒店式公寓、写字楼以及综合性的商业，包括购物中心、超市、餐饮、娱乐业态。然后，先把有投资能力的投资商和经营商进行组合，在这时候解决一部分融资的过程，再做投资开发的测算，再取得土地，再根据业态的配比做规划设计，之后再进行施工，最后通过项目的运营自行开发经营，开发商最终去经营自己主项的业务，这样就规避了开发商的主要经营矛盾，做自身有兴趣并擅长的方向，而由整合的经营商去做他们擅长的事情，同时形成以经营为纽带的投资开发模式。

5. 商业地产投资操作的重点与难点

首先要明确商业地产投资目的，随着近几年来商业地产的快速发展以及政府给了许多政策的支持，投资商业地产的目的已经非常清晰。开发商投资商业地产的目的相对单纯，而且目前投资目的与资本行为还未形成倒置。很多开发商更加看重的是商业地产投资回报，看重的是商业地产更高的销售价格，尤其是对于没有商业地产开发经验的开发商对商业地产的投资，既爱又怕，因为在市场中，一些缺少前期调研和精准定位的商业地产项目，失败的案例的比重较大。因此，开发商在明确了投资目标之后再考虑取得土地，这样是非常重要的一部分。

认清商业地产投资的特点，也是要在投资商业地产时充分考虑的。商业地产开发的面积比较大，投资总价比较高，培育时间会比较长。对资金链有一种依赖性，相对住宅投入周期也比较长，收益会更高，需要理性和专业的分析。

解决商业地产投资和融资途径时应该重点考虑的一个问题是，商业地产是一个典型的资金密集型行业，开发期需要巨大资金投入，因此融资成为开发商最关心的一个问题，目前我国商业地产融资方式比较单一，最传统的方式就是自有资金加银行贷款。但随着国家货币政策稳定的发展，加之金融危机对投资的影响，银行体系缩紧了对商业地产的放款。因此，如何拓展融资渠道，解决融资瓶颈是未来商业地产投资开发需要重点考虑的一个问题。

商业地产投资过程中的难点之一，如果不去整体持有商业物业，产权不统一的时候就很难进行统一管理，这样就会对资产的提升和维护造成影响。由于部分开发商商业地产经营经验不足，经营能力又没有，商业地产在设计的时候本身就存在一些问题，对提高经营水平造成了一些障碍。例如，商场最重要的是客流，客流是靠动线进行疏导，如果设计本身将客流分散，停留时间不进行科学的分析，就会造成资源的浪费和消费力的降低，这就是不进行整体经营的商业经常遇到的困境。

难点之二，针对资产进行投资的项目，往往需要对项目进行资产价值的创造和提升。如果项目在前期定位和规划设计的时候没有充足考虑到未来的经营问题，那么当商业项目实际经营的时候，它的运营成本就会增加，比如卫生间的水，有的是感应式的，有的就是脚踩的，或者是手动的，若设计不合理的情况下其运营成本就会增加，同时包括通风系统以及空调系统都会增加运营成本。因此在考虑对项目进行投资的时候，也要充分考虑到投资后的运营成本，这是未来在投资商业地产时要解决和规避的一个问题和难点。

难点之三，商业项目运营团队的现状是不够专业，未来投资商业地产一定要注重专业团队的整合和运营能力的规范化，这是非常重要的因素。

通过观察国内开发商投资环境以及研究国内知名企业在进行商业地产转型过程中存在的问题，我们可以根据一些案例做简单的分析，例如富力地产转型的代价，富力地产转型商业地产就曾有其资金链问题的传言，富力高层也在频频辟谣，说资金链不仅仅是他们的问题，也是整个行业的问题，其实较为深层级的因素是大面积构建的专业化团队的欠缺。再例如，世茂地产目前为止是做股份控制，拥有全国数个住宅的开发和酒店物业。商业物业已经有相对专业的团队在运营，在持有这些商业物业的时候做了一些平衡发展策略，因此其在商业地产领域发展相对均衡和稳定。

从众多案例可以看到，大多数开发商是没有经过前期专业论证以及自身能力的把握，和资源整合、管理运营能力整合的情况下，在选择商业地产投资的时候出现了一些不理智的行为，导致商业地产项目的投资和运营存在一定的风险。从另外一个角度而言，商业地产策划师在整个商业地产的发展进程中任重道远，需要为地产行业和投资行业去做的专业工作非常多，只有不断学习和完善各种商业经营技能，通过实践获得更多的实战经验，将对商业地产的投资带来更大的促进作用。

6. 商业地产投资未来发展趋势

商业地产的投资是机遇与挑战并存的，特别是近五六年以来，即便遇到国际金融危机的前提下，从总体的投资状况而言，国内外资本对商业地产投资没有受到特别大的影响，说明国内和国外的资金还是看好了中国商业地产投资发展的趋势以及它的潜力和空间。

从 2009 年开始的针对住宅市场的宏观调控，对商业地产而言受到的政策影响相对小一些。客观上推动房地产企业向商业地产进行战略性转型。对于一些有资金实力和融资渠道的企业会加紧和主动地进入商业地产的投资开发领域。

随着很多房地产公司的战略性转型，进入商业地产已经成为必然。资本投递的目标，就是那些大的房地产公司的项目，这些公司已经明确了自持商业地产的经营理念，并组建了专门投资机构，或者商业管理公司和运营公司，这样的项目能够获得良好的资产提升，而资产提升的必要性是未来商业投资的主流，也是资本投资的方向和目标。

受到城镇化进程加速的因素驱动，中国城市规模和建设方面将不断面临新的需求，包括很多城市的城市新城的改造，这都将对商业地产的发展形成非常迫切的压力，需要资金和各方面专业团队的支持。商业地产投资规模会进行一个长期放量扩展阶段。总结起来就是层次多元化，消费需求以及市场的需求推动商业地产整体的发展。

受金融政策和信贷政策的影响，从投资的角度来看，市场未来必定会对商业地产造成新的压力，特别是对收益的要求。中小型商业地产开发商会逐步受到影响，还有可能进一步去改变或使其商业地产边缘化，商业地产市场优胜劣汰的发展，这均为未来的发展趋势。

第二节　商业地产的融资

1. 商业地产的融资模式

商业地产是国内较为新兴的行业，已经成为房地产行业的快速发展的分支。商业地产资金回收主要来源于商铺销售款项、商铺租金以及对商户提供物业管理等附加的服务收取的一些费用。因发展的需求，以及在发展过程中偿还贷款、开发成本、销售成本、折旧及利润要求，商业地产不仅仅是对资金快速回收的模式进行简单的复制，而是需要商业地产的收益必须保持长期稳定的回收，对资金链有较高的依赖性，需要对资金链进行更专业的管理，因此，融资顺利与否也是商业地产能否成功经营的重要因素。

首先，从商业地产融资特点的角度出发，商业地产不同于住宅地产，销售并不是盈利的主要模式，商业地产资金回收主要是靠租金以及运营中的其他管理费用。这样开发商在商业地产开发过程中，不是类似住宅地产对贷款、开发、销售、还贷及盈利的快速回收的模式进行了简单复制。目前商业地产收益必须要保持长期稳定的回收，对资金链有更高的需求。那么，要完善处理好商业地产的开发融资已经成为商业地产发展中的重要环节。

国际商业地产的主流融资方式有四种形式，主要体现在股权融资、项目贷款、房地产投资信托和商业地产抵押证券的形式。

股权融资是指资金不通过金融中心的机构，借助股票载体，直接从资金盈利部门流向资金短缺部门。资金供给者（股东）享有对企业控制权的融资方式，这是股权融资方式。

项目融资在我国房地产仍处于初级阶段。项目融资一般指项目在承办人，也就是股东，为经营项目成立一个项目公司，以项目公司作为接待人，筹备贷款，并以项目公司本身的现金流收益作为还贷来源，相对以自身的资信状况和还款能力为审核标准，项目开发完成后，以不动产进行抵押而取得的抵押贷款。目前融资对商业地产项目本身考核比较少，也具有风险性。

在这四种融资形式中，REITs 是从 2005 年以来被我国地产和金融业以及经济学家们非常关注的资本市场。它的融资模式是西方国家中应用最广泛的。资产证券化是一种方式，只是通过发展股票和证券的一种资产收益凭证，以这种方式集合公众投资者的资金，对房地产项目进行投资开发以及之后的不动产出租管理，由此产生的收益和资产受益由凭证的持有者享有。严格来讲REITs只适用于商业地产，而非住宅地产使用。

第四种，商业抵押证券型的融资，是以传统抵押贷款汇集到一种组合的贷款中，通过证券形式向投资者发放的一种融资方式。CMBS是投资银行根据评级来确定发行价格，向投资者发行。

商业地产同时保持未来的增长潜力以及资产负债是一种表面的融资方式。国内商业地产主流融资模式经历了十多年房地产经营，进入了商业地产运营的新时代。外部融资是通过银行贷款，上市股票，以及信托，并购，购买出让方的股权，以及债券的融资，见表2-1。

不同模式的应用及比较 **表2-1**

	盈利模式	优点	缺点	适用物业类型
整体持有	自持，银行贷款	能获得商业物业的长期受益，能够变现部分资金	对物业质地要求较高	较优质商业物业
	自持，发型CMBS	能获得商业物业的长期受益，能够变现部分资金	对物业质地、规模要求较高，利率一般高于银行贷款利率	大型，较优质商业物业
	整体持有	能够获得商业地产的长期受益，受益最大化	占用资金大，收入回笼慢	大型或较优质商业物业
物业散售	普通商铺散售预售	能快速回笼资金	后期经营可能会出现问题	临街商铺或底商
	产权式商铺	能快速回笼资金	后期经营可能会出现问题，开发商的声誉会有影响	商铺、商业街
资本运作	整体出售	能一次性变现资产，回笼资金	对物业质地的要求较高，较大的销售折让	大型优质集中性商业
	资产装入上市公司	增加上市公司资产和稳定上市公司收益，操作较为简单	溢价没有REITs高	质地较优良的商业物业
	REITs上市	能快速回笼资金，要求回报率较低，收益最大	对资产规模、物业质地要求较高，操作程序复杂	大型优质集中性商业

自持的金融贷款形式，它的优点是可以获得商业物业的长期收益，变现部分有资金的使用。缺点是对物业要求比较高，对应的优质商业物业。

物业散售型的是商业街，它的优点是能够快速回笼资金，缺点是后期运营可能会出现一些问题，影响开发商的声誉。它的物业类型主要是临街的商铺、底商以及铺面比较小的。资本运作市场的优点是可以一次性把资金回笼，实现资本运作的目的。缺点是对物业的综合要求比较高。这种物业类型是指大型优质集中性的商业地产。

资产上市公司的优点，是加强上市公司的资产和稳定收益的操作比较简单，缺点是没有 REITs 高。这个物业类型是质地较优良的商业。REITs 的优点是能够快速回笼资金，要求回报率比较低，收益相对比较大。它的缺点是对资产规模、商业质地要求比较高，操作比较复杂，时间也会比较长。它针对的类型是大型优质集中的商业物业。

2. 目前商业地产融资存在的问题

国内的融资方式存在的几个问题，体现在下面几个环节。

首先，依法环境尚未完善；相关法律法规尚未与国际投资惯例和投资机制接轨，特别是中国的评估机制和流程与国外模板完全不同，造成了投资资金到位非常缓慢。

其次，外资的投资收益转移出境受约束，限制了海外资金投资的积极性。另外，在投资透明度上还未能达到一般投资者和国际投资者的要求，很难实现目前的融资途径。

我国资本市场的发展速度还难以满足商业地产发展的需求，融资途径缺乏，目前还没有形成产业基金和抵押贷款证券发行畅通的市场，民间资本和海外资本在投资变现的能力上受到了制约和限制，商业地产的融资方式比较单一。还有，商业地产的盈利模式不是很透明，令投资商不敢贸然进行投资，限制了民间资本和海外资本投资的渠道。种种政策的因素使投资商业地产的不确定性大大提高，投资风险高。由于很多测算公式不同，很多投资商不明确开发商测算的回报值和回报利润点。例如，某城市一个市地标性质的项目，在土地拆迁完成之前，国外基金是很难介入这种项目的，因为从惯例上来讲，他们最怕国有土地的拆迁程序，通过这种拆迁程序会造成他们资金投入很难按期回收，取得利益。

商业地产融资中遇到的问题，就是商业地产的开发商专业性不够强。现在开发商都在不断地提高和学习，但是商业地产不是短时间就可以使一个开发商具备经营商和管理商的能力。从开发建设到运营要有一个规范的技巧和技能，这是与住宅完全不同的一种开发的模式。在大型商业地产中造成融资困难的一个重要因素就是对大型地产项目的专业分析以及投资分析能力比较弱，没有相应的经验，使项目合理的经营设想不能落实施。

对于项目的风险，许多外资和基金不能很好了解和理解国内的运营状况，也是不能帮助中国商业地产解决融资发展的问题，因此在未来的市场发展进程中，具有投融资经验的商业地产策划师，将肩负梳理、联络、融合的作用，以协助或确定在商业地产投资和融资渠道中，国内项目跟国际化对接途径的专业性、合理性和顺畅性。

3. 商业地产的融资发展趋势

未来商业地产融资渠道会出现新的变化，呈现多元化格局。商业地产企业会纷纷寻求新的融资模式，例如 REITs 会作为一种比较理想的商业地产融资形式，会逐步普及，也会被资金方逐步接受。但由于海外上市门槛较高，REITs 的成功在中国还属于个别案例。在未来通过对接口的扩展和国外开发流程和模式的规范化，中国的融资渠道也会不断扩大。

其中，购买商铺以及写字楼的模式对于未来已经不是一个新的融资渠道。摩根士丹利、美林、高盛集团和花旗银行先后涉足房地产投资领域，国际投行也在关注中国资本市场，将中国市场作为一个新的选择。以国内传统房地产企业，除了竞争有了基本的合作，加大做蛋糕的同时，也会加深蛋糕的切分。海外资本大举进入中国和纵深的发展，将使商业地产有更多的机会，竞争也会越来越多。

第三节　商业地产的资产管理

商业地产的资产运营是真正投资商业地产的目的，商业地产的运营核心主要分四大块：营销、运营、招商、资产的运营和维护。

资产运营是项目的维护过程，通过经营绩效评估，重大翻新、改造和提升，市场价值的提升，通过经营改善、繁简措施，实现资产的保值和增值，寻找合适的投资商以及适合的机会实现价值变现过程。资产管理运营应该是当前商业地产开发商必须重视的环节。因为在商业物业变现的时候，还需要对项目进行资产价值的评估。

资产运营管理是商业地产最重要的一部分。对于持有型的商业地产产品，可以视作是实物资产，而对于这些项目的运营则可以纳入到资产运营管理的范畴。目前，大多数人认为运营就是一个商场、一个购物中心的开业，以及开业之后正常的经营管理和物业管理，其实这种观点考虑得还不够周全，这是导致中国大部分商业物业中心投入运营以后被消费者津津乐道的没有几个的原因。反而大部分商业和中小型商业的空置率会越来越多，而且目前逐渐在提升，所以出租收益会降低，因为投资回报完全与成本投入不成正比，所以资产运营是对资产投资和资产提升的最重要环节。

1. 资产运营管理的概念

商业地产资产运营的概念。主要分三个层次。

第一是物业管理，是房地产开发过程中的一个延续。物业管理，针对商业地产有很多种类型，除了持有和出售型均需要物业管理，需要通过物业管理做一些日常的维护，保护商业物业和资产正常的运行。

第二是资产管理。通过制定资产运营策略控制物业运营成本，监控物业运营绩效，并要定期进行投资与运营状态分析，实现商业地产目标。为了实现项目经营的短期和长期的目标，要进行资产管理，良好的资产管理是提升项目价值和项目资产的重要的工作环节。它不仅可以实现商业物业的净收益值的最大化，还可以实现保持商业资本的发展潜力。

第三是组合投资管理。是通过房地产多种经营方式进行组合，以实现组合投资收益的最大化，其中包括的内容是与投资者沟通，制定组合的投资目标和投资准则，制定并执行组合的投资策略，调整资产结构，负责策略资产配置以及延伸工具的运用，监督物业的购买、处置以及资产的维护和再投资的决策。

2. 资产运营管理的必要性和重要性

商业地产是物业资产管理类型的首要领域，最主要的原因是商业房地产以获得物业资产投资收益或增值为主要目的。它比住宅型的物业更具需要专业和普遍容易广泛执行的意识，因此物业资产管理人更容易，更有机会让商业地产通过市场化的手段来实现物业资产使用价值与交换价值，投资价值与市场价值的最大化。这是必要性。

商业物业管理的重要性是通过商业资产运营管理，达到资产运营管理的目的。首先，投资意味着担当风险，规避风险就是运营的一个最重要的目的。要创造最佳的收益回报，是商业地产项目资产运营的一个核心工作。资产管理的目的是通过商业地产的资产运营，有效地提升商业物业的资产价值，提早进入资本运作市场。资产运营管理的重要性，是可以带来商业物业的保值和增值，稳定的开发资金流，良好的品牌信誉度。

资产管理是对商业地产投资发挥着重要的作用，因为商业地产投资无论是在开发投资还是物业建成后的投资，从置地、规划设计、营建、销售、收回投资都需要经历一个时期，最短的也要两年，长达五年或者更长的时间，如果没有强有力的专业资产管理人员进行服务，有可能会延期投资回报周期或者是达不到投资者预期的效益。

资产管理的专业服务包括了投资分析、交易管理、资产价值评估、交易过程的风险控制，以及如何通过资本市场进行商业地产的金融投资、银行信托以及证券化的资本运作，来实现商业地产的价值。也就是说，资产管理等于物业管理加资产运营，加财务管理。这是非常重要的。

由于商业地产投资性强，收益性持久，以及使用价值与投资价值并存等特点，商业地产应作为资产管理的首选物业类型。如果资产经营与资产管理到位会提升商业地产的项目品牌，从而影响整体的租赁收益和租赁价格。在新的一轮商业招租或者商铺转让的时候，商业地产物业价值会明显地体现出来。

3. 资产运营过程中的问题

随着商业地产的发展，客户消费趋于理性的，虽然有更多的资产运营公司出现，但是，真正能实现资产良好运营，则需要规避几个问题。

第一，就是选址测算。开发商做一个商业地产，一定要分析它的周边情况。做未来的商业地产特别是综合体一定要考虑到周边的产业链，产业链对商业支持是非常重要的，其次，城市规划和区域规划，对于选址也是非常重要的因素，不能盲目地相信商家、经营者的意向。第三就是规划设计对商业综合体的互动功能缺少考虑，例如商业综合体必须有三种以上的组合才能称为综合体，这样三种以上的综合体就需要有一个共享空间和互动，在之前的项目中考虑不周全，在未来和设计投资这种商业地产综合体的时候就要考虑这个因素，否则对项目的经营将带来不良的影响。

接下来通过一些案例做一下说明。随着万达、新光天地这些大型高端商业综合体的出现，CBD 这个区域还没有完全走出同质化高端消费品的区域。这个区域里面缺少一种具有文化底蕴的商业，或者是对该区域的产业链支持的商业。位于银泰的双子座紧临长安街，这个位置的选择有一些问题。有人说由于 CBD 这个地区地产供应量过大，造成招商不利，很多人认为是因为国贸商圈的租金很高影响了招商，其实不是。通过我们分析，了解到两个区域里面等着排队入驻的商业是非常多的，衡量一个商业的成功与否主要看它的销售额。只要销售额够高，即使租金水平再高也不会使招商受到影响。我们认为品牌入驻不够的原因是商业地产经营从一开始的定位就出现了问题，招商策略出现了问题。

4. 商业资产运营策划工作中需要关注的问题

第一，不要相信品牌的战略同盟。在项目投资之前往往需要预想可能有哪些主力店能够成为战略联盟。但是，针对这些主力店，经营商不要相信这些主力店会永远跟着经营方走，有可能会受到大环境的影响和开店区域的拓展目标的变化而变化。

第二，项目选址一定要专业化。商业地产综合体是一个多业态的整合，要整合多业态的管理公司是最重要的，因为只有多业态的管理公司才能管理这个综合体里面的各个业态，它会对资产进行专业的维护。开发商自己不能做这种运营管理，因为它需要的是在这个行业里面最有优势和最有专业性的机构来整合这种能力，去为其创造资产。

第三，购物中心的“血管”。我们说的“血管”就是动线，是直接影响项目价值提升最重要的一点。使用最大价值的出租率，而且有效地把客流导入到所有的动线里面，这是一个技巧，是资产运营中一个最重要的环节。

第四，客户需求研究要透彻化。现在的客户需求就是消费者的需求以及商家的需求，是我们未来资产运营中最重要的部分。未来商业地产的经营绝对不是品牌与品牌之间的竞争和面积大小、体量的竞争，而是你要对客户的需求和你引来的经营者的需求进行分析，为他们提供真正的服务之后跟你共同创造商业地产的资产价值。

第五，空间设置的人性化和建筑形式的特色化。这一点也是需要考虑的问题。

第六，品牌招商的差异化与业态搭配的合理性。很多人在做商业地产项目的时候，在很多年前就在提这个差异化，如何去实现这个差异化是未来资产运营首要考虑的问题。

第七，购物中心的运营管理和专业商业运营管理的信息化平台的搭建。

第四节 项目融资销售策划方案案例

××大厦融资销售方案（缩略版）

1. 项目背景及介绍

××大厦总建筑面积 14992.2 平方米，其中地上建筑面积为 12326.59 平方米，地下建筑面积为 2665.61 平方米。该物业为划拨土地，用途为办公，具有房产权证。目前该物业处于经营状态，合同 3 个月一签，便于随时腾空转让。

××公司从 2005 年起介入××大厦的资产处置工作，处置方式为整售，处置成本价格为房屋现状不含土地出让金 7501 元 / 平方米，则处置成本总价为 11245.65 万元。

本项目为公司的上级公司持有，为产权人，公司为项目的经营管理方。

经过与多家公司洽谈最终未能处置成功，总结原因为：

由于本案土地性质为划拨××公司的上级开发公司希望在不补交土地出让金的情况下出售，所以本案只能整售。尽管本案拟处置价格定位已低于处置成本价格，但由于本案体量太大、产品功能落后和区位商业氛围不足，所以不管投资客户还是政府机构自用客户均未成交，如某政府部门认为价格较高，谈到 6800 元 / 平方米仍未成交；区政府及某市驻京办事处等机构认为本案体量太大、产品功能落后和区位商业氛围不足而无法成交。

另一方面，在资产处置过程中，我们发现有不少零散客户过来咨询，他们主要来自项目周边区域，多为中小企业主和商住人士，由于业务关系产生刚性的以居住为主，办公、商业为辅的需求，可以接受本案的产品和区位条件。但本案整售的门槛把这些客户拒之门外，最终导致本案供需错位。

××公司多年经营××大厦，并对周边零散客户有积累，因此向上级公司提出处置资产的新模式《改造销售方案》。另外，根据长期市场调查，××公司认为即使散售，原处置价格仍高，建议以房屋现状不含土地出让金不超过7000元/平方米交给××公司运作，超出此价格则可能具备一定风险，从而造成此方案执行失败。

2. 改造销售方案构思

客户定位

商住公寓：认同项目周边区域的商住人士；经营活动在区域内的中小企业主，有商住公寓投资需求的中小投资者。

商业及办公：在此区域经营多年的专项市场及附属企业；在本地区有较多业务合作的中、小型投资商；与体育产业相关的商家；社区服务机构；为附近商圈区域内各市场、公司服务的服务型机构（如公关顾问公司、律师事务所、会计师事务所等）；广告公司、设计工件室、影视业、文化公司等。

3. 产品定位（改造方案）

改造产品定位：

1层商业，80～200平方米，共17套；

2层办公，150平方米，共17套；

3～4层平层小公寓，40平方米，精装，94套；

5～6层复式公寓，150平方米，精装，28套；

地下1层，车库，共52个。

改造成本测算：外立面改造，商业、办公户内简装，公寓户内精装，商业、办公、公寓公共区域装修，配电设备更新，消防安防系统更新，燃气系统改造，其他管线改造，更换电梯，工程设计费，测绘费等，合计改造费约1800万元。

4. 价格定位

1 层商业 18000 元 / 平方米，2 层办公 15000 元 / 平方米，3 ～ 4 层小户型公寓 16000 元 / 平方米，5 ～ 6 层复式公寓 15000 元 / 平方米，地下部分不出售，则共计销售总额为 2 亿元，见表 2-2。

各层价格定位 **表 2-2**

楼层	功能	装修标准	建筑面积（m^2）	使用面积（m^2）	销售方式	单价（元m^2）	总价（元）
地下1层	车库	简装	1294.56	1180.74	出租	0	0
地下1层	车库	简装	1277.33	1165.02	出租	0	0
1层	商铺	简装	2427.29	2173.82	销售	18000	43691220
2层	写字间	简装	2634.92	2359.77	销售	15000	39523800
3层	平层公寓	精装	2163.71	1479.56	销售	16000	34619360
4层	平层公寓	精装	2163.71	1479.56	销售	16000	34619360
5～6层	复式公寓	精装	3655.99	2655.04	销售	15000	54839850
合计			15617.51	12493.51	—	—	207293590

5. 销售计划

按 2008 年 5 月启动，则有 2 个月融资期，9 个月改造销售期。

2008 年 5 ～ 6 月，与华融完成“信托计划”，资金 6 月底到账；

2008 年 7 ～ 8 月，办理土地出让及改造报批手续，腾空现有租客；

2008 年 9 ～ 10 月，完成整体结构改造，积累客户；

2009 年 11 ～ 12 月，完成内外装修及设备安装，并开始销售；

2009 年 1 ～ 2 月，项目竣工验收，完成 80% 销售任务，回款约 1.66 亿元；

2009 年 3 月，完成 20% 尾房销售，回款约 4146 万元。

6. 投资回报分析

投资回报分析见表 2-3。

表 2-3

项目	总价（万元）	备注
开发公司出让总价	10495	7000元/m^2，总建筑面积14992.2m^2
土地出让金	1969	地上1500元/m^2，地下450元/m^2

续表

项目	总价（万元）	备注
公关费	100	—
契税印花税	60	土地出让金的3.05%
改造成本	1799	1200元/m²
销售成本	622	预期总价的3%
管理成本	622	预期总价的3%
财务成本	2400	1.2亿元，20%利息
不可预见费	100	—
总成本合计	18166	—
预期增值	2563	预期销售总额——总成本
营业税印花税	142	预期增值的5.55%
税后利润	2421	预期增值—营业税
税前投资回报率	14.11%	预期增值/总成本
税后投资回报率	13.33%	税后利润/总成本

7. 融资方式

中国华融资产管理公司自 2005 年公司处置资产包起就对 ×× 大厦有投资兴趣，最终因各种原因没合作成功。×× 公司在构思 ×× 大厦的处置新模式《改造销售方案》时与华融多次探讨融资模式。华融表示对本案仍具投资兴趣，并认为在本案四证不全、金融大环境缩紧的情况下，×× 大厦最可行的融资方式是“资产信托计划”，本质就是华融向上级开发公司发放 1.2 亿元贷款，1 年期，利息 20%。

实施该计划需要上级公司提供以下条件：

提供 ×× 大厦合法的土地来源文件。

担保条件可保证华融 1 年内退出，并获得 20%利息回报。

实施该计划的步骤如下：

上级开发公司针对 ×× 大厦项目向华融提出《信托申请》。

华融调查上级公司的财务报表和非财务因素，撰写《尽职调查报告》。

与上级开发公司确认合作意向与担保后，华融《内部立项》。

华融与上级开发公司签订《信托协议》。

华融撰写并制作面向信托购买人的《信托说明书》。

华融发售信托，为期一个月，未卖出去部分，华融自购。

华融将1.2亿元一次性打入上级开发公司账上，不干涉公司经营。

上级开发公司到期向华融还款并支付利息，信托计划结束。

8. 华融上会结果及需开发公司配合内容

目前××已与华融进行过多次沟通，华融已将《尽职调查报告》上会进行《内部立项》，结果认为上级开发公司的企业资质和××项目的盈利预期都很好，只是对于金融机构来说，仅有营销策划方案和××大厦的抵押权是不够的，必须有足够的担保来确定资金的安全。

如果实施该融资销售方案，××公司需要上级开发公司配合以下内容：

如果集团公司（上级开发公司的上级单位）能承诺信托到期时回购××大厦的全部尾房，或信托发售前上级开发公司拿出××大厦以外的项目作为抵押，则该信托计划可在两个月内完成，也就是华融2008年6月底可将1.2亿元到上级开发公司账内。

××大厦改造销售总成本（不含财务成本）为1.6亿元，其中上级开发公司出让房款1亿元，则有资金缺口6000万元。如此次成功融资1.2亿元，建议2008年6月底支付上级开发公司6000万元房款，剩余6000万元给××公司进行补交土地出让金、组织改造和销售。未支付上级开发公司的4000万元房款，自2009年3月起，上级开发公司从销售回款中扣除，预计当月能收回全部房款（参考94套40平方米公寓，1.6万元/平方米，64万元/套，总回款6016万元）。

自2009年3月起，××公司与小业主达成成交，上级开发公司负责签订合同。

9. 融资方案风险评价

该方案对于上级开发公司来说，既能完全规避融资风险，又能获利：

资产成功处置，处置总价1亿元。

增强上市公司现金流。目前上级开发公司正在准备上市，要把××大厦装进上市公司需占用资金约3000万元评估项目和补交土地出让金。如果在5

月实施该《信托计划》,则既能不占用资金,又能实现2008年6月底6000万元、2009年3月回收全部房款的现金流。

××公司负担全部利息，并用“××公司应收上级开发公司欠款2000多万元”对“集团回购××尾房”做担保，集团和上级开发公司本质上完全规避融资风险。

该方案对于××公司来说，既能获得代理费，又能获得××大厦的增值。经过多轮的调查与策划，××对××大厦的改造与销售变现充满信心，主要依据有:

区域条件虽不成熟，但二环内土地价格不断上涨，供应量有限已是不争的事实。本项目西侧的地块可以直接作为参考，2007年12月3日，北京世纪鸿房地产开发有限责任公司竞得同区域商业金融项目用地，总建筑面积9883.412平方米，成交价1.48亿元，折合楼面地价14975元/平方米。

××大厦目前处于经营状态，尽管房屋陈旧，租售条件苛刻（合同3个月一签等），但××大厦仍实现高于90%的出租率，有效需求明显。

经过一年的客户接触，发现该区域有刚性的居住需求，与周边商圈小商业发达有直接关系。

经过多年的租赁经营，××公司有稳定的租赁客源，可通过租转售促销的形式促进成交。由于本案是办公立项，因此不影响原有客户的使用。

本项目主力产品定位为40平方米小户型精装公寓，共94套，按1.6万元/平方米计，总价控制在64万元，非常有利于销售回款。

该方案对于华融公司来说，既能创新金融产品，又能获得2400万元利息。

综上所述，××认为该融资方案是可行的，能实现上级开发公司、××公司和华融的三方共赢，建议采用。

××公司2008年4月29日

第三章

商业地产调研

第一节　商业地产市场调查内容

狭义的市场调查是以科学方法收集消费者购买和使用商品的动机、事实、意见等有关资料，并予以研究。广义的市场调查则是针对商品或劳务，即对市场或劳务从生产者到达消费者这一过程中全部商业活动资料、情报和数据做系统收集、记录、整理和分析，以了解商品的现实市场和潜在市场。

商业地产市场调查是以服务于开发、经营和管理等为目的，对相关市场信息进行科学、系统地收集、记录、整理和分析，供商业地产的参与主体有效使用的完整过程。

一、宏观环境调查

1. 经济环境

包括国民经济增长率，就业，人均收入，国际收支，利率，汇率，发展机遇和瓶颈，经济增长预测，经济周期，消费物价指数，投资率，商业发展态势等。

2. 政策环境

国家发展政策，财政政策，金融政策，货币政策，房地产政策，税收政策，区域发展政策，投资政策，国际贸易政策，分配政策，商业发展政策，房地产发展政策及其导向。

3. 法律环境

房地产法律法规，商业经营法律法规，相关的法律法规。

二、城市发展环境调查

1. 城市情况

人口，面积，GDP 和人均 GDP，经济社会发展情况，城市特色，总体功能和产业布局，土地利用，交通情况，发展，产业结构和支柱产业，区位优劣势，优势资源，核心竞争力。

2. 城市规划

城市发展演变，城市总体规划，人口规模规划，城市远景规划，产业布局规划，商业网点规划，交通规模。

3. 城市发展战略、政策

城市五年发展规划，城市十年发展规划和城市功能定位，区域发展政策，产业政策，招商引资政策，土地供应政策，房地产开发政策，商业网点发展政策，税收政策。

4. 城市发展重大工程

机场，高速路，道路，电力，文化体育交流大会，重大公共建筑，政府办公场所迁移，重大项目投资建设。

三、房地产业与商业地产市场

1. 房地产业发展情况

土地供应量，房屋供应量和需求量，空置率，价格分布，价格走势，房屋缺口，潜在供应量和需求量预测，产业政策及其效果。

2. 房地产市场特点

发展阶段，设计特色，比较优势，存在问题，市场机会，开发流程管理，区域分布特点，税费标准。

3. 商业市场地产

商业网点，商圈特色，商业用地供求，商业物业供求，售价与租金，空置率，商业经营市场状况，商业特色，精矿和业种，连锁商业，商业分布变化，投资收益率。

第二节 调查的信息收集

商业调查的信息来源包括一手资料和二手资料两种类型。一手资料是指调查人员通过现场实地调查，直接向有关调查对象收集的资料；二手资料是指经他人收集、记录、整理所积累的各种资料。

一、一手资料的收集途径

一手资料的搜集需要较多的财力、物力，但信息最为直接，更符合企业的需要。企业可以通过以下方式获得一手资料：

1. 向权威人士咨询

直接与政府相关部门、学者、业内专家、房地产代理商、开发商、金融部门、行业协会、社会有关机构以及市场中的活跃人士广泛交流接触，询问、请教，以较快的速度获得所需的市场信息。通过这种方法取得的信息往往比较可信。

2. 观测评估

可以采用人员观察、仪器观察、踪迹测量等方式观察人们的反应和行动。比如，向顾客介绍某地产项目的未来发展预测，观察他们有何反应；根据对闹市区大型广告牌的回头率来评价各种广告被关注的情况。

3. 直接征询

包括邮寄问卷、电话调查、访谈、网络在线调查等。

（1）邮寄调查法，是将预先设计好的调查问卷邮寄给被调查者，由被调查者根据要求填写后寄回给调研人员的一种调查方法。问卷的邮寄通常是通过邮政网络来完成，此外还有其他几种邮寄方式。邮寄调查法的一个难题就是问卷回收率，问卷回收率通常在5% ~ 50%左右变动，其高低主要取决于问卷的调查内容、调查机构的声望、涉及群体、鼓励方式等因素。为了提高问卷回收率，可尝试以下几种方式：提前用明信片或电话进行提醒；问卷催复；物质奖励，如铅笔、钢笔、钥匙链等；金钱刺激；附贴好邮票的回程信封；其他。

（2）电话调查，主要应用于民意测验和一些较为简单的市场调查项目。要求询问的项目要少，尽量采用二项选择法提问，时间要短。在发达国家，集中在某一中心地点进行计算机辅助电话访问比传统的电话访问更为普遍，计算机辅助电话访问使用按计算机设计方法设计的问卷，用电话向被调查者进行访问，这种方式具有速度快、效率高、自动控制、方便灵活等特点，目前在国内有少数调查公司采用。

（3）网络在线调查，商业地产调查也可以通过因特网来进行。在网上，企业可以进行在线问卷调查，针对特定的问题提问并获知答案，或使用自己的网站让自己的用户互相交流信息，企业中的专业调查部门也可以对他们的交流信息进行分析，然后向公司提供有价值的调查分析。

4. 现场“踩点”调查

这是不少开发商、代理商做市场调查常用的办法。调查人员以买楼者身份直接进入销售现场，通过索取楼盘资料、听售楼员介绍，实地调查观察，从而获得资料。不过要注意楼盘资料和售楼员介绍是否有夸大和不全面之处，不要为其表象所迷惑。尽可能通过参观楼盘、施工现场及其他途径从侧面，从其内部人员和一些已购房人士作深入的调查，增大调查结果的可靠程度。

二、二手资料的收集途径

分析二手资料对于界定营销调查问题非常必要，市场调查通常是在收集二手资料的基础上，才开始收集一手资料的。一般来说，商业地产策划调查二手资料的收集主要有：

各种类型的图书馆是各种文献资料集中的地方，可以寻找到大量的公开商业信息，或能提供某些索引来寻找其他资料来源。

政府部门及经济管理部门的有关方针、政策、法令、统计报告等。

各种经济信息中心、专业信息咨询机构、行业协会经常发布或保存的各种资料，如行业法规、市场信息、发展形势、统计资料汇编等。

新闻媒体，如电视、广播、报刊、杂志等，含有丰富的经济信息，也是重要的资料来源。

有关生产和经营机构提供的商品目录、广告说明书、专利资料、商品价目表等。

国内外各种展销会、交易会、博览会等促销会议以及专业性、学术性经验交流会议上所发放的文件和材料。

网络是一个重要的信息来源，使用搜索引擎可以搜索到来自全世界的相关调研信息，与其他方法相比，因特网具有快捷、方便、经济等明显的特征，将在二手资料收集方面发挥越来越大的作用。

第三节　商业地产调研方法

一、前期调查——判断市场大势

1. 调查四个关键要素

（1）政策要素：了解区域发展战略、发展侧重点、产业政策、金融政策、土地政策、房地产开发政策。

（2）规划要素：包括城市总体规划、土地规划、产业规划、城市区域发展规划、基础设施布局和建设、道路路网结构的优化和建设、重大市政工程、公共建筑建设信息等。

（3）人文要素：调查商圈、人气、文化、重大人文事件（如奥运会对北京的影响、世博会对上海的影响）。分析微观因素的市场含义，收到见微知著、一叶知秋的功效。例如酒吧在一个城市、区域的兴起就说明城市消费群形成，进而推断该消费群可能造成的商业需求。

（4）开发商要素：了解开发商的实力、背景、项目获得方式、开发经验、开发理念等，了解竞争对手的实力。

2. 调查城市的四个“场”

（1）城市广场：一个城市的广场规模、数量反映了城市的精神面貌。我们在描述商业地产功能时把城市广场比喻为城市的“客厅”,如果“客厅”大、漂亮并且美观，有欢乐的空间，展现的空间和社会交往的空间，朋友们都愿意来，城市的人流、物流就会旺盛。商业地产投资想不挣钱也不容易。

（2）城市商场：到城市的商业中心观察商品橱窗、品牌和标价，名品店越多、越时尚化就说明城市的经济收入和消费水平越高。有时我们只需把同一品牌在不同城市的标价进行比较就可以看出城市收入水平差别。也可以把国际品牌进行城市的先后顺序作为评价城市差异的标杆，例如，星巴克咖啡目前仍集中在北京、上海、深圳几个城市，然后再进入二级城市，它们已经为我们做了市场结论。

（3）农贸市场：观察规模、经营品种、商场档次等。例如，农贸市场和超级市场都经营水果、蔬菜，到超级市场购买的农贸市场购买的客户在消费能力上差别很大。一肌的肉类和鱼类产品消费量大的区域居民的消费能力就强。据此可判断不同居住小区的消费能力，判断水同区域的房屋投资价值高低。

（4）二手房市场：对于商业地产来说租赁市场非常重要，二手房越是活跃，越能带动一级市场的开发，形成两级市场联运的局面。随着商业地产开发建设的深入，物业空置问题越来越严重，二手房的流转情况是当地商业物业供求关系的晴雨表。调查时，要回答：租金是多少？空置期有多长？租金标准按套内面积还是建筑面积计算？中介费用是多少？一套商业房能在多长的时间内出售？同时有几个竞买人？竞买人购买的目的是什么？等等。

二、四维空间调查——全方位的项目考察

商业地产项目处在四维时空体系之中，我们不但要调查项目的点、线、面，还要考察项目发展的规律性，这样市场调查才全面、完善。为此，我们建立商业地产市场调查的“四维”空间体系。

1.“点”调查

点指大型商场和节点，也就是通常所说的“案例调查”，并与项目进行系统比较。购物中心、大卖场、特色店、新开店、大型饮食、娱乐、休闲会所是重要观察“点”。“点”调查可以达到“知己知彼”的效果，了解竞争对手是操作成功的第一步。

2.“线”调查

线指地段、街道沿线，对项目所在街区以及可比较街区进行调查，调查的主要内容有商业业种集聚、档次、气氛、建筑形态及专业店、专卖店、便利店、小吃店、服务店等。

3.“面”调查

面指板块、商圈，分析区位、板块、商圈内的面、线、点关系，确定调查重点。为此，首先要判别区位功能：是商务区？还是商业居住混合区？抑或是商业功能区？“面”调查应遵循由近到远的顺序，先调查核心商圈，然后再调查次商圈。

4.“时序”调查

考察城市、街区、物业的发展历史，功能和业态转变的过程，预测发展趋势，趋势把握是策划成功的关键之一，通过比较不同时期地图、街区景观、零售业态转变历程，分析掌握商业运动规律。“物业发展史”或者“街区发展史”是一个非常重要的概念，它包括物业建设原因、建设后经营状态、业态转变历程、转变的原因及后果。

第四节　撰写一份合格的调研报告

撰写市场调研报告是市场调研的最后一步，也是十分重要的一步。调研数据经过统计分析之后，只是为我们得出有关结论提供了基本依据和素材，要将整个调查研究的成果用文字形式表现出来，使调研真正起到解决问题、服务社会的作用，则需要撰写调研报告。

调研报告是调研结果的集中表现。能否撰写出一份高质量的调研报告，是决定调研本身成败与否的重要环节。市场调研报告是市场调查研究成果的一种表现形式。它是通过文字、图表等形式将调查的结果表现出来，是人们对某一种情况、事件、经验或问题，经过深入细致的调查研究而写成的文字材料，它反映了人们通过调查研究找出的某些带有规律性的东西，以及提出的相应措施和建议，是社会调查实践活动的成果。

一、调研报告的结构

调研报告一般可分为标题、开头、正文和结尾四部分。可以有一个标题，也可以下设副标题。开头或引言一般要说明调查的目的、内容、方法等，是对调查情况作简要的介绍。正文是调查报告的主干，它具体叙述调查的基本情况，列举典型事例和数据，并恰当地议论和分析，概括出经验或规律，应有问题，有议论，有观点，也可包括一些调查表格或问卷。需特别注意层次清楚、条理分明。结尾是调研报告的总结，一般以结论或建议为主。

二、调研报告的写作程序

这包括确立主题、研究标题、取舍材料、撰写提纲、起草和修改报告等。报告的评价标准是要用事实说话，如实反映情况；语言力求简明、朴实易懂；必须有科学分析，不要罗列现象；要态度鲜明，赞成或反对，提倡与批评都要明明白白；要谨慎严肃，结论和建议应有可行性及合理性。

三、调研报告的写作要求

一是针对性。针对性是调研报告的灵魂，它是指撰写的调研报告必须有明确的调查目的，任何调查报告都是目的性很强的，撰写报告时必须做到目的明确，有的放矢，围绕主题展开论述，用事实说话，如实报告情况，进行科学分析。

二是时效性。对于调查报告的写作者来说，必须讲求时间效益，及时捕捉各种信息，并做到及时反馈。只有这样，才能发挥调查报告的作用。

四、统计图表

统计图表是在调研过程基本结束、调研材料整理后，根据调研主题需要，按其特点绘制成能准确说明问题的图形。它是形象化的定量分析结果，能集中、简述地表明事物内部的结构、外部的关系以及发展的趋势。统计图表也是调研报告的重要组成部分，有时可作为独立的调研结果列于附录中。它能与调研报告文字部分相互烘托，增强调研报告的表现力和说明力，起到提高调研报告质量的作用。

第五节　商业地产调研问卷案例

在设计商业地产调查问卷和进行调查之前，要对项目调研内容进行详尽分析，根据内容进行问卷项目设计和内容填写，同时要对调查人员进行问卷分析和讲解，对每一项调研内容和目的要做到了然于胸，这样在采集信息过程中，才能有的放矢，方能确保项目调研信息准确，为后期商业客户和项目定位打下坚实基础。

一、商业项目宏观经济环境分析

该部分内容主要包括如下：一是人口因素分析；二是区域经济水平、GDP状况分析；三是政策法规研究；四是市政规划和建设分析；五是社会环境和文化分析；六是交通状况分析。

二、商业项目区域市场总体分析

通过对项目环境的综合考察和市场调研分析，以项目为核心，针对项目区域内经济环境、商业环境、区域同类商业项目的现状、经营商家的承租行为进行调研分析。商业项目策划的区域调研包括本市的商业环境分析、本区域商业环境分析和本街区商业环境分析，即商圈分析三大板块。

1. 项目所在城市商业环境分析

包括该市国民生产总值、GDP状况、生活水平、购买力、经济发展速度、人口及人口增长率等对区域商业地产市场发展的影响分析以及该市商业发展情况、发展模式、商业结构分布、商业消费特征等的分析。

2. 项目所在区域商业环境分析

区域商业环境分析包括如下内容：

一是区域商业现状调查分析：针对本区域即项目所在区域的商业整体规划、商业布局、商业功能及业态分布、商业网点的格局、商圈分布、商业形态、未来规划、主要商业项目规模及业态状况等进行调研与分析。

二是区域整体商业市场态势分析：具体包括供求走势、价格走势、租金走势、铺位分割走势、业态功能走势、交付标准等分析。

三是区域内行业情况分析：商业业态都归属何种行业，要列表做统计分析，为将来项目商业地位打下良好基础。

四是区域内商户调研分析：各种类型商家的特点、选址要求、不同商业种类的承租能力及对承租面积的要求、不同商家对商场配套的要求。

五是区域内终端客户分析：客户的消费水平、消费习惯和消费结构等研究。

六是区域竞争项目调查与研究：竞争楼盘开发地块状况研究、主题概念、功能区划、业态组合、工程进度、配套、现场包装、媒体选择、广告效率、售价、租金、招商率、商户组合、经营状况、物管等分析。

3. 项目所在商圈及竞争商圈分析

商圈也称购买圈、商势圈，是指零售店以其所在点为中心，沿着一定的方向和距离扩展，吸引顾客的辐射范围，简单地说，也就是来店顾客所居住的地理范围。理论上是由当地人口规模、人均可支配收入、出行成本、商业业态所决定。

项目的销售活动范围通常都有一定的地理界限，即有相对稳定的商圈。不同的店由于所在地区、经营规模、经营方式、经营品种、经营条件的不同，使得商圈规模、商圈形态存在很大差别。零售店由于所处地区、经营规模、经营商品品种不同，商圈的范围、形态以及商圈内顾客分布密度存在着一定的差异，这就是“商圈效应”。

（1）商圈分类

商圈一般有两种分类方法，一是以顾客密集度来界定，二是以顾客到店的时间来界定。

第一种分类：此类商圈由核心商业圈、次级商业圈和边缘商业圈构成。

核心商圈是最接近零售店的区域，顾客密度最大的区域，是主要商圈。核心商圈的顾客占 55% ～ 70%。次级商圈是位于邻近商圈以外的区域，顾客密度较小。次级商圈顾客占 15% ～ 25%。边缘商圈是位于外围商圈以外的区域，顾客最少密度亦最小，除核心商圈和次级商圈之外，其余为边缘商圈的顾客。居民区方便店几乎没有边缘商圈的顾客。而位于商业中心的零售店，核心商圈的顾客密度较小，并不是商圈的主要组成部分，次级商圈和边缘商圈的顾客密度大。大型零售店，边缘商圈的顾客往往最多。

第二种商圈分类是按照顾客来店所需的时间来计算区分。按照这种方式，商圈可以分为徒步圈、骑车圈、乘车圈和开车圈。

徒步圈是指走路可忍受的范围或距离。一般来说，单程以 10 分钟为限，距离在 500 米以内，我们称之为第一商圈；骑车商圈是指骑自行车所能及的范围或距离，一般来说单程以 15 分钟为限，距离在 2000 米以内，我们称之为第二商圈；乘车圈是指公共汽车所能及的范围或距离，乘车 10 分钟左右，距离在 5000 米以内，我们称之为第三商圈；开车圈是指开车经过普通公路、高速公路来此消费的顾客群（一般是回头客或慕名来的顾客），我们称之为第四商圈。

对于商圈集中、辐射半径小的商圈，一般规模小，潜力受到限制，顾客购物频率高；而辐射半径过大的商圈，一般要得到市场对客户的吸引力难度较大。随着交通的发展与人们出行方式的改变，商圈分类应该有新的计量标准。其辐射范围已从过去的绝对地理距离变为时间距离，即商圈开始步入以交通时间来计量商圈辐射范围的时代。

（2）商圈分析步骤

第一步：确定资料来源，包括销售记录分析、邮政编码分析、调查等。

第二步：确定调查的内容，包括平均购买数量、顾客集中程度等。

第三步：对商业圈的三个组成部分进行确定。

第四步：确定商圈内居民人口特征的资料来源。

第五步：研究商圈内居民的消费特征。

第六步：分析竞争对手与市场其他情况。

第七步：根据上述分析，确定是否在该商圈内开发项目或运营项目。

（3）商圈分析的内容

商圈分析的内容主要包括四部分内容：一是城市发展状况：包括 GDP 指数，人口分布，产业结构等等。二是项目所在区域商贸状况：包括商品交易状况、恩格尔系数、居民收入及消费构成等。三是人流研究：人流包括垂直人流及水平人流，研究范围包括：人流量，停留时间，每次消费金额、对不同类别的需求（吃、喝、玩、乐）等。如北京市场每次单店购物达 100 万元，而在广州只有 10 万元，不同城市每次消费金额相差悬殊。四是商圈辐射范围：包括一级商圈、次级商圈辐射范围，商圈内的其他竞争项目等。

新设商业项目确定商圈主要根据当地市场的销售潜力分析，可以获利的包括城市规划、人口分布、住宅小区建设、公路建设、公共交通等方面的资料，预测本项目将来可以分享的市场份额，从而确定商圈规模的大小。

（4）商圈容量测算

在一定经济区域内，以商场或商业区为中心，向周围扩展形成辐射力，对顾客吸引所形成的一定范围或区域的最大容量。测量商圈饱和度，使用比较广泛的是饱和度指数，其公式为：

$$IRS = (C \times RE) \div RF$$

其中，IRS 为饱和度指数，C 为顾客总数，RE 为每一位顾客的平均购买额，RF 为商圈内商场的营业面积。假设某年某商圈的商场每平方米平均营业额 10996 元，顾客为 350 万人，全年人平均购买 5000 元，现有商业物业为 110 万平方米，那么该商圈的饱和指数：

$$(350 \times 5000) \div 110 = 15909 \text{ 元 / 平方米}$$

那么，该商圈每平方米的营业额与正常水平相差近 5000 元，说明该商圈的商业物业已经饱和了，如果再开发类似商业项目，就存在很大的开发风险。

三、目标客户的研究分析

1. 目标客户经营范围分析

找出研究范围：包括百货店、大型连锁店、超市或快餐店等需求。

2. 目标客户投资动向分析

包括客户投资类型、可承受租金范围及交纳方式等。

3. 目标客户对商业的需求分析

包括对各种类型商家的特点分析；对各种类型商家的选址要求分析；各种

不同商业种类的承租能力及对承租面积的要求；各种不同商家对商场配套要求等分析。

4. 目标客户商圈内经营状况分析

包括经营时间、营业状况、经营业绩等。

5. 目标客户抗经营风险能力分析

6. 目标客户品牌分级研究

四、消费者总体研究分析

1. 消费水平调研

具体调研内容：一是消费习惯分析：要考虑到南北地域的差异性，不同宗教，不同民族，不同年龄、性别等。二是消费者逛商场频度研度分析：这是影响商场人流的关键。三是客户对商场的偏爱度分析：包括寻找出消费者偏爱程度高的商场吸引点，及其原因分析。四是对项目商圈评价：包括区域商品价格、对商场满意度等。

2. 消费结构调研

消费水平的提升必然导致消费结构发生变化，随着经济的发展，人们的消费水平必定呈动态模式增长，这就会影响消费结构的变化。如何在第一时间有效捕捉未来商业地产消费者消费结构的变化是消费结构调研的重中之重。

3. 消费力分析

该商圈消费力分析，见表 3-1。

商圈消费能力分析 **表 3-1**

项目	市场	低收入户	中等偏下收入户	中等收入户	中等偏上收入户	高收入户
本组最低人均年收入（元）						
本组最高人均年收入（元）						

根据该商圈常住人口的结构特色和基本收入情况，来确定该商圈的参考收入数据。

项目地域消费群和消费行为特点分析，见表 3-2。

项目地域消费群和消费行为特点分析 **表 3-2**

	高级消费群	中高级消费群	中高级灰领消费群	中低档消费群	其他消费群
家庭人均收入	5万元以上	4万~5万元	2万~4万元	2万元以下	
占该区域消费群的百分比					
消费行为特点					

五、竞争商圈研究分析

1. 竞争商业项目现状调研分析

包括面积、特色、经营范围、业态、主要客户、辐射范围、主题概念、功能区划、业态组合、工程进度、配套、现场包装、媒体选择、广告效率、售价、租金、招商率、商户组合、经营状况、物管等分析。

2. 竞争商业项目总体分析

包括资金实力、性质、优势、劣势等调研。

六、项目SWOT分析

（1）本项目所在地块在城市发展中的地位、现状及前景分析。

（2）本项目所在区域经济发展状况。

（3）本项目所在街区的经济发展状况及商业机会分析。

（4）地块工、地理位置、地貌特点。

（5）地块基础设施及交通条件。

（6）地块区域商业开发的特点。

（7）周边生活及商业配套研究。

（8）项目地块的优势分析。

（9）项目地块的劣势分析。

（10）项目地块的风险分析。

（11）项目地块的机会把握。

（12）项目 SWOT 综合分析。

七、未来3～5年商业走势预测分析

通过对未来 3 ～ 5 年整体商业环境及项目所在地商业市场的预测来决定现阶段商业项目的策划方向。提前向开发商、经营者、投资者、消费者展示潜力巨大的商业模式。

基于上述调查内容和分析，从而为项目提供更科学可行的市场走向与发展趋势指导，从而打造项目的核心吸引力及可持续经营的核心竞争力。

附（南方某城市）商业项目市场调查问卷

尊敬的先生小姐：

您好！我是______项目的访问员。现在我司正在进行一项市场调查，很想听听您的意见。耽误您几分钟时间，问您一些问题，谢谢您的合作，结束后我们将有精美礼品赠送。

被访者姓名：______；电话：____________

居住地址：______________________________

访问员姓名：______；访问时间：____________

详细内容

问题一：请问您及家人有没有在这张卡片上所列的公司工作？（单选）

市场调研公司、广告公司	1
公关、社情民意调查机构、咨询公司	2
广播、电视、报纸、杂志等各种媒介机构	3
房地产开发、建设单位	4
房地产经销或代理单位	5
以上均无	6

您本人在过去 6 个月中，有没有参加任何形式的市场研究活动?

A、有　　　　　　　　　　B、没有

问题二：请问您的年龄是：

15 岁以下	1
15 ～ 18	2
19 ～ 22	3
23 ～ 25	4
26 ～ 30	5
31 ～ 35	6
36 ～ 40	7
41 ～ 45	8
46 ～ 50	9
51 ～ 55	0
55 岁以上	X

问题三：请问您是：（单选）

土生土长的本地人	1
不是本地人，但在本地居住 1 年以上	2
不是本地人，在本地居住不到 1 年	3
外地人来旅游观光	4
外地人来出差	5
外地人来探亲	6
其他（请记录）	7

问题四：

01、请问您知道卡片上所列的这些专业批发市场吗?

02、请问您去过卡片上所列的哪些批发市场购物?

（名单略）

问题五：请问您去过 ** 以外的其他地方购物吗?

去过深圳	1
去过广东省的其他城市	2
去过广东省外的其他省	3
去过香港	4
去过澳门	5
没有去过广州以外的其他地方	6
其他（请注明）	7

问题六：请问您在什么情况下会去 ** 以外的其他地方购物

** 没有卖的	1
买贵重的物品会选择更专业的市场	2
** 的种类比较少	3
结婚购物时	4
买家私时	5
买珠宝首饰时	6
其他（请注明）	7

问题七：请问您通常和什么人一起去逛街购物呢？

配偶	1
子女	2
亲戚	3
同事	4
同学	5
朋友	6
其他（请注明）	7

请问您逛街购物时通常几个人一起？

请记录：________人

请问您每次逛街的购物的花费一般有多少？　　请记录：________元

问题八：请问您通常是选择哪种交通工具到购物地点呢？

问题九：请问您通常多久逛街购物一次？

一星期三次或以上	1
一星期一到两次	2
两星期一次	3
一个月一次	4
三个月一次	5
半年一次	6
一年一次	7
少于一年一次	8
从来没去过购物	9
其他（请注明）	0

问题十：去某个商业区逛街的时候，以下的因素对您而言，重要程度如何？这里，5分代表非常重要，1分代表一点也不重要，请用卡片上的尺度去对这些因素评分。

	非常重要	一点也不重要
货物的选择、款式、品牌		
商业区的格调		
商业区的位置		
货物的价格		
有吃东西的地方		
有休息的地方		
有娱乐的地方		

问题十一：通常您会选择什么样的商业区逛街购物？

知名度高

货物齐全，包罗万象

货物时尚，符合潮流

促销活动热闹

货物价格贵

货物价格公平

促销优惠多

建筑漂亮
吃东西方便
娱乐设施丰富
货物价格便宜
购物环境舒适
货物种类适合我
高档的
适合普通老百姓的
店铺规划有条理
环境设施较新
配套设施较新
配套设施齐备
餐厅食品质量好
可以讲价的
导游带去的
其他（请注明）

问题十二：当购买以下物品时中，您最可能在哪一个地方购买？
男士服装、男鞋
女士服装、女鞋
首饰、钟表
儿童服装、童鞋
书
家居用品
家用电器
寝室、浴室用品
家具
化妆品、化妆用具
电子、计算机配件、产品
食品

问题十三：请问您到逛街购物地点的时候，一般会做卡片上哪些活动？

购物、逛商店

吃饭

吃点心、小食

饮茶、咖啡、汽水、包装饮料

吃冰淇淋、吃甜点

唱卡拉 OK、看电影

打保龄球、滚轴溜冰、打游戏机

逛书店、看展览、看比赛

其他（请注明）

问题十四：

平均来说，卡片上四类活动各占你逛街时间的百分之几？

平均来说，卡片上四类活动各占你逛街花费的百分之几？

	时间	花费
购物		
吃喝		
娱乐		
文化		
	合计 100%	合计 100%

问题十五：您最想逛的是什么区域？

女人街

计算机城

家电世界

男士世界

游乐场

食街

音像屋

书店

电子产品总汇

精品屋

其他（请注明）

问题十六：请问您一般会购买什么档次的产品？

高档

中高档

中低档

低档

不固定

其他（请注明）

问题十七：请问您在购买东西时做何种选择？

固定买一个牌子的产品

哪个牌子有优惠我就买哪个牌子

我比较相信售货员推荐的产品

我会买价格比较便宜的

哪个品牌广告宣传得多我就买哪个

朋友、同事、亲戚推荐的我就买

其他（请注明）

问题十八：请问您理想中的购物环境是什么样的？

问题十九：请问平时的空闲时间您是怎样度过的？

躺在家里什么都不做，看电视或看杂志

和邻居、朋友喝茶谈天

读书或者听音乐

做做手工，种花或者养鱼

在附近散散步

逛逛街、购物

玩麻将、围棋、象棋等

到酒吧、餐厅吃饭

做各种运动
附近地方的旅游
观赏电影、戏剧、音乐会等
参加各种培训班学习
做家务
其他（请注明）

问题二十：请问在过去的半年里，下面这些地方您去得最多的是什么地方？
网球、排球等运动场
高尔夫球场
游泳池
体育馆、室内运动中心
保龄球馆
餐厅
公园
商店、百货商场
其他（请注明）

问题二十一：请问您去得最多的频率平均是多少？
一星期三次或以上
一星期一到两次
两星期一次
一个朋一次
三个朋一次
半年一次
一年一次
少于一年一次

问题二十二：请问下面的哪些描述和您目前生活比较符合（选择答案请不要超过三个）

想要什么都有，物质生活很丰富

每天的生活很精彩，天天有新意
物质生活很满足，但工作压力大
工作很紧张，生活紧张，身心疲惫
生活无规律
没有什么时间和朋友在一起
一心从事自己喜欢的工作
舒适温暖的家庭生活
自由自在的惬意生活
什么都不用做，什么都有

问题二十三：对于下面描述现在与将来的句子，请问
只要将来生活好，现在辛苦一点都不怕
将来的事很遥远，只要现在很舒服就可以了
只要现在辛勤的工作，将来生活才会舒适
即使很辛勤的工作，将来也不过如此
我会一直很勤奋地工作，不管现在还是将来
对于将来我觉得一定会比现在好
其他（请注明）

背景资料

下面是一些关于您个人的问题，我们只是作为资料分析使用，希望您不要介意

记录性别：　男　女

您的婚姻状况?
单身　已婚　离婚　丧偶　分居

请问您的受教育程度
小学或以下
初中
高中、中专

大专

本科

硕士或以下

请问您的职业是：

国有企业	干部	1
	职员	2
外资、合资、港澳合资企业	管理人员	3
	职员	4
事业性单位	干部	5
	职员	6
私营企业	管理人员	7
	职员	8
党政府机关	干部	9

职员	1
自由职业者	2
私营企业主	3
无职业者	4
离退休人员	5
其他（请注明）	

请问您通常上下班的交通工具是：

自行车

摩托车

出租汽车

私家小汽车

公交车

不使用交通工具

其他（请注明）

请问卡片中哪个最能代表您的个人月收入？

500 以下

500 ~ 799 元

800 ~ 999 元

1000 ~ 1249 元

1250 ~ 1499 元

1500 ~ 1999 元

2000 ~ 2999 元

3000 ~ 3999 元

4000 ~ 4999 元

5000 ~ 5999 元

6000 ~ 6999 元

7000 ~ 7999 元

8000 元以上

请问卡片中哪个最能代表您家庭每月的总收入?

1200 元以下

1500 ~ 1999 元

2000 ~ 2499 元

3000 ~ 3499 元

3500 ~ 3999 元

4000 ~ 4499 元

4500 ~ 4999 元

5000 ~ 5999 元

6000 ~ 6999 元

7000 ~ 7999 元

8000 ~ 8999 元

9000 ~ 9999 元

10000 元以上

拒答

请问您家里有多少位家庭成员?我指的是那些一周至少 5 天住在这里的家庭成员。

请记录:________人

第四章

商业地产项目定位

第一节　商业地产项目定位的原则和内容

商业地产项目应根据自身的特点，发挥项目优势、规避项目劣势，由市场导向填补商圈市场空白点，引导市场激发潜在需求，从而改变商业格局。

一、项目定位的原则

商业地产定位，一般遵循关联性、差异性和震撼性这三大原则。

所谓“关联性”是指项目定位必须与项目所处的区位、商业环境、商业业态之间和谐统一，共生共荣；所谓“差异性”指项目定位必须差异于目前所处商圈的商业业态，形成自己的特色，即“差别定位、错位经营”。所谓“震撼性”指定位要在市场上形成强大的冲击力，让市场、消费者认同这种定位，并乐意到此消费。

商业地产有三种可利用资源，分别是视觉资源、环境资源和人流资源。

“视觉资源”，即项目的整体外部形象是否具有聚集力、冲击力、吸引力，是否给人以良好的感受。视觉资源是决定物业价值的要素之一；“环境资源”，包括购物环境、消费环境、休闲环境、空间尺度等，现在的商业主流趋向已经变为“体验经济”，只有能给予消费者良好消费体验的场所才是有生命力、有价值的商业地产；“人流资源”，有人气，才有商气和财气。如何充分利用现有人流，如何吸引更多人流到此消费，在商业业态的规划设计上要充分考虑满足现有消费者的需求，视觉资源和环境资源是人流资源的载体。

充分打造、挖掘、展示和利用好这三种资源，将极大提高商业物业的价值。在对商业地产项目进行定位时，应根据上述的定位原则，并有效释放三种资源的增值潜能。

二、项目定位的主要内容

商业地产项目的定位是商业项目策划的开始，它决定和影响着项目的规划设计、物业需求、品牌招商、经营管理、商业定价、服务管理、促销策略、形象推广等诸多方面，是一个商业项目动作的前提和保障。

商业地产项目的定位是一个全面的、综合的过程，它涵盖企业的目标市场定位、业态定位、功能定位、经营定位、招商策略定位、营销策略定位以及企业形象定位等，这些定位是相互关联、相互作用、相互影响、互为促进的。

1. 目标市场定位

一个商业地产在进入市场之前，只有充分掌握当地的社会经济发展水平、居民消费水平、商业经营状况，才能对整个商圈的消费客群进行市场细分，从而进行目标市场定位。

2. 业态定位

商业地产项目在筹建之初，根据当地的市场条件和该项目的规模、面积、物业现状科学地确定该项目要做成哪种经营业态，是做综合性商业项目、主题性商场、超市，还是做成百货与超市相结合的综合业态亦或是购物中心、Mall 等，以此来明确企业今后的经营品种、经营方向、管理方式、商户的投资形式，进而明确企业的品牌和招商方向。

3. 功能定位

商业地产项目功能定位，即根据项目的整体规模、目标进行的功能确定与功能布局。商业企业的建筑设计、空间结构、动线设计、设备配套等与企业经营有极强的关联性，只有进行准确的功能定位，商业企业的建筑设计、空间结构、设备配套才能有的放矢，投资建设的项目才有商业经营的价值。

4. 经营定位

商业地产项目在进行经营定位时，要考虑项目当地的经济发展水平、经济总量、城乡居民收入水平、消费能力、市场容量和总体需求，同时要充分结合当地未来发展空间，着眼未来，从战略眼光定位，贴近市场，贴近消费者。

5. 营销策略定位

营销策略定位就是通过建立特别的产品销售渠道和方式，使产品和营销具有某种特色，从而利用产品和营销在消费者心目中的印象，在市场上占有一席之位。商业企业在进行营销策略定位之前，要对当地的商业发展状况、竞争状况、购买能力、消费结构、商业经营现状、顾客构成、销售单价进行翔实地调查，并据此确定商业企业的营销策略与销售方式。

6. 招商策略定位

商业地产在招商之前，必须对当地的目标市场、品牌结构、品牌档次进行充分调查，了解哪类品牌更易于被当地的市场所接受，这样才能更好地确定企业的目标品牌、支柱品牌和源头品牌的招商目标、招商方式和招商条件，从而进行招商策略的定位。

7. 企业形象定位

商业地产项目的形象定位，可以借助CIS系统来加以塑造并传达。一方面，可通过商场的建筑外观来表现，如建筑形状、结构、颜色等。另一方面，可通过顾客对卖场气氛的感受来表现，如场内购物环境、卖场布局设计、橱窗设计、形象展示、POP广告等；而产品价格、质量、服务、促销策略等，则是影响企业形象不可或缺的因素，它将随着商场的经营运作而持续存在并发挥巨大的作用。

第二节　商业地产项目定位技巧分析

有些项目规划功能十分清晰，要求严格，使问题的定位简单化，例如，社区商业用房、住宅底商等功能定位、客户定位和消费群定位不太复杂，简单的市场分析就能得到比较准确的市场结果。但对于大型项目，规划部门功能定位笼统，存在定位空间，在单一功能无法满足或者需要辅助功能的情况下，就需要有一定技巧。

一、辨析定位

在项目分析以及经验分析的基础上，辨析定位问题，也就是需要通过市场调查和研究回答的问题。例如，写字楼底层的空间应该做什么用途最好？底商发展餐馆是否合适？发展大型超市与产权式商铺哪个最好？谁有可能投资购买物业？正确地提出问题，就相当于定位问题成功了一半。所以我们应该善于提出问题，提出的问题越尖锐、越深刻，得到正确结论的机会也就越多。

二、细分市场

根据调研结果分析市场，进行细分。例如，北京某大厦准备整层对外销售，策划人员根据行业变量、规模变量、地理变量、经营变量和个性特征把市场细分为：政府机构转制出来的大集团（公司）以及将要转制的大集团（公司）；金融机构，包括各级银行、保险、证券、期货及其他非银行金融机构；大型股份制公司及外省市集团（公司），包括上市公司；行政职能型部委机构等。

三、目标市场评价

为了使细分市场的识别更具有科学性，需要评价细分市场的潜在利润，标准是：第一，细分市场的规模和发展前景；第二，细分市场的赢得潜力；第三，公司目标和资源。标准分为 A、B 和 C 三级，逐级递减。以上述细分市场中的四个市场为例，结果发现政府转制公司总评分为 A^-，金融机构总评分为 A，外省市集团和大型股份公司总评分为 B^+，行政部委机关总评分为 B^-，也就是除行政职能型部委机构之外的三个细分市场（政府转制公司、金融机构及外省市集团和股份公司）是理想目标。

四、定位体系

所谓定位体系是商业地产物业的客户组合群，也就是什么样的客户是物业的潜在购买者和使用者，他们应构成完整的关系群落，具有系统性、整体性、和谐性的特点。

第三节 如何撰写商业地产产品定位报告

在房地产策划的发展过程中，经过策划人不断地实践和总结，策划定位开始逐渐形成，并体现出了房地产策划定位的一些基本规律。根据房地产项目的具体情况灵活运用这些策划定位，可以创造出项目典范和营销经典，提高房地产策划的科学性和规范性。

一、战略策划定位

战略策划是企业发展或项目开发设计纲要，帮助企业从全局的需要出发，有效地整合这些专业性操作公司，使其在统一的平台上，协调一致地实现总体目标。战略策划定位内容如下：

1. 大势把握——出思路

在宏观大势把握的前提下，根据每个项目的不同特点，找到适合其发展的思路。大势把握包括中国经济大势，区域经济大势，区域市场需求大势，区域行业竞争大势和区域板块文化底蕴。

2. 理念创新——出定位

思路确定后，选择摆脱同质化竞争的迷局，确定差异化发展的突破点，总结、提取出一个能体现并统帅企业或产品发展的灵魂和主旋律。理念创新包括概念创新、预见创新和整合创新。

3. 策略设计——出方案

量身定造，针对项目特点设计一套科学的、独创的、有前瞻性的，且具有可操作性的对策方案。策略设计包括项目总体定位、项目理念设计、项目功能规划、项目运作流程、项目经营思路和项目推广策略。

4. 资源整合——出平台

帮助项目整合内外资源，包括整合各种专业化公司的力量，创造一个统一的操作平台，让各种力量发挥应有的作用。资源整合包括企业内部资源整合、企业外部资源整合、行业内部资源整合、行业外部资源整合。

5. 动态顾问——出监理

操作过程主要由专业技术企业完成，策划人作为顾问起参谋作用。顾问监理包括项目重大事件、项目重要环节、项目节奏把握、项目时常引爆和项目品牌提升。

二、全程策划定位

商业地产全程策划，简单地说就是对商业地产项目进行“全过程”的策划，即从项目前期项目分析、方案论证、投资分析、市场调研、概念设计、营销策划到项目后期的运营模式设计、物业服务等各个方面都进行全方位策划。全程策划强调为投资者提供标本兼治的全过程策划服务，每个环节都用价值功能分析方法，明确价值与功能、成本间互动关系，以提升项目的价值为重点，围绕提升项目的价值来运用各种手段，使项目以最佳状态走向市场。全程策划定位内容如下：

（1）市场研究——对项目所处的经济环境、项目面对的当前房地产市场状况、项目所在区域同类商业地产进行调研分析。

（2）土地研究——挖掘土地的潜在价值，对土地的优势、劣势、机会和威胁进行分析研究。

（3）项目分析——通过对项目自身条件及市场竞争情况分析，确定项目定位策略，拟定目标客户及商业地产形象，决定项目市场定位、功能定位及形象定位。

（4）项目规划——提出建议性项目经济技术指标、市场要求、规划设计、建筑风格、户型设计、景观绿化及综合设施配套等。

（5）概念设计——做好规划概念设计、建筑概念设计、环境概念设计、艺术概念设计。

（6）形象设计——开发商与项目的形象整合、项目形象、概念及品牌前期推广。

（7）营销策略——分析项目环境状况，凸显其价值。找准项目市场营销机会点及障碍点，整合项目外在资源，挖掘并向公众告知楼盘自身所具有的特色卖点。

（8）物业服务——建立与项目定位相适应的物业管理模式，构建以服务为核心的组织架构。

（9）品牌培植——充分挖掘项目特质，建立与之紧密呼应的品牌，并运用各种方法传播品牌，以品牌价值促进产品价值。

三、品牌策划定位

品牌就是差异，就是个性。品牌标志着商品的特殊身份，将自身与其他类别的商品区别开来。商业地产品牌就是商业地产项目具有区别于其他项目的个性，有较高的知名度、美誉度和忠诚度。商业地产品牌策划是对商业地产品牌内涵进行挖掘、发现和推广，使商业地产项目赢得人们的信赖。品牌策划定位内容如下：

1. 品牌策划以建立项目品牌为中心

2. 品牌策划就是要建立一流的品质和一流的推广

品质是品牌的基础，品牌策划要从品质入手，创建一流的品质。品牌的推广是为了要有一流的附加值，要有一流的战略战术，要建立一流的品牌管理队伍。

3. 品牌策划推广要有侧重点

一是要融入自然的和谐环境，二是要社区服务的社会化，三是要居家生活的信息化。

4. 品牌策划推广有四个阶段

一是“酝酿造势”阶段；二是“培育蓄势”阶段；三是“推广扩势”阶段；

四是“持续升势”阶段。

5. 品牌策划推广的五种方法

（1）“筑巢引凤”法；（2）“盆景示范”法；（3）“借花献佛”法；（4）“马良神笔”法；（5）“巨量广告”法。

6. 品牌策划的六个工程

（1）软性推广工程；（2）公关活动工程；（3）卖场包装工程；（4）口碑工程；（5）公关危机工程；（6）回访回程。

7. 品牌策划推广的四个要素

（1）质量，高质量是品牌的坚实基础；（2）服务，一个良好的服务体系之所以能加快品牌的形成；（3）法律，企业必须运用法律武器来保护品牌；（4）推广，必须有丰富的推广传播手段。

四、商品策划定位

近几年来，开发商都在不同的项目中贯彻商品策划的理念。注重项目商品的细节和细部的完美舒适，创造了许多著名的楼盘。一些对商品策划有实践经验的策划专业人士，也不遗余力地倡导商品策划模式。

商业地产商品策划，就是对商业地产商品进行谋划和运筹，以满足人们对地产商品的特定要求。商品策划的重点是“顾客就是上帝”，一切围绕客户的需求来策划商品，注重商品的舒适性和艺术性。商品策划的另一个重点是商品定位和商品设计，商品定位先于商品设计。商品策划模式内容如下：

1. 商品调研

商品的前期策划中最重要的是调研，目的是了解需求和供应状况，为商品定位做好准备。

2. 商品定位

在商品调研的前提下，对商品进行具体的、恰如其分的位置确定。包括目标客户定位，这最重要，因为商品竣工后是卖给他们的，还有商品品质定位、商品功能定位、商品地段定位、商品规模定位、商品形象定位等。

3. 商品设计

这是策划的重心，根据对目标客户的特性分析，商品就为它量身定做。包括规划设计、建筑设计、环境设计、户型设计等。

4. 商品工艺

采用先进的生产工艺，保证商品质量。

5. 商品营销

针对量身定做的目标客户推出商品的半成品或成品，包括商品的包装、商品的推广等。

6. 商品服务

这里主要是售后服务，目的是把商品的价值提升和延长。

第四节　商业地产产品定位注意事项

一、项目定位要准确

商业地产项目可以根据各地区消费水平、消费结构、消费能力和经营规模进行经营定位的确定，主要考虑四个要素：业态定位、目标市场、主题特色、业种品种组合。

但一些项目在销售推广中往往对项目定位人为拔高。其实，更应该根据项目所在地区消费的主力群体和居民的收入来决定如何定位，定位过高或过低都会和周围的消费环境不协调，定位过低会损害开发商的利益，而定位过高则会造成商家今后的经营成本过高。

凡成功的商业地产，都有其独特的人文历史、地理环境、开发模式等，经得起长时间考验，然而很多商业地产策划人员只看到一些销售成功的实例以及商业地产带来的巨大利润，盲目照搬，轻信榜样的力量，忽视了案例成功的很多特殊因素，导致地产产品定位不准确而失败。

二、定位依据要明确

大型商业地产项目的特性除投入资金大、周期长之外，另一特点是招商先于设计规划。国外 shopping mall 多是等 80% 以上主力店确定后才开始整体设计工作。开发商在未明确商家的情况下就开始设计，往往会缺乏定向设计依据，盲目的规划设计只能增加前期成本和后期招商难度。

三、定位优势要聚集

商业地产形象定位要注意项目特点和优势的聚焦。放大镜在太阳光下，能将阳光聚成焦点，产生很高的温度。项目形象定位也是一种聚焦，通过高度的提炼和概括，将项目的各种优点聚焦成顾客关注的热点，引起顾客的兴趣和好感，激发和创造需求，说服顾客改变和建立消费观念，促发购买动机。顾客关注的热点从本质上是顾客的利益所在。美国广告学家丹•舒尔兹说过：没有人真正想要一只锥子，他们所真正想要的是锥子所锥的洞。因而从某种意义上说，此问题所问的是：我们的形象定位中是要体现这些锥子还是这些洞？这里所说的“洞”即是顾客的利益所在。

项目的卖点给予顾客利益的承诺，有些是直接表现，有些是间接隐含。此外项目形象定位中体现的是给予顾客物质利益和精神利益的统一。

房地产形象定位是一个项目的核心和浓缩，也是项目总体营销中线、面、体的基点，所以推广可以由此展开、发展，可以达到撒豆成兵、点石成金的效果。同时形象又是建立在项目的品质基础之上，因此在很大程度上可以说，房地产形象定位是以建筑空间为本体，以人文精神为灵魂，指导全程营销推广的核心。

第五节　案例：从经营角度进行商业项目定位

一、为什么要进行商场定位

一个商业项目要在经营上取得成功，无疑需要牵涉到诸多方面的工作。这其中商场定位是商业项目策划的开始，统筹着后续诸多方面的工作，可以说，商场定位是一个商业项目运作的灵魂。

对商场进行定位，可以在经营上满足多方面的需要，其中最为重要的一点是满足市场竞争的需要。商业零售市场在经历了改革开放初期的商品短缺阶段之后，早已进入合理利润的经营阶段，激烈的市场竞争使任何一家商场都难以在不同档次、不同类别的商品经营上均保持竞争优势，于是，近几年来，零售市场出现不断细分的趋势，零售商场日趋专业化。在这种竞争环境中，一个商业项目要在经营上取得成功，必须根据自身的特点和竞争优势，选择市场定位，集中力量针对某一特定的目标市场开展经营活动，以求扬长避短，避免在自己的弱势市场上与强有力的竞争对手全面竞争，使手中资源得以集中，并发挥最大经济效益。

二、如何进行商场定位

1. 目标市场定位

（1）目标区域定位，主要是对周边商圈区域范围的分析。所谓商圈范围，简单讲就是商场吸引顾客的空间范围。

（2）目标消费群定位。在商圈范围确定之后，便可对整个辐射商圈的消费者进行市场细分，并确定目标消费群。如果从消费特征来划分，可以有若干群体：

2. 功能定位

商场的基本功能无疑是提供商品的零售服务，但随着人们消费水平的提高，单纯的购物服务已难以满足顾客的需要，利用双休日和节假日进行休闲、娱乐型购物消费已成为一种趋势，因此，不少商场在主营零售业的基础上，往往有必要引入餐饮、娱乐及其他服务行业以方便顾客，带旺商场。通常可供选择的功能内容如下：

餐饮：中西快餐、中餐、西餐、冷饮、咖啡店、小吃店、酒吧、茶艺馆、特色店（如日韩料理店、美国丹迪当等）。

娱乐：小型影视厅、卡拉 OK、歌舞厅、游戏机、保龄球。

休闲：书店、音乐城、文化廊、水族馆。

服务：美容美发、桑拿、洗衣店、摄影冲印、健身。

修理：家电维修。

批发：批零兼营。

商务：商务服务中心。

3. 经营特色定位

（1）一个商场要在经营上取得成功，并非一定要走特色化经营路线。大众化的经营定位与特色化的经营定位本身并无孰优孰劣之分，而要视乎商场所处的经营环境来定。如果商场所处的商圈内拥有足够数量的稳定消费群，而且周边没有过于强大的竞争对手，那么，采用大众化的经营定位，往往可以取得较为稳定的收益，经营风险相对小很多。不过，纵观目前深圳商业市场，这样的区域性商业空白点已不多见，绝大部分的区域已是商家林立，竞争激烈。尤其是 2010 年以来，国际大型零售企业大举进军一线城市，扩张势头一直有增无减，而本地一些大型零售企业亦纷纷居安思危，奋起直追，一方面修养内功，增强实力，另一方面也加快新开分店的步伐。一时间，一线城市的零售市场被这些商业大鳄瓜分得七零八落，越来越多的商场，尤其是新建商场，将不得不面临这样的选择：要么与一些经验丰富、实力强大、客户基础广阔的商业企业合作，以某种形式共同经营；要么走特色化经营路线，另觅一番天地。

（2）商场特色化定位可以体现在许多方面，但有两个方面往往是最主要的，一是商品特色，可以体现在品类选择、档次高低等，二是服务特色。

4. 经营方式定位

目前各商场所采用的经营方式主要有以下几种：

（1）自营。1）购销：商场自行进货，自行销售，自担经营风险。2）保底抽佣：商场将场内一定面积的铺位或专柜交由实际用家经营，商场按该铺位或专柜销售额的一定比例定期抽取佣金，同时双方约定最低销售保底额，当销售额低于该保底额时，商场仍按保底额的一定比例抽取佣金。3）纯分成，商场将场内一定面积的铺位或专柜交由实际用家经营，商场按该铺位或专柜销售额的一定比例定期抽取佣金，双方不约定最低销售保底额，共同经营，共担风险。

（2）招租。商场将场内一定面积的铺位或专柜出租与实际用家，商场获租金收益，铺位或专柜的实际用家负责经营，获取经营收益，承当经营风险。

5. 业态定位

目前，以深圳市为例，该市的商业类型主要有以下几种：

（1）综合性百货商场。如友谊城百货、国际商场、天安商场、国贸商场、岁宝百货、免税商场、深房百货、世贸商场、兴华商场、大江南商场等，其特点是经营规模较大、经营品种较为丰富，主要包括服装、皮具、化妆品、首饰、精品等，客流量通常低于大型超市，但毛利率相对较高，多采用专柜经营的方式。

（2）主题性商场。如女人世界、男人世界、儿童世界、免税珠宝世界、顺电家居广场、新楚源、铭可达、统球家电、香江家私、金海马家私、好百年家居广场、赛格、佳和电子城、爱华电脑城、华强电脑世界等，其特点是经营品种限于一定的主题。

（3）超市。其特点是采用开放式货架经营的方式，经营品种主要是家庭日常必需品，通常毛利率较低，但顾客购物频率高于其他业态的商场，因此客流量相对较高。

1）大型超市，其特点是单店规模较大、品种齐全，以经营国产及合资产品为主，以当地居民为主要服务对象，满足顾客日常生活一站式购物的需要，如沃尔玛、家乐福、新一佳、人人乐、好又多等。

2）便民式超市，其特点是单店规模较小、分店较多，主要经营食品和日常生活必需品，如民润、华润万方、惠康金田、百佳等。

（4）百货与超市相结合的业态。如万佳、天虹、茂业等。这是深圳近年来发展较为迅速的一种商业类型，其特点是在同一商场内同时引入百货与超市两种业态，以超市来提高客流量，以百货来确保商场整体毛利率，从而把两者的优势有机地结合起来。

（5）连锁专卖（专业）店。主要是服装、医药等，如经典故事、一致、万泽、中联等。

（6）个体经营的独立街铺。

从以上分析可以看出，目前深圳尚缺乏类似香港太古城、广州天河城这种真正意义上的大型 Shopping Mall。不过，随着深圳城市建设的大力推进及人口规模的不断扩大，近年来已经出现大型百货商场和大型超市为旗舰店，集购物、娱乐、餐饮、休闲为一体的超大规模的商业服务场所。

6. 经营规模定位

一般来讲，商场的规模越大，它所能覆盖的商圈范围就越大，但商场单店的规模也并非越大越好，而是要受到一下因素的制约：

（1）顾客购物疲劳度对商场单店规模的制约。一般情况下，顾客在商场购物的时间不会超过 3 小时，超过这个时间就容易处于疲劳状态。顾客购物休闲的步速一般是 30 ~ 40 米 / 分钟，浏览购物的步行距离一般不超过 7500 米。由此可大致测算，顾客对商场单店营业面积的最大承受能力在 2.5 万平方米左右。如果单店面积超过这一规模，则超出部分的营业面积，在通常情况下需要考虑引入购物以外的其他商业用途，如餐饮、娱乐、休闲等服务型消费场所。

（2）商圈购买力对单店规模的制约。简单测算，单店的极限规模约等于商圈购买力减去圈内竞争店分流的购买力，再除以商场单位面积的保本销售额。一方面，商场的购买力取决于商圈人口及其消费水平，商圈人口通常包括圈内居住人口，市内过客及外地游客；消费水平往往与其收入水平和消费习惯有关；竞争店分流的购买力往往与竞争各方在规模、档次、经营能力、经营范围等方面的差异程度有关；另一方面，商场单位面积的保本销售额与其经营成本和经营毛利率有关。

（3）产品品种对商场规模的制约。目前我国现有的商品品种约 70 万种，实际上一个商场 所能经营的品种往往只占很小的比例，即使是一些超大规模的商场，其经营的品种也不超过十几万种，而对于走特色化经营路线的商场，可供选择的商品种类就更少。如果商场规模过大，势必造成品种重复经营，降低商场单位面积销售额，从而影响整体经营效益。

7. 商场形象定位

商场的形象定位有别于房地产项目的形象定位，其不同之处在于：

（1）房地产项目的形象定位实质上是产品的形象定位，其形象推广往往配合产品（楼盘）的销售活动来进行，项目一旦售罄，形象推广便不再是必不可少的了，如果把房地产项目与开发企业进行整合形象推广则另当别论。

（2）商场的形象定位，实际上是商场经营企业的形象定位，因此，它随着商场的经营运作而持续存在并发挥作用。由于商场形象定位实质上是一种企业的形象定位，因此可以借助 CIS 系统来加以塑造并传达给消费者。有关 CIS 系统本文不予赘述，在此要着重分析的是如何表现商场的形象定位：

1）通过商场的建筑外观来表现，如建筑形状、结构、颜色等。

2）通过顾客对卖场购物气氛的感受来表现，如场内购物环境、卖场布局设计、橱窗 设计、形象展示、POP 广告等。

3）通过产品价格、质量、服务、促销策略等形式来表现。

值得一提的是，POP 广告往往是营造卖场购物气氛、塑造商场形象的重要手段。形象性的 POP 广告在色彩的选用上要注重突出季节感，例如，在春天可选用粉红色或绿色为基调，营造一种欣欣向荣的气氛；夏天可选用蓝色或青色，突出一派清爽的感觉；秋天可选用浅橙色或咖啡色，以体现成熟丰收的季节感；冬天宜选用红色或金色，给顾客以温暖、温馨的购物空间。

第五章

商业地产客户定位

第一节　商业地产客户类型

客户定位就是我们把产品卖给谁，我们把建成的商铺卖给何人，也就是寻找目标市场。正确的市场定位依赖于市场细分和对细分市场的判断，从而在产品和目标客户之间建立需要和被需要的关系。因此，客户定位是功能定位的前提基础，功能定位是客户定位的延续。

一、主力客户与辅助客户

按照客户的购买动机和购买行为，对企业的贡献，可以把客户分为如下 5 种类型：一是潜在客户。那些有兴趣购买所提供产品或服务的人。二是潜在购买者。那些至少有一次光顾，或者打一次电话询问、回复邮件的人。三是购买者。那些从经营项目中购买了物业的人（商场、写字楼、别墅等）或者接受咨询服务的人。四是忠诚的跟随者。那些多次购买公司开发产品的人。例如，买住宅后，再买公司开发的商铺。在香港或者深圳有的投资客凡是李嘉诚开发的物业就投资购买，等待增值。五是宣传者。那些热衷于宣传公司的产品和服务的人，试想如果他对公司的产品不满意、不忠诚能够高声宣扬吗？上述 5 种类型一种比一种对公司产品的忠诚度高，一种比一种的价值大。

根据客户关系选择坐标图，我们把利润高的伙伴型、能动型客户称为主力客户，是企业的主要利润源泉。在商业物业营运过程中，主力客户是衣食父母，主力定则天下定，写字楼如此，购物中心、商业街区同样如此。但是我们不能忽视辅助客户，红花当有绿叶配，没有大量的小客户，就不可能形成商业航母。一旦这些客户确定下来，购物中心也就成型了。下面是各类购物中心的典型主力客户。

便利中心：微型超市，餐馆，美容院，干洗店，快餐店，医疗店，牙科诊所等。

邻里中心：超市，药店，打折百货店，餐馆，家具店，五金商店，汽车美容店，酒吧，银行。

社区中心：小百货店，折扣百货店，超市，大型优惠商店，百货商店，服装店，家具店，体育用品商店，药店，办公用品店，电影院。

地区或者超级中心：百货商店，时装店，大型影城，娱乐中心，饮食街，大型专卖店，大型优惠商店。

二、商业地产的客户链

比起住宅地产，商业地产的客户关系链条长很多，如果说住宅地产是B2C（B 指企业，C 指消费者或购买者，即企业对消费者），商业地产就是B2B2B。第一个 B 是开发商，第二个 B 是投资者，即购买商铺的人，第三个 B 是商铺的经营者。与价值链对应，商业地产的客户链包括：投机者、单纯的投资者、购买自用者和经营使用者。

以写字楼为例来划分客户价值链：一级开发商可以销售给投资者或使用者，也可以租给使用者。而二级投资者或再租再卖。从此充分反映了写字楼客户的复杂性，既有零散的客户，也有整层租赁的大公司，还有开发公司预留的物业。客户群非常复杂，有效管理的方法是建立共同的价值目标。

三、不同权益下的客户定位

纵观目前国内获得成功的商业地产项目，大致有四种开发模式，四种权益也给四种人群以不同的获益方式：

第一种是不租不售，完全自己持有并使用，开发商将四种权益集于一身，就是这四者权利的统一。在深圳有一些房地产开发商就是采用这样的一种获利模式，同一个所有者本身又是开发者，又有自己的百货品牌，从事商业经营。这样的商业地产定位就转化成了商业经营者的客户定位，省掉了很多中间环节。

第二种模式是只租不售。开发商或者投资商长期主动或者被动持有，当物业质量比较好，收益潜力大时，他们往往主动持有。他们只出租物业，收取租金，伺机寻求更高的增值利益。比如，若城郊接合部某地周边居民人数达到万人，开发商邀请或者选择某个大型商业企业作为承租方，进场从事商业经营活动，目的是获取租金。那么，该开发商的客户定位就是商业经营者，如连锁超市、大型购物中心、仓储商店等。

第三种是只售不租。就是开发商将商业地产项目全部销售，由所有者自行经营和管理。这种开发模式相对省力且风险较低，但与前集中开发模式相比，则失去了更大的收益前景的机会。这种情况下，客户定位就是投资者和投资经营者（自用型投资）。

第四种模式是租售结合。开发商根据市场情况吧商业物业分割销售或租赁，租售结合。该模式适合大型商业物业，主要因为物业投资大，市场消化需要时间，单靠一种营销模式很难在短期内形成气候。另外，该方法也可以起到有效降低空置率，增加收益，维持资金链的作用。

第二节　商业地产消费客户定位

商业地产中商业消费客户指的是广大的最终消费者。比如说社区商业街的消费者主要是本社区内的居民，其次是本社区周边的居民或者是项目周边的工厂、企事业单位的职工等等。

例如，某商业街项目的消费者定位

按照细分客户群的消费规模从大到小来划分潜在客群：

第一阵营：女性，30 ~ 45 岁之间，经济来源依赖于配偶，少部分人有自己的事业和丰厚收入。

第二阵营：女性，25 ~ 35 岁之间，公司白领，具有中等偏上的经济收入。

第三阵营：女性，20 ~ 30 岁之间，生于富贵家庭，经济来源于家庭和自身收入。

第四阵营：女性，20 ~ 30 岁之间，自身经济一般，消费资金来源与其关系非同一般的高收入男性。

第五阵营：男性，30 岁以上的商界和政界成功人士，身份是私营企业主、企业中高层管理人员、个体工商户、机关 / 事业单位中高层官员。

第六阵营：男性，20 ~ 30 岁之间，公司白领，或富贵家庭子弟，有钱，时尚，前卫，重视生活质量。

通过上述分析可得出此商业街的消费主体是 25 ~ 45 岁的中青年女性。该案例的特点在于其按照消费规模的大小来划分消费者，同时给出了各等级消费者的特征。这种消费者定位方式值得参考借鉴。

又如，某商业街项目的消费客户群定位

高级公务员、高级白领、高级商务士、私营业主及周边县市的高收入客层，年龄在 25 ~ 45 岁之间。

此类客群主要是该市及周边地市 IT 界、金融界、地产界及商务界等的高级白领及高级商务人士；高级行政区的高级行政官员；私营老板等。

消费习惯：

- 具有很强的经济能力及支配权；
- 追求品牌和享乐，消费心理较为成熟；
- 以高档为主，是本案的主力消费群体；
- 以奢侈品和高档品牌消费为主要特征，对消费环境及个性化服务要求较高；
- 注重商品的品质和品牌附加值，追求更高层次的文化、娱乐和精神享受。

第三节 商户及投资客定位

一、商户定位

商户指的是商业地产中的项目具体经营者，经营者也可以分为两类，一类是通过自购商铺来进行经营，另一类是通过租赁商铺进行经营。

例如，某一商业街项目的经营者定位

（1）在该市内及下辖乡镇或邻近、周边城镇做生意，有扩大经营规模或更换经营地点者。

（2）品牌连锁经营者、地区总代理机构布点该市，或新增加盟商。

（3）拟新开店的初次创业者。

（4）中大型家庭消费品销售企业欲设立该市办事处和营销展示（批销）中心者。

又如，某一商业街项目经营者定位

商业街一期开业为 A、B 二个区域，A 区域定位生活购物区，主要招商门类为服饰类、鞋类、百货、珠宝、化妆品、家电电器、通信服务、休闲类、文化用品、箱包皮具、床上用品、儿童用品等。B 区域为休闲娱乐、餐饮旅游区，要招商门类为电子游戏厅、网吧、健身会所、各类美容美体服务咨询机构、KTV 娱乐中心、足疗足浴中心、中西式特色餐饮、咖啡、茶社、特色食品店。

该案例的亮点在于其在经营者定位前，写出了该项目各区的经营品种，这非常有利于后面招商对象的确定。

二、投资客户定位

若对项目投资者进行细分，项目投资者可以分为两类，一类是长期出租型投资者，另一类是短期转手型投资者。前者是通过长期出租获得租金，从而获得利润的。而后进是通过短期转手出售，从售价差中获得利润，但无论是哪一种投资者，都是手头上有多余资金，想通过投资商铺获利的人。

例如，下面是某商业街项目的投资者定位

（1）该市及邻近周边地区积蓄颇丰或收入较高者（企事业单位领导、部门负责人、经营较为成功的民营企业主、个体工商户等），将之作为个个投资理财的渠道。

（2）外出打工族中收入、积蓄较高者，将之作为安家产业、保值增值的手段。

（3）有多年积蓄，信奉“一铺富三代”，渴望以黄金旺铺传承家业、颐养天年的中老年人。

（4）手中有余资闲金，未寻到更好投资升值渠道的其他富裕阶层。

（5）开发商人脉关系客户。

又如，某社区型商业项目的投资者定位

1. 街铺投资客户定位

由于项目为社区型项目，街铺的单价及总值都较高，可将具有丰富经验及资金实力雄厚的投资客作为主要的客户群体，分类及比较如下：

（1）该市企业高层领导、私企负责人、村民等具有较强投资实力的群体作为主要投资群体，预计占 50%。

（2）该市周边地区及港人等看好该市投资市场的人士 10%。

（3）× 口、× 油工业区内企业的中高层管理人士，预计占 15%。

（4）该区及周边政府公务员，预计占 15%。

（5）项目周边高档住宅小区的高薪阶层，预计占 10%。

2. 内铺投资客户定位

由于项目为社区型项目，内铺总值较低，可将项目周边的投资客户群体视为主要投资客户群，分类及比较如下：

（1）该区及 × 海的投资村民及个体和私营业主，预计占 35%。

（2）× 口、× 油工业区内企业的年轻白领和高级蓝领，预计占 35%。

（3）该区公务员，预计占 15%。

（4）项目周边高档住宅小区的高薪阶层，预计占 10%。

第四节 如何撰写客户定位报告

对于商业地产项目来说，其客户群主要有三类，分别是投资者、经营者和消费者。正所谓“没有调查，就没有发言权”，所以在对客户群分析之前要先对客户群进行调查，然后再分析其心理特征。在写客户定位报告时，分为五个部分来进行：客户群调查、项目投资者分析、项目经营者分析、项目消费者分析和项目客户群分析总结。这五个部分是紧密联系在一起的，缺了哪一个部分，客户定位报告都不完整。

一、项目客户调查

对项目客户群进行调查，多采用问卷调查的方式。调查所使用的调查问卷必须由专业人员或机构针对本项目进行设计。针对不同类型的客户群，应采取不同的调查方法，如针对投资者，可以采用电话访谈法或小组访谈法；针对经营者，可以在营业时间直接到经营者的商铺与经营者进行访谈交流；针对消费者，可以采用入户访问和街头拦截访问两种方法。在调查访问之前，必须对访问员进行培训，严格控制问卷质量和数量，同时要制定复核审核机制。在调查结束后，要及时对调查结果进行整理、总结。

二、项目投资者分析

按投资时间的长度，可以将商铺的投资者分为长期投资者和短期投资者两种。长期投资者是通过出租商铺来获益；而短期投资者纯粹是为了在买进卖出中赚取差价。

在当下投资市场，商铺出租的高回报率仍是有目共睹的。据测算，在目前市场情况下，住宅投资收益率约为 4% ~ 5%，而商铺投资的收益率约为 6% ~ 8%；而且在商铺的营销上越来越专业化和人性化。在顾客决定买铺面时，租铺的商户有的给你找好了；有的甚至是先做旺市场，之后再开始专业商铺的销售，使专业市场的商铺“钱途”可见。正是这种“钱途”使得投资商铺的人越来越多。

1. 投资者投资意向分析

包括对各类房产的投资兴趣、投资预算和付款方式等。

2. 投资者投资目的分析

是为了养老、是为下一代做打算、是为获得高于银行存款利率回报、还是寻求固定资产升值等。

3. 投资者考虑因素分析

地段交通、业态规划、管理状况、推广计划、是否雷同、先租后买。

4. 投资者综合分析

包括潜在投资者基本背景，潜在投资者的投资偏好、潜在投资者投资决策模式、对商业地产的印象与评价、对商业项目的认知与接受度。

三、项目经营者分析

对经营者进行调查分析与对投资者进行分析差别很大。对经营者进行分析，主要是分析其选址要求、对商铺面积要求、租金接受范围和对该项目的一些看法等。

1. 该地区经营者调查分析

包括经营商户人口构成、经营商业行业特征、经营商户原先经营的商业市场、经营商业最感兴趣的新建商业市场、该地区最具发商业区域、该市最具发展潜力的商业形态、该市商户投资意向、经营商户对商铺的配套要求、商铺购买的付款方式、购买商铺的主要目的等。

2. 意向客户调研分析

意向客户民族比例（汉族与其他民族）、意向客户经营行业、购买商户的价格承受水平、意向客户对该项目的评价。

四、项目消费者分析

社区商业街项目的消费者分析与其他商业地产项目的消费者分析有很大的差别。由于社区商业街主要是为社区内的住户服务的，所以在进行社区商业街项目消费者分析时，要对的住户进行针对性的调查分析。

1. 项目周围住户分析

对项目周围的住户进行分析，主要是分析其商业需求和消费特征。最好的调查方法是直接到住户的住处进行上门访问。

2. 项目其他消费者分析

商业街项目的消费者分析除了要分析项目周围的住户外，也要分析项目周围以外的消费者，因为当商业街的规模足够大，氛围足够旺时，也会吸引一定区域内的人来消费。

五、项目客户群分析总结

经过上述分别对项目投资者、经营者和消费者分别分析后，到最后要对上述的分析进行总结。让决策者能更清楚地了解项目客户群分析的结果。

第五节　客户定位的战略性和超前性

一、战略性定位

战略定位就是将企业的产品、形象、品牌等在预期消费者的头脑中占据有利的位置，它是一种有利于企业发展的选择，也就是说它指的是企业做事如何吸引人。对企业而言，战略是指导或决定企业发展全局的策略，它需要回答四个问题：

企业从事什么业务？

企业如何创造价值？

企业的竞争对手是谁？

哪些客户对企业是至关重要的，哪些是必须要放弃的？

战略简单地讲就是：达到你梦想和未来目标的作战谋略。

作战的谋略，也有一个释义为“企业战略”，即：

当一个公司成功地制定和执行价值创造的战略时，能够获得战略竞争力（strategic competitiveness）。

一个战略（strategy）就是设计用来开发核心竞争力、获取竞争优势的一系列综合的、协调的约定和行动。如果选择了一种战略，公司即在不同的竞争方式中做出了选择。从这个意义上来说，战略选择表明了这家公司打算做什么，以及不做什么。

当一家公司实施的战略，竞争对手不能复制或因成本太高而无法模仿时，它就获得了竞争优势（competitive advantage）。只有当竞争对手模仿其战略的努力停止或失败后，一个组织才能确信其战略产生了一个或多个有用的竞争优势。此外，公司也必须了解，没有任何竞争优势是永恒的。竞争对手获得用于复制该公司价值创造战略技能的速度，决定了该公司竞争优势能够持续多久。

二、前瞻性定位

对于现代企业而言，在目前的市场环境下，营销战略往往是其战略的核心内容。营销战略定位就是以理性、科学的管理来把握需求差异巨大而且多变的市场，在激烈的竞争中保持持久的竞争优势。在静态条件下，企业通过成本领先、产品差异化等手段建立的竞争优势可以保持相对较长的时间；而在动态不确定环境下，任何竞争优势都是短暂的，因为对手可以模仿、学习获得同样的能力；或者干脆试图改变规则来“破坏”平衡。因此动态条件下的竞争模式是通过获取短暂优势来建立持久优势的。动态的市场环境要求企业对市场必须“高瞻远瞩”，在进行营销战略定位时要关注每一个环节。

实现战略前瞻的重要前提是做到知己知彼。近代营销理论和实践的一个重要进展是从以产品为中心转到以客户为中心；而今天商业环境的动态和不确定性，使得现代企业在制定营销战略时不得不更多地考虑竞争对手的行为和反应，既关注客户又关注竞争。

商业地产的销售目标定位，是前期营销的重要方面。通过明确的目标选择，为开发商进行哪一种产品定位的决策打下基础。

如何做好销售目标定位，无论是策划公司、开发商还是消费群体，各方的要求或期望值都存在着较大差异。作为策划公司，这个问题是一个核心内容，是市场的基础。如果目标定位准确，市场的反响将事半功倍，反之亦然。定位是应从客户对地域喜欢程度、楼盘档次选择程度、楼盘户型要求程度、小区环境满意程度、物业管理服务程度等予以考虑。

作为开发商，楼盘的最终目的，就是要销售出去，因此需要一个比较明确的销售目标定位，而这个销售目标定位则应该完全按照客户在经济上、观念上的接受能力和市场的实际需求去定位，从而实现收益的最佳回报。

销售目标定位，从商业地产营销的角度来看，选择有针对性、有目的性、有意识地去锁定精准的客户群，但这是件很难的事，也做不到有一个非常明确的市场划分。因而，楼盘销售目标只能够是一个决策性、方向性、线条性的定位，一方面面向大多数定位客户，一方面通过从众效应吸引一批相似型客户。

销售目标的定位，对商业地产整个营销来说，显得相当重要。这个定位的出发点，则是依据客户的层次、能力、不同需求的差异和房地产的特殊性所决定。商业地产作为商品，有着一般普通商品没有的、也不可能存在的特性，如不动产的不可移动性、产品价值的保值和增值性、产品的耐用性、其售价的昂贵性等。

这个目标定位实际上就是选择自己产品的客户对象，由于房地产业当今发展逐步趋向成熟，因此逼迫开发商及策划公司的行为变得越来越理智，对楼盘开发已超越一般的，或者具有较大随意性的，纯经济行为的开发，开发商及策划公司们已变得开始注重产品宏观走势及不同客户对不同品位楼盘、不同选择、不同购买力的微观细节探讨。让产品在投入市场之前，有一个较为清晰的目标定位思路，从而使楼盘更加适销对路，开发商在获取经济利益的同时获取更大的社会效应。因而，商业地产的销售目标定位在整个营销过程中有着非同一般的重要性。

第六节　案例：12类商业客户应对策略

商业地产销售分类就是按照客户的购买行为的心理分析，进一步认识客户的真正需求，从而达到我们销售的目的。商业地产不论是底商还是写字楼客户都有如下心理状态：

（1）求实用（使用价值、实际效用、内在质量等，例如：采光、通风、使用面积、结构、防潮、隔音、隔热等）。

（2）低价位（购房者最关心的问题之一）。

（3）求方便（房屋的使用过程中最重要的问题之一，如：供水、电、气、电话、宽带网络、有线电视、交通、配套的商业设施等）。

（4）求新颖、美观（主要就是房屋的建筑风格、与生活相关的区域环境、景观等）。

（5）追求建筑的文化品位。

（6）求保值、增值。

（7）投机、投资获利。

其中，商业地产保值、增值；投机获利的需求需要重点考虑，对于整售大客户尤为重要。由于人的能力、气质和性格的不同，消费者呈现出各自的个性特征。商业地产销售把这些特征划分为 12 种类型。

一、从容不迫型

这种购房者严肃冷静，遇事沉着，不易为外界事物和广告宣传所影响，他们对商业地产销售人员的建议认真聆听，有时还会提出问题和自己的看法，但不会轻易做出购买决定。从容不迫型的购房者对于第一印象恶劣的销售人员绝不会给予第二次见面机会，而总是与之保持距离。

对此类购房者，销售人员必须从熟悉产品特点着手，谨慎地应用层层推进引导的办法，多方分析、比较、举证、提示，使购房者全面了解利益所在，以期获得对方理性的支持。对这类买家打交道时，销售建议只有经过对方理智的分析思考，才有被购房者接受的可能；反之，拿不出有力的事实依据和耐心地说服讲解，销售是不会成功的。

二、优柔寡断型

这类购房者的一般表现是：对是否购买某一楼盘犹豫不决，即使决定购买，但对于位置、售价、户型、建筑风格、物业管理、企业品牌等又反复比较，难于取舍。他们外表温和，内心却总是瞻前顾后，举棋不定。

对于这类购房者，商业地产销售人员首先要做到不受对方影响，商谈时切忌急于成交，要冷静地诱导购房者表达出所疑虑的问题，然后根据问题做出说明，并拿出有效例证，以消除购房者的犹豫心理。等到对方确已产生购买欲望后，销售人员不妨采取直接行动，促使对方做出决定。比如说：好吧，现在交款吧！

三、自我吹嘘型

此类购房者喜欢自我夸张，虚荣心很强，总在别人面前炫耀自己见多识广，高谈阔论，不肯接受他人的劝告。例如，我跟你们经理很熟，我如何如何好。

与这类购房者进行销售的要诀是，从他自己熟悉的事物中寻找话题，适当利用请求的语气。在这种人面前，商业地产销售人员最好是当一个忠实的听众，津津有味地为对方称好道是，且表现出一种羡慕钦佩的神情，彻底满足对方的虚荣心，这样一来，对方则较难拒绝销售人员的建议。

四、豪爽干脆型

这类购房者多半乐观开朗，不喜欢婆婆妈妈式拖泥带水的做法，决断力强，办事干脆豪放，说一不二，慷慨坦直，但往往缺乏耐心，容易感情用事，有时会轻率马虎。

和这类购房者交往，销售人员必须掌握火候，使对方懂得攀亲交友胜于买卖，介绍时干净利落，简明扼要讲清该商业地产销售建议，事先交代清楚买与不买一句话，不必绕弯子，对方基于其性格和所处场合，肯定会干脆爽快给予回复。

五、喋喋不休型

这类购房者的主要特点是喜欢凭自己的经验和主观意志判断事物，不易接受别人的观点。他们一旦开口，便滔滔不绝，没完没了，虽口若悬河，但常常离题万里，销售人员如不及时加以控制，就会使对方的洽谈成为家常式的闲聊。

应付这类购房者时，销售人员要有足够的耐心和控场能力，利用他叙述评论兴致正高时引入销售的话题，使之围绕商业地产销售建议而展开。当购房者情绪激昂，高谈阔论时要给予合理的时间，切不可在购房者谈兴高潮时贸然制止，否则会使对方产生怨恨，愈想急切地向对方说明，愈会带来逆反作用。一旦双方的销售协商进入正题，销售人员就可任其发挥，直至对方接受你的建议为止。

六、沉默寡言型

这类购房者与喋喋不休型购房者正好相反，老成持重，稳健不迫，对商业地产销售人员的宣传劝说之词虽然认真倾听，但反应冷淡，不轻易谈出自己的想法，其内心感受和评价如何，外人难以揣测。

一般来说，沉默寡言型的购房者比较理智，感情不易激动，销售人员应该避免讲得太多，尽量使对方有讲话的机会和体验的时间，要循循善诱，着重以逻辑启导的方式劝说购房者，详细说明楼盘的价值和销售利益所在，并提供相应的资料和证明文件，供对方分析思考、判断比较，加强购房者的购买信心，引起对方购买欲望。有时购房者沉默寡言是因为他讨厌销售人员，他们对销售人员的主观印象欠佳就闭口不理。对待这种购房者，销售人员要表现出诚实和稳重，特别注意谈话的态度、方式和表情，争取给对方良好的第一印象，提高自己在购房者心目中的美誉度，善于解答购房者心目中的疑虑，了解和把握对方的心理状态，才能确保双方面谈过程不致冷淡和中断破裂。

七、吹毛求疵型

这类购房者怀疑心重，一向不信任销售人员，片面认为销售人员只会夸张地介绍楼宇的优点，而尽可能地掩饰缺点与不足，如果相信销售人员的甜言蜜语，可能会上当受骗。所以，这类购房者多半不易接受他人的意见，而是喜欢鸡蛋里面挑骨头，一味唱反调、抬杠，争强好胜，喜欢当面与销售人员辩论一番。

与这类客户打交道时，销售员要采取迂回战术，先与他交锋几个回合，但必须适可而止，最后故作宣布投降，假装战败而退下阵来，心服口服地宣称对方高见，并佯赞对方独具慧眼、体察入微，不愧人杰高手，让其吹毛求疵的心态发泄之后，再转入销售的论题。身处这种场合，销售人员一定要注意满足对方争强好胜的习惯，请其批评指教，发表他的意见和看法。

八、虚情假意型

这类购房者大部分在表面上十分和蔼友善，欢迎销售人员的介绍。销售人员有所问，他就肯定有所答；如你有所求，则他就或多或少会有所允，但他们唯独对购买缺少诚意。如果销售人员明确提出购买事宜，对方或顾左右而言他，或者装聋作哑，不做具体表示。

应付这类购房者，销售人员首先要取得对方的完全信赖，空口白牙是无法使他们心悦诚服的，必须拿出有力的证据，如关于已购楼者的反馈、权威部门认可的鉴定证明等。在这类购房者面前，销售人员应有足够的耐心与之周旋，同时可提出一些优惠条件供对方选择考虑。这种类型的购房者总是认为，销售人员一定会抬高报价，所以一再要求打折扣，甚至怀疑到产品的质量。此时，销售人员正确的做法是不能轻易答应对方的这种过分要求，否则会进一步动摇他的购买决心和购买欲望。一般来说，这些购房者在适当的条件下，在他感觉到购买于有利的情况下洽谈成交也是可能的，所以销售人员不要轻易放弃说服工作，只要有 1% 的成功希望，就要投入 100% 的努力。

九、冷淡傲慢型

此类购房者多半高傲自视，不通情理，轻视别人，不善与他人交往。这类购房者的最大特征就是具有坚持到底的精神，比较顽固，他们不易接受别人的建议，但一旦建立起业务关系，则能够持续较长时间。由于这种类型的购房者个性严肃而灵活不够，对销售商品和交易条件会逐项检查审阅，商谈时需要花费较长时间，销售人员在接近他们时最好先由熟人介绍。

对这种购房者，有时候销售人员用尽各种宣传技巧之后，所得到的依然是一副冷淡、傲慢的态度，甚至是刻薄的拒绝。销售人员必须事先做好思想准备。碰到这种情况时，销售人员可以采取激将法，给予适当的反击，刺激对方的购买兴趣和欲望，有时反而更容易达成销售交易。

十、情感冲动型

一般来说，情感冲动型的购房者或多或少带有神经质：第一，他们对于事物变化的反应敏感，一般人容易忽视的事情，这种人不但注意到了，而且还可能耿耿于怀；第二，他们过于自省，往往对自己所采取的态度与行为产生不必要的顾虑；第三，他们情绪表现不够稳定，容易偏激，即使在临近签约时,也可能忽然变卦。这些购房者往往感情用事,稍受外界刺激便为所欲为,至于后果如何则毫不顾忌。

这类购房者反复无常，捉摸不定，在面谈中常常打断销售人员的宣传解释，妄下断言，而且对自己的原有主张和承诺，都可能因一时冲动而推翻，从而给销售制造难题。面对此类购房者，销售人员应当采取果断措施，切勿碍于情面，必要时提供有力的说服证据，强调给对方带来的利益与方便；支持销售建议，做出成交尝试，不断敦促对方尽快做出购买决定；言行谨慎周密，不给对方留下冲动的机会和变化的理由。这是一类不忠诚的顾客，必要时可收取小定金。

十一、心怀怨恨型

这种类型的购房者对销售活动怀有不满和敌意，若见到销售人员的主动介绍，便不分青红皂白，不问清事实真相，满腹牢骚破口而出，对销售人员的宣传介绍进行无理攻击，给销售人员造成难堪的局面。

针对这种购房者的言行特点，销售人员应看到其一言一行虽然貌似无理取闹，但实际上有某种失望和愤激的情感掺杂在里面，认为商业地产销售人员都是油嘴滑舌的骗子。这些购房者的抱怨和牢骚中可能有一些是事实，但大部分情况还是由于不明事理或存在误解而产生的；而有些则是凭个人的想象力或妄断才对销售人员做出恶意的攻击。与这类购房者打交道时，销售人员应先查明购房者抱怨和牢骚产生的原因，并给予同情和宽慰。

十二、圆滑难缠型

这种类型的购房者好强且顽固，在与销售人员面谈时，先是固守自己的阵地，并且不易改变初衷；然后向销售人员索要楼书说明资料，继而找借口拖延，还会声称另找开发商购买，以观商业地产销售人员的反应。倘若销售人员经验不足，便容易中圈套，因担心失去主顾而主动降低售价或提出更优惠的成交条件。

针对这类圆滑老练的购房者，销售人员要预先洞察他的真实意图和购买动机，在面谈时造成一种紧张气氛，如现货不多，不久要提价，已有人订购等，使对方认为只有当机立断作出购买决定才是明智举动。对方在如此紧逼的气氛中，销售人员再强调购买的利益与产品的优势，加以适当的引诱，如此双管齐下，购房者就没有了纠缠的机会，失去退让的余地。由于这类购房者对销售人员缺乏信任，不容易接近，他们又总是以自己的意志强加于人，往往为区区小事与销售人员争执不下，因而销售人员事先要有受冷遇的心理准备。在洽谈时，他们会毫不客气地指出产品的缺点，且先入为主地评价楼宇质量与开发商实力，所以在面谈时，销售人员必须准备足够的资料和佐证。另外，这些购房者往往在达成交易时会提出较多的额外要求，如打折扣等，因此销售人员事先在价格及交易条件方面要有所准备，使得销售过程井然有序。

第六章

商业地产产品策略建议

第一节　商业地产产品策略建议的原则

现代营销学中，产品概念具有极其宽广的外延和深刻而丰富的内涵，它指通过交换来满足人们需要和欲望的因素或手段。包括提供给市场、能够满足消费者或用户某一需求和欲望的任何有形物品和无形产品。

而商业地产就是产品，是无形产品。顾名思义，作为商业用途的地产区别于以居住功能为主的住宅房地产和以工业生产功能为主的工业地产等。商业地产广义上通常指用于各种零售、批发、餐饮、娱乐、健身、休闲等经营用途的房地产形式，从经营模式、功能和用途上区别于普通住宅、公寓、别墅等房地产形式。以办公为主要用途的地产，属商业地产范畴，也可以单列。国外用的比较多的词汇是零售地产的概念。泛指用于零售业的地产形式，是狭义的商业地产。

商业地产产品策划是一种理性的思维活动，对于企业的发展具有极其重要的作用。为了保证商业地产产品策划的成功，一般应遵循以下原则。

一、满足消费者需求原则

大量事实表明，一个产品策划的成功与否，取决于产品满足消费者需求的程度，消费者的需求是产品策划的起点和基础，因此产品策划应以满足消费者需求为依据。同时消费者需求又是产品策划的归宿，因为产品策划必须经过消费者的检验。以消费者需求为中心进行产品策划是一个最基本的问题，这和市场导向的营销理念是完全一致的。

以消费者需求为中心进行营销策划应特别注意消费者需求的多层次性。现代的产品竞争已经突破了传统的、单纯的产品物质实体及其功效竞争的框架，因为产品生产已经进入同质化阶段，本企业能够达到的质量标准和功能特点，其他企业也能达到。

二、适应市场竞争原则

面对激烈的市场竞争，企业要想抓住机会，在竞争中立足就必须做好产品策划工作。以更新颖的产品、更高的质量、更优质的服务来满足消费者的需要。

三、勇于创新原则

创新是产品策划的灵魂，在产品策划中坚持勇于创新的原则，就要展开想象的翅膀发挥创造的激情。创新就需要不断探索，努力致力于问题的发现以及创造性地解决。

四、善于抓住时机原则

商场如战场，战局瞬息万变。企业必须抓住机遇，切勿延误时机。一方面在产品策划方向上要当机立断，另一方面整个产品策划及实施过程要讲究实效，这样才能使企业立于不败之地。

第二节　产品策略策划的步骤

所谓产品策略，即指企业制定经营战略时，首先要明确企业能提供什么样的产品和服务去满足消费者的要求，也就是要解决产品策略问题。它是市场营销组合策略的基础，从一定意义上讲，企业成功与发展的关键在于产品满足消费者的需求程度以及产品策略正确与否。

企业在其产品营销战略确定后，将在实施中采取的一系列有关产品本身的具体营销策略。这主要包括商标、品牌、包装、产品定位、产品组合、产品生命周期等方面的具体实施策略。企业的产品策略是其市场营销组合策略中的重要组成部分。目的是企业为了在激烈的市场竞争中获得优势，方法包括产品定位、产品组合策略、产品差异化策略、新产品开发策略、品牌策略以及产品的生命周期运用策略。

产品策略是营销组合策略的基础，也是产品策划的重要内容。产品策略策划的步骤主要有：

一、分析产品整体概念

产品策划最终来自于产品，应从产品的整体概念去挖掘。所谓产品，即企业提供的能满足人们某种需要的一切物品和劳务，它包括实物、服务、场所、策略等。对企业来说，产品不仅是物质实体，还包括随同物品出售前后所提供的服务。一个完整的产品概念是立体的，包括核心产品、形式产品、延伸产品三个层次。

核心产品是指产品的为购买者提供的基本效用和利益，也就是使用价值。例如，商业地产的最终使用价值在于实现它的经营用途；形式产品是指产品的外在表现，如外形、质量、视觉、包装等，是产品在市场上呈现的面貌，是购买者选购的依据；延伸产品是指产品的附加价值，如服务、承诺、身份、荣誉等。

二、找出核心消费者

核心消费者就是相对来说最迫切需要该产品的人群，这完全是从需求的角度来判断。在寻找核心消费者的过程中，一个要注意的问题就是一定要把握住产品的主要诉求，找出那些对该产品主要诉求反应最强烈的人作为核心消费者，只有这样才能使产品切入市场的要害。

三、市场定位

通过市场定位，一是把自己与竞争者区别开来，排除干扰；二是触动顾客的心灵，在顾客的心目中留下深刻的印象。

四、提炼卖点

要把消费购买该产品的理由进行提炼，找到最容易被消费者接受的差异化概念，并准确地以一种丰满有力的、能够迅速抓住消费者注意力的形式告知消费者，以引起消费者关注、接受，直至忠诚。

第三节 商业地产产品策略的主要内容

一、确定定位

确定定位是一项非常专业的工作。从购物中心的角度来说，第一个问题是，购物中心的服务到底将卖给谁？这里包含着目标消费群体的问题。如果是一个社区购物中心，社区内的家庭就是服务对象；如果是区域型购物中心，针对的是上班族，应该以公务、休闲、娱乐、餐饮为核心进行设计。第二个问题是该项目区别于其他同行的经营特色在哪里？如果要做一个高档的购物中心，就要招国际品牌，如果是休闲娱乐就招一些酒吧、餐饮。第三个问题是本身的建筑特点是什么？也就是这个项目的硬件与别的项目有哪些不同，这一点对以后的招商有着直接的指导作用，包括建筑规划，如建筑特点、层高等。实际上可能会出现这样的情况，很多商家愿意进驻，可是因为建筑的局限却进不来。第四个问题是消费文化是什么？现在的购物中心大多是融合性的，既可能是国际化的，也可能是地方化、民族化的，所以需要考虑的是购物中心到底将针对哪些消费群体。第五个问题是市场消费的未来发展趋势会怎样？现在大型购物中心的建设期需要两三年，从做规划到开业，这时候很多的消费趋势其实都可能已经改变了。

二、考虑未来的发展趋势

很多新的形象店在不断发展，里面的业态配比也在不断变化，现在定位购物中心还要考虑未来的发展趋势。现在回过头看以前的一些专业市场，它们大部分经营得不太好。为什么会造成这种局面呢？其原因一是当时在定位的时候很多房地产商的项目所处的地理位置不是特别好，不是最繁华的地方，人流量不太够，当时条件下只想找个主题；还有一点就是很多房地产商想把商铺卖掉，没有准确做出业态规划，现在可以看出这种现象引起的问题比较大。

总结出以下几个方面的问题需要重点考虑：

一是目标商铺的容量，因为做主题市场，可能要面对全市，甚至要面对更远的地方，不可能完全靠人流，这需要看整个市场的情况。现在来看，即使有的项目商铺都招满了，但是其经营难度仍然有可能会很大，这些商铺可能很容易跑掉。

二是确定市场的决心。现在来看，全国各地的大型批发市场、专业市场，很多项目的位置往往都不是很好，而且都有历史形成的原因，并不是说做一个专业市场，这个专业市场马上就会旺，这种可能性不是特别大，因为专业市场的目标消费群距离范围可能很大，所以要有慢慢预热的一个过程。一般来说，现在很多项目都很难有培育市场的决心。

三是自身物业的优势。当初在选择主题的时候，需求考虑两点：一是在选择主题后，商业地产项目是不是一定要建在选定的地点，还是说这个主题建在所有的地方都可以。实际上，现在有些专业市场做得好，是靠长期培养做起来的，另外一个主要原因就是大部分商铺被卖掉了，业主应价而租，缺乏培育市场的耐心，盲目追求眼前利益，导致商户因经营成本过高而难以维持，因此从这两点来说要在短时间内培养起一个专业市场是很难的；二是租售关系。因为90%的项目都要解决这个问题，都在考虑这个问题。“只租不售”是未来趋势，这个结论已被实践所证明，没有哪个大型购物中心在出售后还有很高成功率的可能，而且现在只租不售项目的比例越来越高了。分割商铺进行销售对商业经营有影响。市场需要培育，开始的时候租金可能会很低，所以需要引进更多的品牌商家。业态组合和商业规划也要统一进行，如果要调整的时候没有统一经营权就很难做到了。

第四节　如何编写商业产品策略建议报告

一、单一产品策略

单一产品策略主要侧重于产品因素的决策，即构成产品的每一个因素在哪些方面为消费者或用户提供哪些利益，包括质量、性能、品种、商标、服务等。就单一产品来说，在产品利益相同的情况下，对产品的策划主要包括产品质量策划、外观策划和服务策划。

产品质量是指产品满足规定或潜在要求（或需要）的特征和特性的总和。产品质量是衡量产品使用价值的重要标志。虽然高质量的产品更加吸引消费者，但是高质量通常意味着高成本，并最终使消费者付出高的价格。所以，购买力不同的目标市场需要不同的产品去适应。产品质量应建立在消费者需要同时又愿意支付的价格水平上。

消费者选购产品的一个重要标准，是看其外表是否美观、新颖。产品的外观美，能给消费者以舒适、愉快的感觉，往往会加速其决定购买的速度。所以产品策划的一个重要组成是做好产品的外观策划。

产品服务是市场营销中非价格竞争的主要手段，产品服务策划包括服务项目策划、服务收费策划、服务人员策划和服务网点策划等内容。

二、产品组合策略

产品组合的宽度、广度、深度和关联度在营销策划上有重要意义。增加产品组合的宽度，可以充分发挥企业的特长、使企业的资源、技术得到充分的利用，提高企业的经营效益，减少企业风险；增加产品组合的长度和深度，可以迎合广大消费者的不同需要和爱好，以招徕、吸引更多顾客；增加产品组合的关联度，可以使企业享受协同效应。

企业在调整和优化产品组合时，依具体情况的不同，可选择扩大产品组合、缩减产品组合和产品延伸。

扩大产品组合包括拓展产品组合的宽度和加强产品组合的深度。拓展产品组合的宽度是指在原产品组合中增加一个或几个产品大类，扩大经营范围。加强产品组合的深度是指在原有产品大类内增加新的产品项目。

在市场繁荣阶段，较长、较宽的产品组合会为企业带来较多的盈利机会；但在市场不景气或原料、能源供应紧张的条件下，企业有时需要缩减产品组合，剔除那些获得很小甚至亏损的产品大类或产品项目，可使企业集中力量发展获利较多的产品大类和产品项目。

产品延伸是指全部或部分地改变产品原有的市场定位，做法有向下延伸、向上延伸和双向延伸。向下延伸指企业原来生产高档产品，后来决定增加低档产品。向上延伸指企业原来生产低档产品，后来决定增加高档产品。双向延伸是指原先定位于中档产品市场的企业在掌握了市场优势以后，决定向产品大类的上下两个方向延伸，一方面增加高档产品，另一方面增加低档产品，扩大市场阵地。

三、新产品开发策略

随着消费者需求的不断变化、技术不断创新、产品生命周期的不断缩短，以及国内外企业竞争的日益激烈，企业必须有一套系统、稳定的开发新产品的方法。否则，在激烈的市场竞争中很容易被淘汰。

新产品策略是指企业开发的新产品与顾客的需求在变化的市场中相适应的开发活动。在新产品开发策划中，应该做到以下几点：相对差异优点、较好的适应性、简易性、可分割性和产品介绍的明确性。

相对差异优点就是相对于已有产品或竞争产品，新产品具有的独特优点，这种优点越大、越明显，提供给顾客的利益越多，就越容易被普遍接受。

较好的适应性指新产品同当地的消费习惯、人们的价值观念、社会文化习俗越适应，就越容易被接受；反之，差距越大，就越难以推广。因为，改变人们的消费习惯通常比较困难。

简易性指在设计新产品的结构和使用方法时，要力求简便易懂，这样更容易被消费者所接受。

可分割性指新产品适应不同消费者的能力，因为不同消费者在生活习惯、消费方式、购买力等方面都存在着差异，所以新产品应力求分割以适应不同消费者的需求。

新产品介绍的明确性指在介绍新产品时要明确、实际，切忌抽象空泛，使消费者产生怀疑。

四、产品品牌策略

品牌是构成产品整体的一个重要组成部分，一个好的品牌，有助于新产品尽快被消费者所接受，吸引消费者购买，扩大销售，提高产品身价。

因此，企业进行产品策划以至整体营销策划时，都必须重视产品的品牌策略。

品牌策略从品牌化、品牌归属、品牌质量、品牌数量、品牌再定位、品牌延伸等几个方面来进行。品牌化策略的目的就是决定是否使用品牌，因为在激烈的市场竞争中品牌可以起到多方面的效果，但是要使一个品牌成功也要花费巨额的费用。品牌归属指的是一旦决定使用品牌，企业就要考虑使用生产者品牌，还是中间商品牌，或是混合品牌。即品牌归属策略。品牌质量是指使用该品牌的产品质量，主要反映该品牌的耐久性、可靠性、精确性、易于操作和便于修理等有价值的属性。当企业决定使用自己的品牌后，仍然面临进一步的选择，包括企业的各种产品是分别使用不同的品牌还是使用统一或几个品牌。品牌再定位指不定一种品牌在市场上最初定位如何适宜，后来都可能面临重新定位的问题，因为市场情况在不断地变化，竞争者可能推出其他品牌，如靠近企业的品牌，不会削减企业的市场份额。品牌延伸策略包括纵向延伸和横向延伸，纵向延伸指企业推出某个品牌成功以后，再推出新的经过改进的该品牌产品，然后又推出更新的该品牌产品。横向延伸指把成功的品牌用于开发不同的产品。

第五节　商业地产产品策略八忌

商业地产项目可以根据各地区消费水平、消费结构、消费能力和经营规模进行经营定位的确定，但是在制定商业地产产品策略时，需要注意以下几点。

一忌：盲目定位，不切合实际

为了在销售推广中宣传项目的价值，往往对项目定位人为拔高。其实，更应该根据项目所在地区消费的主力群体和居民的收入来决定如何定位，定位过高或过低都会和周围的消费环境不协调，定位过低会损害开发商的利益，而定位过高则会造成商家今后的经营成本过高。

二忌：缺乏整体规划

商业项目必然是符合项目定位的，而不是简单地以“满租”为原则。在项目开始前必然明确项目目标，包括项目业态的组合、主力店、品牌店等，以清晰的项目规划指导项目工作的进行，而不至于只要想进来经营就直接“招”进来，形成一个“大杂烩”。

三忌：片面追求最大

部分商业地产项目开发商认为项目规模越大越好，于是片面追求中国第一、亚洲最大等概念的炒作，盲目攀比规模和体量，而没有考虑超尺度规模所需要各方面支撑。判断一个商业地产的规模是否适度取决于三方面因素：周围是否有足够市场需求支撑；与其规模相适应的市政配套是否合理完善；是否具有足够的吸引力。有形的建筑空间、无形的购物氛围、品牌档次和层次都是衡量标准。

四忌：盲目照搬榜样

凡成功的商业地产，都有其独特的人文历史、地理环境、开发模式等，经得起长时间考验，然而很多房地产策划人员只看到一些销售成功的实例以及商业地产带来的巨大利润，盲目模仿照搬，轻信榜样的力量，忽视了案例成功的很多特殊因素。

五忌：重建筑轻规划

大型商业地产项目的特性除投入资金大、周期长之外，另一特点是招商应先用设计。国外 Shopping Mall 多是等 80% 以上主力店确定后才开始整体设计工作。开发商在未明确商家的情况下就开始设计，往往会缺乏定向设计依据，盲目规划设计只能增加前期成本和后期招商难度。

六忌：忽视专业化需求

商业地产项目由于其体量大、投资高、回报周期长等特点，大型商业设计成为一个特殊专业中的专业领域，国内现有开发商多由住宅产品起家，而商业地产明显区别于住宅开发，开发模式更加复杂，完全不能套用。

如某大型 Shopping Mall 就因消防设计不符合规范而卡壳，被迫做出方案调整，浪费了大量时间、精力。因此，只有擅长大型商业建筑规划设计，拥有丰富设计经验的专业设计机构，才能在设计中少走弯路，节约时间和成本。

七忌：交通弊端阻截客流

交通的畅通和人流的多少，是衡量一个商业地产项目成功与否的标准。一个商场如果日客流量达 20 万人，那么商户的车加上客户的车一般需要 2000 ~ 2500 个车位才能容纳。但据了解，目前很多商业地产项目绝大多数停车场所设车位一般都只在 30 ~ 280 个之间，特大型的停车场车位也不过 800 ~ 1000 个，与商业项目规模根本无法配套。

八忌：缺乏持续经营理念

想让客户进来只是商场开始的第一步，如何持续经营才是最为关键的问题。招来了客户还要注意协助客户经营，营造良好的经营环境，客户生存得越久，商场就越旺，以后招商就越容易，升值也就越快。

第六节 案例：商业地产产品规划全掌握

任何商业地产项目的招商也好、销售也罢，最终都是回到产品与商家的直接对话上来。因此，好的产品才是最具有市场说服力。正是因为产品是依赖于市场而生存的，因此，在确定了整体的开发战略后，如何把大的理念灌输到实际的操作中，才是一个专业公司责任与专业精神的体现。项目的产品策略必须以市场的需求为尺度，以经营需求发展的趋势来规划产品，保证以好的产品来说服市场，以良好的口碑保持市场的领先优势。

在进行正式规划设计前，商业项目必须进行认真的市场调研，根据专业出具的策划方案，提炼出项目设计要点，形成项目规划建议书。通常项目的策划方案必须包括如下内容：项目策划的市场依据；项目产品规划理念设计；项目产品的市场总体形象、产品功能、产品档次和主题形象；项目规划概念设计：整体布局、建筑风格、交通组织、配套安排；项目环境和景观概念设计：环境规划、景观设置；项目建筑产品概念设计：立面处理、商铺设计、面积配比。

策划报告要从市场的角度给予专业的、符合各级经营商家要求的建议；从消费角度给予最能有效聚集人流的规划设计建议；从宣传的角度给予效果最大化、收益最大化，及切合主题概念的外立面设计建议；从经营的角度提出保持旺场的规划设计建议；从成本角度给予合理的经济预算建议；从开发商利润最大化的角度，给予专业的建议；如一层的回旋设计，二层的借力设计；从消费人性化角度提出设计建议，如消费者步行时间设计、消费者购物路线设计、消费者休闲空间设计、消费者可达性设计等。

一、商业项目规划的市场依据

1. 市场调查

项目的规划设计必须依据市场调查得出定位结论，集中策划师的灵感智慧，运用建筑设计师的技术手段，发挥营销专家的推广策略共同完成。需特别注意引进新业态和设计好项目的业态组合。通过对项目商业现状进行充分的市场研究，对项目本身的业态选择、业态组合、分布和面积配比，业种选择、分布和面积配比，对商铺划分、建筑形态、区域和楼层功能、人流导向系统、项目环境及配套设施等进行预先设定，用以指导项目的工程规划设计和建筑设计。

2. 商家需求

在考虑商家需求时，最重要的是主力店的设计。对于主力店来说，其业态规模、功能流程、规划设计行装由它自己来确定，不同的连锁主力店有自己不同的功能要求，这些使用要求与设计是由商家决定而非开发商自行主张。许多开发商在未明确主力店的情况下，便开始规划设计。因为缺乏定向设计的依据，所做设计看似通用性强，实则无的放矢。一旦功能与店家明确，设计必然从头推翻。盲目的规划设计只能增加前期不必要成本和后期的招商难度。

3. 超越时代消费者需求

设计必须富有时代感以满足市场需求，同时又需超越时代趋势以激发顾客更深层次的渴望，否则就不能持久，不能在各种文化和不同年代间引起共鸣。消费不是单方面的，因此设计的空间必须满足他们的感受和兴趣，符合顾客想要学习和成长的渴求，在这一设计中，故事性是设计必不可少的要素——设计和销售规划必须有故事渊源，否则只能昙花一现或令人感到风马牛不相及。此外，现在参加互动的顾客越来越少，为新的参与形式提供了可能性。为了满足新兴文化的需求，必须设计出富有个性、故事性强、顾客能完全投入的奇遇和旅程。

二、规划理念

规划理念是反应体现项目主题的重要部分，做好大型商业项目的规划理念，要做到三点：第一，符合大型商业项目的选址规律，即大规划上具有可行性；第二，有具体的主题功能区；第三，规划理念具有超前性、市场性，以消费者消费心理为规划的主导核心。但不能脱离消费者的消费习惯与购物心理来做规划理念。

三、产品总体形象设计

1. 产品功能设计要求

功能组合设计包括整体功能组合设计和单层功能组合设计，规划设计要点如下：

要点一：楼层设计与业种组合

商场楼层设计要考虑种规划，与业种有效组合，以楼层作为业种及相关行业的大场。楼层与业种是相互关联的关系。

要点二：以业态定位作支撑点

业态根据消费者消费习性进行布局，楼层设计也应考虑到消费者消费习性，才能有效进行楼层的规划设计，以业态定位作支撑点，有效的楼层设计能够保证消费者在商场的停留时间。

2. 产品档次

项目的产品档次设计根据整体定位与产品定位而定。

3. 主题形象

主题形象一般根据项目的形象定位与主题定位来确定，在规划与设计中贯穿这一理念。

以 Shopping Mall 为例。它的形象设计，其整体形象不单是依靠通常的建筑语言（如立面横竖线条的划分、开窗与实墙的虚实对比等）来完成的。还包括光效、广告、媒体、特效工程的综合运用。比如，设计室外的景观电梯；在 Shopping Mall 大厅设计可伸展出来的平台，用于演出等商业活动；在 Shopping Mall 的显要位置预留悬挂大型广告条幅的空间；夜晚的灯光视觉效果设计等，这样才会形成最终成熟的大型综合商业项目。

四、项目规划概念设计

1. 空间布局

今天的购物场所是人们的聚会之所，除了购物、休闲、娱乐等，还要满足人们的基本需要：社交。商场设计的基本原则是通达，但在过道和公共空间设计上也可发挥创造性和灵活性，为商户和消费群体强化或削弱商场的社交职能。

空间设计通常有六个原则：一是商业空间步行化；二是商业空间室内化；三是公共空间社会化；四是有限空间的利益最大化；五是商业空间的休闲化；六是商业环境的个性化。

（1）商业项目平面设计建议

平面设计的内容是确定步行街形态，确定承租户单元的布局和面积大小，为所有承租户提供一个互利互惠的机会，最大限度为每个承租户带来穿行人流，提供最多的购物机会。

（2）公共空间设计建议

随着商场空间的日益扩大和复杂，如何让人轻松舒畅穿梭于商场就显得尤为重要。成功的规划包括“跑道型”设计，店面两边设，顾客中间走；“小城市，市中心”设计，聚会场所设在中央，人们逛完商场宛如散步于城市步行街。增加用作广告和展示的公共空间的面积，很多时候大型商业项目总收入的30%来自广告及展示空间。

（3）开间设计建议

大型商业项目设计的柱距与单元面宽有直接关系。大商店面宽：6、9、12、15、18、21、24。柱子不宜落在店面线上。根据经验进深一般在18～35米比较合适。如果开间方向的柱距是6米（8、12、15、18、21、24），那么进深方向可以是2米×6米、3米×6米、4米×6米。

（4）中庭空间设计建议

中庭是项目最热闹的部分，也是项目室内步行街节点上的序列高潮，空间变化丰富，绿化植物密集，水体精心布置，玻璃顶投下的天光光影丰富而富有变化，展现了项目的空间和景观设计的特色和精华。这里人流密集，上上下下动感强烈，配合座椅和餐饮设施，给购物者驻足停留和休息交往提供了舒适的场所。

（5）内部庭院空间设计建议

一般大型商场都会有商场内庭，作为顾客休闲、观赏及给商场紧密购物空间带来疏散感观空间，内庭的设计，除了要有足够的空间、与内庭小品配合外，还要注意两大要点：

要点一：和谐性与均好性

以商场核心主题特色为基点，通过内庭景观、小品的有效组合，与商场主题特色密切联系，保证内庭景观、空间及与商场主题特色的和谐性与均好性。

要点二：与市场互动

商场内庭与广场，一“内”一“外”，两者具有共性，又各具特性，为人群提供活动活动空间，而内庭则侧重于保持商场内人流的停留时间，广场侧重于商场外圈的人流集合。如何将广场与内庭通过互动作用，导入人流？应是内庭设计的一个重要因素。

（6）外部空间广场规划设计思路

思路一：注重互动性

商场与广场互动。步行空间的配置最好紧邻商场建筑物外墙，与商场入口有充足的缓冲空间（约10米×10米），使步行过程中达到商场对行人吸引的效果，使广场与商场有良好的互动关系。

多样化活动互动。在广场的步行空间，应考虑使用者行走过程中驻留点停留空间。因此可以在广场平面规划时置入一些空间凹凸处或借用广场中设施物的设置点，以达到广场多样化活动的互动。

思路二：以人为本

步行空间的尺度在设计时采用建筑、建筑小品、景观和软件环境处理，可以达到个性化设计和贴近人的亲切的尺度；洒水平台、喷泉、座椅、铺地、绿化、可以相互交错布置在略有高差的层面上，并以小桥、柔和的曲线、素雅的材料、平静的水面、绿色的草坪构成步行空间。

思路三：设计流畅空间

现代步行空间设计中，合理安排好各种人流货流与车流是必不可少的；设计中应采用分时段管理方式解决人流与货流的交叉问题；在规模较大的商业步行街，建筑底层应设商业街专用地下车库，在合适部位通往商业街的人员出入口，同时发挥地下室解决人、货的分流作用，提供商场的货运系统和垃圾的清运工作；步行动线的安排应是以两据点的连接为原则，配置于广场周边，并减少广场中穿越性。

动线的出现：步行空间的宽度以容纳四人并肩行走的净空间为佳（3米×6米），其他附属设施（灯柱、广告、招牌立柱）设置于步行空间旁约1.5米的空间范围内，以达到步行空间的流畅性。

思路四：自然导入

现代步行空间在注重硬质元素设计的同时，更应引入树木、花卉、草坪和水景等自然元素。在行走空间内植栽的配置以高直、遮阴和不阻挡视觉景观为选择植栽的原则；植栽的配置应配合广场设计之主题，亦可以利用植栽作为区划广场使用行为的元素，融自然于广场。将地面绿化结合屋顶绿化，既符合景观要求，又应符合节能要求；设置不同凹入深度的过渡空间，并使遮阳与绿化相结合。

思路五：统一主题

行走铺面除铺设完整外，其设计时应将广场中不同的行为模式区域有不同的地面材料以区分，配合广场主题一并考虑。

思路六：无障碍空间设计

在铺面的材料考虑上，应达到防滑的效果，且将残障空间（导盲砖、残障步道）考虑于其中，这样才能达到无障碍、安全的步行空间。

思路七：遵循"共生"与"冲突"并存的建筑理念

现代步行空间周围的建筑作为限定空间的主要元素，设计中更应以人对场所的感受规律为依据，在线性空间中布置变化丰富的建筑类型，充分体现"共生"与"冲突"并存的建筑风格，人在步行过程中会不断产生新奇愉悦感。建筑边缘界面采用灵活、近人的设计思想，塑造场所。采用相对刚性的建筑边缘界面；采用自然的、跌落柔性构件的建筑界面。

思路八：强化四维空间设计

商场经营外延导入：广场平面规划中可将商场经营活动延续规划于其中，设置半户外商业休闲空间（COFFEE SHOP），或将商场的活动借助走廊道的设计与广场活动结合，达到商场与广场良好的互动关系。

最佳整体规划：广场的范围大小应与周围的商业建筑配合，避免建筑物对广场空间造成压迫感，所以尽是使广场宽度与周围建筑高度比例值接近1，这样的广场尺度将达到适度宽敞。

细部组合：一是广场休闲设施设置方面，座椅尽量采用可及性高的设置（及阶梯式或坐台方式的座椅），坐卧高度以45厘米～60厘米为佳，以达到广场中休闲空间的便利性；二是广场休闲空间的个人空间距离最适宜尺度是1.3米～3.75米，这样的领域范围对于休闲的使用者可以达到宽敞舒适的感觉，因此座椅空间的规划应以此为最小单位加以配置于市场中；三是广场中休闲空间应尽量面对广场活动发生的方向，有适当的植栽配置，且远离主动线位置（适当距离约3米），以达到休闲时的舒适感；四是广场中应有视觉焦点的设置，如喷水池、雕塑、活动区、坐台等设施，创造丰富有趣的视觉焦点。

2. 建筑细节设计

（1）内墙、地面设计技巧

要点一：注重与灯饰、天花板的协调

商场内墙、地面的色调、图案等要注重与灯饰、天花板协调，达到风格统一的视觉效果。

要点二：墙、地面色调与商场风格一致

色调是风格的主要表现形式，商场墙、地面作为商场的主要内部空间，其色调的选取，取决于商场风格。如现代风格，地、墙面色调以简明为主，图案一般采用清晰简约的格式图案。

要点三：材料正确选取

地、墙面材料选择正确，是保证日后对其维修与保养的核心。地面材料，一般要易于保洁，具耐磨性、防滑性，避免采用木质地板（防火功能）；墙面材料，要防潮、防霉，选用防火材料。

要点四：地、墙面的图案选择

商场地、墙面图案运用除了要结合商场风格外，还要从不同功能区的差异，运用不同图案。如儿童游玩区，墙、地面一般会采用趣味卡通图案。

（2）小品设计技巧

技巧一：风格确立原则

商场小品作为一种观赏装饰，必须与商场总体风格相融，要结合商场内部装修风格，包括色调、造型、图案等。

技巧二：避免扎堆、重复

小品设置时要避免扎堆、重复设置，避免给消费者一种繁杂无序的感觉。

技巧三：注重观赏性

小品设置要具有可观赏性，从造型、色调等，结合前场中庭、色调、风格，组合成统一格调。

（3）商场室内灯饰设计要点

要点一：与区域气候环境相结合

通过结合商场所在区域气候，对灯饰色调选择。如南方气候温暖，灯饰色调一般用简明偏冷色调，而北方气候冷，灯饰色调宜采用暖色调。

要点二：与商场结合

灯饰设置要根据商场档次、风格形象等予以结合考虑。比如高档商场，主要选用高级灯饰。

要点三：与业种结合

灯饰选择还要根据业种的特点分析，比如食品类与服装类，前者不需特效，而后者则注重灯光所带来的效果。

要点四：与功能结合

商场不同的功能区，对灯饰要求也不尽相同。比如过道一般选用一种过渡性较好的灯饰，商场的过道和拐角是消费者进入商场的一个缓冲区，所以，也要特别注意细节上的问题；还要区别指示标志：游玩区，则选色调丰富的灯饰组合。

3. 交通组织设计

（1）商场电梯布局规划要点

要点一：扶梯布局

1）有效运载。商场电梯的基本功能是运载商场内人流，商场电梯部数，布局位置，都要以有效疏散运载人流作为出发点。

2）避免电梯口人流堵塞。大型商场，人流量大，如何避免电梯口的人流堵塞，是电梯布局考虑因素之一。电梯与过道衔接处，一般会设比过道宽的空间，或是过道交叉口。

3）"右上左下"规则。根据东方人的行走方向习惯，一般是偏右，商场双向电梯布置时，要根据"右上左下"规则，引导顾客向上购物。单向电梯设置：商场运用单向电梯设置，不仅可以保持商场商品的受观率，保持人流的停留时间，增加顾客再购物的购买欲，而且还可以避免电梯口的堵塞。但同时也要注意消费者逛商场的疲劳度，进行合理跨距分析。

要点二：垂直电梯布局

1）货人分流。商场垂直电梯一般货梯与载人梯分开设置，实行有效货流与人流的分流。

2）专用通道设置。商场垂直电梯一般设置专用通道，与扶梯、商铺分立设置。一是，避免人流堵塞；二是商场以扶梯为主，垂直电梯为辅，顾客一般逛商场，选用的多为扶梯。

3）观光梯应用。常用见于一些大型商场，或有内庭规划的商场，一般有内外两种，主要作为商场亮点。另外设置在内庭的观光梯，以垂直方式，让消费者了解商场功能布局，业种分布。

（2）走道设计要点

要点一：脉络清晰

商场内过道设计要清晰，过道脉络设计好坏，不仅影响对人流的疏散，也影响商铺布局。

要点二：与指引标志结合

指引标志设计主要是指引消费者目标方向，一般要突出指引标志，在过道交叉部分设置。

要点三：合理设置宽度

过道的两大作用是疏散人流和引导，商场过道宽度设置要结合商场人流量、规模等。一般商场的过道宽度在 3 米左右。

手扶电梯（2500 ~ 3000 人 / 部）和垂直电梯（600 ~ 1000 人 / 部）。使用手扶电梯与垂直电梯人数比为 15 ：1 日均人流量与商场高峰人流量比为 1：3 ~ 4，观光电梯设置与否、部数等，视商场而定。

4. 配套布局

（1）洗手间布局要点

要点一：“隐性”布局

商场洗手间，作为商场的附加设施，它的布局设计不能有碍商场的经营功能。商场洗手间布局，要以“隐性”作基点，通过专用过道设置，将洗手间与购物空间形成有效分隔。

要点二：采用回避法

商场某些业种，如饮食、食品类等，应回避与洗手间相邻。

要点三：确定数量

结合商场人流时确定洗手间个数，避免洗手间出现排队堵塞现象，且应每层都设置。

（2）休闲椅布置建议

休闲椅布置建议，见表 6-1。

休闲椅布置建议 **表 6-1**

休闲椅布置三忌	
一忌：与垃圾桶相邻	休息椅布置避免与垃圾桶太近，若则垃圾异味会影响休息椅的休息功能。一般与垃圾桶相距约5~10m间
二忌：阻碍人流	休息椅的布置要避免占用过多空间，阻碍行人，形成间接阻塞
三忌：无规则设置	休息椅布置时，要通过有序规则布局，避免零乱，影响商场美观

（3）垃圾桶位置设置要点

垃圾桶位置设置要点，见表 6-2。

垃圾桶位置设置要点 表 6-2

商场垃圾桶位置设置	
要点一	电梯口侧，避免电梯内垃圾的积累，保证电梯的清洁
要点二	过道拐角处，方便
要点三	洗手间内

五、商业景观概念设计

1. 环境规划

环境规划包括商业项目整体环境的规划、室外环境的规划、室内环境规划以及空中环境规划。环境的规划不能脱离消费者的需求，要在洞悉消费者心理和项目本身的主题、特色凤格、档次等基础上进行，不能盲目求异求新。

商业区的景观形态特征是以商业为主，兼以大量人流，五光十色，由人群、室外空间场所，商业建筑，娱乐设施，广告，绿化，交通等组成。总量体观，比较人工化，城市化，最典型的是国外的步行商业区，进去之后，一天也逛不完，一天也玩不够。

商业区的景观空间与环境、景观相结合，应增加活动内容、娱乐设施，增加文化方面的内容。

2. 景观设置

大型商业项目的景观可以当作公园来设计，让购物者感觉是在公园漫步。同时室内景观设计与室外景观设计需要相互协调，实现景观的最大延伸，把室内热闹精彩及良好的购物氛围通过外延的放大处理达到效果最大化，而室外独具特色的景观设计也为整个商城提供娱乐休闲的场所。

六、项目建筑产品概念设计

1. 立面处理

商场外立面不仅是商场的形象标志，设计新颖、风格独特的外立面设计能使商场在消费者心中印象深刻，易受消费者欢迎，有利于商场人气的集中。通过对全国 50 个大商场调查研究，商场外观形象是消费者选择购物场所的第二大要素。

大型商业项目的外立面设计既要考虑与周围建筑的关系，又要考虑入口处外立面与内部步行街的过渡与转换。外立面设计还应与建筑风格与商业功能统一。

外立面设计准则：

原则一：外立面设计必须结合项目定位、商场特色和区域环境

（1）与定位结合

档次：根据商场目标消费群不同的感观心理需求，结合商场定位高低，予以不同的外立面设计。如高档商场外立面以新路、气派，作为设计基准，彰显目标消费者身份；以大众为目标消费群定位，商场外立面则以一种流行、新颖作为基准。

产业（专业商场）：结合专业商场的行业特点、结构等因素，商场外立面要突出其行业特性，如 IT 业，则以简明、突显时代性，作为外立面设计基点。

（2）与商场特色结合

商场外立面是商场的形象包装，外立面表现不仅是简单外壳，它要与商场特色、内部设计相结合。

（3）与区域环境结合

商场不可能脱离某个区域而存在，它必须依附于某个环境，所以商场外立面设计要考虑区域的地形地势、气候、人文环境、区域建筑风格等。

原则二：四性

（1）创新性

商场外立面是商场的形象、感观品牌，所以商场外立面设计要有创意、新意、不拘一格，以区别于其他商场。

（2）协调性

商场外立面设计，要与区域环境、外立面色调与形状、人文等相协调。

色调与造型：通过审美角度，对色调与形状的协调，进行组合。

风格与人文：外立面能体现商场的风格，与区域人文、价值取向等必须协调一致。

用材与环境：外立的材料选取还要与环境协调，包括气候、日照等。如

涂料，南方多雨、温湿，而不适用；北方干燥、少雨可以运用涂料。

（3）综合性

外立面设计不仅仅是建筑作品，它的设计除建筑学，还要综合其他学科，如美学、心理学、建筑环境学等进行综合运用，达到最佳组合设计。

（4）超前性

商场外立面设计，如何保证随时间差而出现的落后问题。所以要求商场外立面设计不仅要新颖，而且要具有超前性，见表 6-3。

商业项目外立面设计四大组合元素 **表 6-3**

元素	设计要点
朝向	南向和东向的立面光照充足，墙面宜采用淡雅的浅色调，北向或光照不足的外墙，墙面应以暖色为主，如奶黄、橙、咖啡色等，不宜用过深色
表现主题风格	在外立面设计中，表现风格是中心，外立面色调的选用、造型的确立等都以此为出发点
外部环境	自然环境，如地形、气候、花木等 人造环境，如广场、喷泉、假山、雕塑等
色彩	颜色是表现风格的重要辅助手段，尤其是在调动人的情感方面，它具有重要作用。一方面，色彩可以弥补建筑材料原始质感和自然机理在调动人的感官方面的不足；另一方面，它又可以通过抽象手法，直接表达出一种风格

2. 铺面设计

商场铺位划分的科学合理与否，不仅仅是体现商品组合的丰富多样，它还必须考虑到经营商家的实用性与合理性，同时也更要兼顾到独立铺位与整体商场的协调性与互动性。科学合理的铺位划分将会使经营商家的经营利润得以充分体现，使商场的形象更为鲜明、层次更为丰富，同时也将会使得消费者的消费行为过程显得更加自然顺畅和轻松愉快。

大型商业项目面积与使用率配置原则：原则一，面积按定位划分；原则二，实用率适中。

众所周知，居住类物业使用率越高越好，以同等的价格，业主能够获得更多自己实际使用的面积，而商铺却不一样。在欧美及香港，一些比较高档的商场其使用率都是很低的，基本在 50% 左右。这有两方面原因：一为消防，二为使用率的高低会对商场的经营产生不同的效果。

营造购物环境使用率低是为了营造一种舒适的购物环境，满足购物者的消费偏好。越是高档新风气，其公共空间就会越多。

商铺的使用率高低决定消费人群的容量和人流量，使用率低，可容纳消费者的空间越大，其人流量就会增加。举个例子：甲乙两个商场，规模一样。甲商场有 10 个铺位，每个铺位年租金 10 成。商场能容纳 1000 个消费者，实现 1000 万元的营业额，那么平均每个铺位实现 100 万元的营业额；乙商场能容纳 2000 个消费者，也有 10 个铺位（只是每个铺位的面积比甲商场的小），但实现了 2000 万元的营业额，则平均每个铺位是 200 万元的营业额，那么它的年租金即使为 20 万元，也会成经营者追抢的旺铺。

商铺使用率不能太低也不能太高，经过科学的论证和西方国家长期的初中证明，50% 左右的使用率比较合适。

总之，商业设计必须从市场的角度给予专业的、符合各级经营商家要求的建议；从消费角度给予最能有效聚集人流的规划设计建议；从宣传的角度给予效果最大化、收益最大化及切合主题概念的外立面设计建议；从经营的角度提出保持旺场的规划设计建议；从开发商利润最大化的角度，给予专业的建议，如一层的回旋设计，二层借力设计；从消费人性化角度提出设计建议，如消费者步行时间设计、消费者购物路线设计、消费休闲空间设计、消费者可达性设计等。只有达到上述标准，商业设计方能取得巨大的成功。

第七章

商业地产营销策划

第一节　商业地产策划的原则

商业地产正在经历着从产生到发展的历史阶段，商业地产操作所涉及的工作相当广泛，从前期市场调研、商业规划及建筑规划等，到后期招商、销售及商业运营管理，每项工作都需专业化的惊人投入，在进行商业地产策划时需要遵循以下原则：

一、位置原则

商业地产的选址和商业地产的定位是密不可分的，不同的商业地产形式、不同的商业定位势必需要不同的位置与之相对应。先天位置的好坏并不起决定作用，只要配以适应的商业就可充分彰显地块潜在的商业价值，创造出兴旺的商业。因此，商业地产的位置原则贵在一个“准”字上！

在现代大型购物中心的选址中有一句名言：“成功的第一条件是选址，第二条件也是选址。”购物中心的选址，必须同时具备三个条件：一是地理位置能代表城市商业发展的新趋势；二是必须拥有相当数量的中高收入的消费群体；三是交通便利，停车方便。由于中国的城市居住郊区化还不普遍，家庭轿车普及率也不高，因此大型购物中心普遍都选择在市中心的商业区，因为这里商业繁荣，中高收入消费者集中，而且交通便利，客流量大，例如北京的东方广场位于繁华的商业中心——王府井，每日的人流至少有10万人以上，这保证了东方广场巨大人流的规模。但同时也存在如果在地理位置欠佳的区位操作商业地产，不要认为没有成功的可能性，只要能创造出适合区域消费的准确商业地产产品，并一定可以顺利操作，如街区商业、主题商业都有可能成为操盘的选择。

综上所述，位置原则重在一个“准”字上！

二、商业优先原则

曾几何时，有人调侃地说：“商业地产就是一半是商业，一半是地产”，此言差矣。商业地产尽管是地产的一种，但毕竟是为商业制造经营场所，所以商业地产的核心是“商业”，商业的形式决定了商业地产的形式。

地产与商业的对接非常重要。过去往往是先地产后商业，开发商盖房子的时候没有想以后商业怎么搞，把房子盖起来后才开始招商，把商铺打散卖给小业主。可是卖给小业主以后，租给谁？谁来经营？这个地方适不适合搞商业？适合搞什么业态的商业？一些开发商很盲目，没有统筹考虑。

正确的做法应该是先把市场调查清楚，这个地方需要什么商业？需要什么业态？业态如何分配？有多大的营业额？区域消费能力如何？根据这些基础信息开发商规划合理的商业地产。先后经过：商业调研、商业策划设计、建筑规划设计、营销策划、广告策划等 5 个步骤，顺序合理、按部就班地操作。

在营销策划的过程中，也应时刻注意“商业优先”的原则。商业地产区别于住宅地产，它更多的是一种制造“赚钱工具”的过程，因此在营销过程中，必须始终思考：如何合理有效地将赚钱工具推销出去，使所有从事商业的人了解该赚钱工具的经济价值。商人是十分精明的，如何使他们认可商业地产的经济价值是需要相当功力的，因此“商业优先”必须深入每个策划人的心中。

三、即时性原则

即时性原则即“向时而动”，做商业策划和做生意相同，都必须充分了解市场、掌握最新信息，并对竞争对手做到知己知彼。尽管商业地产策划的每一步都有很强的计划性，但在坚持执行既定计划的同时，还必须根据市场的变化和竞争者的动态，实行即时性对策，以确保在激烈的竞争中保持有利的地位，抢占市场先机。

例如做商业都非常注重风水，当年有两个商业地产项目同期面向市场进行营销推广。其中一个为提升项目的风水形象，为项目赋予了一个印度神的概念，极大地吸引了众多生意人；作为应对，另一个项目很快推出了一个“失落的寓言”，号称自己项目所在地是天上诸神降落凡间的栖息地，用一系列的神对抗一个印度神，自然效果更胜一筹。这个例子是策划人之间的过招，根据对手的动向改变自己的战术，向时而动。

四、逆向推广原则

在这里所提的“逆向推广”是商业地产推广工作的新思路，也是营销策划的重点，当然正向的“人员直销”也不可或缺。

对商业地产来说，无论是投资者，还是经营者，他们的经济效益都必须通过最终的消费者才能得以体现。所以说商业的消费者是商业地产消费链上的最终环节。只有当消费者充分认识到商业的价值时，他们才愿意在此投入大量的资金血拼，商业经营也才会取得更大的利润。

在营销推广中，应重点从消费者着手，在消费的最终环节上发力，只有广大消费者认可的商业场所，生意才可能火爆，这样逆向刺激商业地产的销售和招商。那么如何在商业地产的营销招商阶段吸引最终的消费者，这便给商业策划人提出了一个很高的要求，必须通过一系列的举措牢牢抓住消费者。

如前所述，通过刺激消费者反作用于投资者和经营者，促进销售和招商，这是策划工作的新思路也是重点，但商业地产推广同时，也必须正向从投资者和经营者上展开人员直销，变“坐商”为“行商”。因此商业地产推广工作必须“逆向”与“正向”相结合，两手抓，两手都要硬！

五、管理先行原则

商业地产销售的是一种“赚钱工具”，那么如何展示这种赚钱工具的价值呢？如何让人们知道它确实能赚钱呢？这就是管理先行提出的必然要求。

无论是投资者，还是经营者，相信任何一个关注商业地产并意欲通过这种赚钱工具创造经济收入的人都是做生意的行家里手，他们对商业地产的经营前景都有着专业的判断，因此必须通过销售阶段的商业管理展示（与住宅销售中的“样板间”、“示范区”有异曲同工之处），提前使客户感受商业未来的管理模式，增强他们对商业地产经营前景的信心。在这里商业管理即是商业服务。

一般在商业地产的租售（招商）中心，设立商业运营管理的几个基本职能展示，如：信息中心、网络采供中心、商业广场人力资源中心和事务代理中心等服务机构，各机构应根据销售和招商的工作进度落实相关的事务性工作。这样既是对未来商业运营管理内容的展示和承诺，增强客户信心；又是商业运营管理工作的提前预热、先期演练，确保后期正式开业后的管理服务水平，一举多得。

六、时机原则

时机原则重点要说明的是商业地产操作一定要绝对重视“开盘时机”和“开市时机”等重要节点时机的把握。

开盘时机把握应仿效“水库原理”，在水源充足或降雨充分时，尽可能多地蓄水；当需要泄洪或为下游补水时开闸放水，气势如虹、一泻千里！同理，在内部认购阶段商业地产要充分地营销推广、充分地累积意向客户，并尽可能地与客户签署认购协议。当积累期协议认购面积达到总体商业可销售面积的60%时，即可组织声势浩大的开盘庆典，当日实行客户转化、当日签署正式的商铺买卖合同，以最强大的销售势头亮相，为后期持续热销打下坚实的基础，首战必须全面告捷！

“开市时机”一定“稳”字为先，在没有达到一定进驻率时，切不可为赶时间节点而仓促开市，否则商业气氛的营造工作将出师不利，如开市缺乏应有的火爆，那后期将更难聚拢商业人气，元气一蹶不振。所以建议在招商工作紧密配合下，应确保使进驻率达到90%以上才可以举行盛大的开市庆典，充分地塑造开市的鼎盛商业气势，为后期商业的繁华打下坚实的基础。

时机把握在商业地产策划的各时间节点上都显得尤为重要，有时甚至会影响操盘的成败。时机是市场创造的，同时又反作用于市场。

七、保密原则

保密原则可谓老生常谈，商业地产策划中的保密尤为重要，重要的商业信息其价值有时是金钱无法衡量的，有时甚至关系企业的存亡，所以商业地产策划切记保密原则。

保密工作必须实行“分级知情”、“责权明确”，根据不同的职位级别掌握不同程度的公司信息，但在某些重要环节上，提倡消息绝对封锁，只有总经理和策划部相关负责人、经办人知情即可，如有泄露，则必须追究当事人责任。

八、反住宅策划原则

搞商业地产的人一定要摒弃自己“地产人”的身份定位，一定要始终坚持作“生意人”，时时刻刻从生意人的角度出发考虑问题、解决问题，无论是战略制定，还是战术执行，都要苛守商业原则。

住宅策划力求发掘住宅的各种附加值、提升文化品位，甚至创造惊世骇俗的“概念”，并通过报纸和户外路牌两大宣传主阵地向外界展开平面推广。而商业地产策划则来得更加“简单粗暴”，没有过多的渲染、没有华丽的辞藻和优雅的情调，更不会费尽心机去寻找“概念”，一切手段都那么直接、那么有说服力，甚至有时显得很“铜臭”，这便是商业策划。

反住宅策划原则贯穿于商业地产策划的众多环节，从战略思想、形象定位、案名、logo 等制定、平面表现，到营销推广形式、推广渠道、卖场环境甚至销售人员的形象，处处都表现出与住宅策划的明显反向性或差异性，因此商业地产策划时要注意一个“反”字！

九、活动主导原则

在商业地产营销推广过程中，活动营销应占据主导地位。有人曾经风趣地说：商业地产的策划人就是一群“跑江湖卖艺的”。想想这个比喻确实有几分道理，推销商业就是要在人多的地方运用战术吸引大家的注意力，所以确实有跑江湖的神韵。

此处所指的“活动营销”并非传统营销理论中的“销售促进”，而是不需要销售政策支持的造势和逆向推广等商业性活动。商业地产推广应把重点精力放在商业活动的组织上，在着力组织大型商业活动的同时，利用平面媒体给予适当的宣传报道，加大活动的知名度和声势。

商业活动重点要围绕“商”开展，充分提升项目前期的商业氛围，并通过一系列的前期活动展现项目商业运营管理的成熟度和工作模式，增添整体商业的经营氛围，增强投资者、经营者和消费者对该商业的信心。活动必须由策划人员、招商人员和商业运营公司齐心合力，共同完成。商业活动是商业策划的工作重点也是应投入大量人力、物力的环节，应给予足够的重视。

十、战略协调原则

商业地产运作是一个庞大的管理体系，涉及的人力、物力和财力都相当可观，这些都是住宅操作不可企及的。在此且不谈商业地产操作中的其他环节，只营销策划一项工作所需要的工作量就已惊人，因此要求策划团队必须具备很高的思想高度，用战略统筹的眼光看待每一项具体工作，各项工作必须协调统一，每个人的思想必须统一，工作频率保持统一。

在战略思想的指引下，全体成员必须以相同的速度前进，战略目标是大家共同的奋斗方向，齐心协力、相互配合、永远以大局为先，创造一支坚不可摧的“总预备队”，实现商业地产策划的最佳人力组合。

综上所述，商业策划原则确实不同于住宅策划，它确实是一项复杂的系统工程。

第二节 商业地产策划的内容

一、商业用地的发展定位

策划人员必须回答：开发什么样的物业才能实现价值最大化？为此，策划人员必须研究地段、街区、商圈、商业功能演变、不同类型物业与地段的经济效果，甚至要研究物业建成后物业与街区发展的互动关系。价值判别结论决定项目的客户定位、建筑定位、形象定位和价格定位。

二、商业地产融资策划

商业地产开发和运营的突出特征是需要巨资投入（初始投资和总投资），筹措足够的资金是项目能否成功的关键。为筹措资金，赢得投资人（银行、基金、信托机构、独立投资人、投资公司、开发商等）的青睐和认可，必须制定系统、科学、完善、可实施的可行性研究报告，描绘完整可信的投资收益“路线图”。

根据融资方案，企业应通过招商寻找潜在投资人、建立融资渠道，并评价融资方案的成本与收益，选择最合适的方案。例如我们从银行贷款和投资人出资入股两种方案。银行虽不分配利润、不干涉经营管理，但要贷款利息；后者不要利息但要参与分配利润，介入公司经营管理，究竟如何选择，应具体问题、具体分析。

三、商业地产价值链构造和策划

商业物业的开发和运营是价值创造和分配过程，发现价值和创造价值同等重要，价值受多种因素和规律的影响，没有深厚的价值理论功底就不可能制定完善的价值链策划活动。价值链构造包括产品纵向价值链和企业内部价值链。针对一个商业地产项目，首要的是构造产品纵向价值链，把参与商业物业开发和运营的各方利益有机地联结起来。着眼于长期发展的企业为适应商业地产的开发和经营，也采取组织措施构建企业内部价值链。

四、商业地产建筑策划

商业建筑一般由主要营业空间、附属营业空间、配套空间和共享空间构成。建筑策划意在优化建筑空间与经营业绩之间的关系，优化建筑空间的功能组合，以降低成本，提高使用率，实现效益最大化。为此必须采取科学的建筑设计和评价方法，遵循整体化设计和全过程监理理念。

五、商业地产技术策划

建筑和管理技术发展迅速，例如节能技术、智能化技术、无线通信技术、钢结构技术、自动化车库管理系统等不断推陈出新，策划人员应在准确把握发展趋势的前提下，准确评价技术的经济技术合理性和营销价值，坚持经济与技术联系原则，提出价值最大化技术方案。

六、商业地产营销推广策划

亦即销售促进，实质是把商品和服务的信息有效传播给目标客户，促使客户愿意购买。传播的最佳模式是整合营销传播，超越传统的4P理论，用4C理论指导传播实践，整合生产、管理和营销活动。

七、商业地产招商策划

招商是商业地产永恒的主题，也是难点。在商业地产开发的不同阶段，招商内容不同。例如，项目前期招商重点是寻找合作伙伴、出资人，与大商家签订合作合同；建设过程中的重点是物业销售；建设后期招商内容转变为寻找中小经营者进场经营；投入使用若干年后根据形势发展，招商的目的是不断优化客户组合。

第三节 商业项目核心价值点挖掘

核心价值是在项目市场竞争态势中，经过充分评估项目自身特点之后得出的项目优势资源，并且这个优势资源是可以转化为投资商、业主和商户感知并享有和得到的独特利益的价值。

核心价值是产品开发和传播的灵魂，提炼核心价值的过程就是整合价值链以形成竞争价值过程。提炼项目核心价值过程也是通过指导产品打造的推广，使购房者充分的感知和了解项目独特的特点和优势资源之后，决定获得项目独特利益价值的过程。

一、项目的核心价值地位和作用

在产品营销过程中，核心价值的提炼是成功的最关键因素。核心价值体现的是产品价值与顾客价值的最佳契合，以核心价值为基础，形成产品的顾客价值链，价值链如果不完整，或由于某些因素的干扰，都会影响到核心价值的形成，从而使产品不具有真实的顾客价值，也不具有竞争价值。因此，发现项目和提炼项目的核心价值，是营销成功和经营成功的基础。

产品价值创造的过程，经历了从产品价值点挖掘，核心价值的确定，价值链的融合和竞争价值形成的四个环节。产品营销成功的关键是通过价值链整合形成竞争价值，而整合价值的关键又是产品核心价值的发现。因此，产品核心价值的发现是营销成功的根本。

二、核心价值提炼“五面法”

1. 产品本身

要成为这个城市成长、有机的组成部分，要满足使用者即客户现在的需求、将来的需求；要符合世界文明的潮流，符合人性的、人类文化的基本发展方向。必须用精致完美的产品和服务确立自己的生存，通过产品实现的价值建立企业自身的价值。

2. 区位

区位、地段表示的是空间距离。人们的空间距离决定着时间距离。空间距离可以用交通连接。交通和地段因此都成为项目的重要因素。

3. 地段

区位、地段、交通，长期以来成为人们对房地产项目判断价值的决定因素。

4. 物业管理

优秀的物业管理可以使项目保值、增值。良好的物业管理能够延长项目的物理寿命，降低物业的物理损耗速度，避免了物业使用价值的超前损耗，起到了保值、增值的作用。

良好的物业管理能够为项目使用者提供清洁、优美、舒适、安全的生活和工作环境。

5. 品牌价值

商业地产项目，与品牌有关。中国经济已进入新一轮快速增长阶段，中国地产也迎来新一轮市场模式。一家企业，要做百年老店，获取长足发展，品牌就被放在了不容置疑的衡量标准之上。每一家企业在进行产品模式的全国复制时，其质量、服务、外表均受到众看客的关注。品牌之于项目，是企业印章。

三、提炼项目核心价值点的步骤

1. 挖掘自身先天价值，提升后天赋予的附加卖点

一个项目在立项之初，就应该充分认识到它所具备的先天优势，如优越的地段、完善的配套、优美的自然环境等，这些都是超越其他对手的核心所在，是竞争对手无法效仿的。

2. 把握最主要的，放大最核心的

经过不断的挖掘与提炼，一个项目可能会出现很多卖点，比如地段好、交通便捷，配套比较完善，浓厚的文化渊源，以及其他市场稀缺设计，例如弧形阳台、落地飘窗等。

在策划和推广过程中，要分清主次，把握最主要的卖点，放大最核心的价值，而对附属的、相对较为平常或是对市场吸引力不强的卖点，则只作为辅助的、次要的。

3. 将卖点提炼成鲜活的概念

确定项目的核心卖点后，应将这一卖点予以最大程度的提炼和包装，使之成为项目与众不同的鲜明特征，成为吸引客户眼球的鲜活亮点。

四、核心价值提炼注意要点

（1）尽量提炼项目自身拥有的优势价值。

（2）多层次、多方面提炼和营造项目亮点，充分展现竞争优势和项目价值。

（3）与竞争对手同类优势不可照搬照抄。

（4）竞争对手有的或较强的亮点，我项目没有的或较弱的亮点，要尽量避开。

第四节 案名建议

中国古语说得好：名不正则言不顺。怎么去强调一个项目名字的重要性都不为过，尤其是一个价值几亿元甚至是几十亿元的商业地产楼盘。市场竞

争如此激烈，唯有出奇出新，才能在竞争激烈的项目中脱颖而出。

案名，即楼盘名称；作为楼盘的识别符号，是房地产广告第一要素，是楼盘各个时期广告使用频率最高、消费者接触最多的楼盘文字。案名是楼盘寓意的象征，一个好的楼名，常常建立在深厚的文化底蕴之上，将内涵的楼盘定位、设计理念、优势特性等等，以简约而响亮的名称推向市场，形成对消费者第一波引导冲击。

一、案名的作用

案名作为楼盘广而告知的一种文字载体，具有丰富的意义：其历史积淀之浓重，意念含义之广博，表现形式之多样，形成案名意义的交响。走进案名内涵的世界，可以感触楼盘文化的脉搏，商业行为和人文精神在这里交织、凝结下来，或凸显楼盘核心价值，或发展楼盘主题，或演绎概念地产；具有代表性的一系列楼名是另一种意义的浓缩的房地产演进史。楼名承载楼盘的意义与人们亲密接触，展现楼盘的丰姿和绚丽，激发消费者的思绪和憧憬。

案名虽然是楼盘的名称，但它不同于一般商品的名称。它的主要作用是：

1. 冲击力强，吸引眼球

一个新的项目进入市场，首先接触客户并被其认知的就是一个项目的案名。在现代眼球经济的时代，一个项目案名的冲击力的形成主要在于两个方面：其一，项目案名必须新颖独特，也就是我们常说的“不一样”，方能在众多的市场案名中脱颖而出。其二，项目的案名必须简洁明了，便于记忆和口碑传播。这就是说，从常规意义来讲两个字的案名总是比三个字的来得方便，正如我国的城市名字多为两个字就是这个道理。

2. 美感和立体性，形成关注

一个项目的案名除了要吸引眼球外，还必须引起关注和形成记忆。因此一个项目案名还必须具备足够的美感和立体性。美感相信大家都知道，正所谓爱美之心人皆有之，买房子总是希望享受美好的新生活。而所谓的立体性就是指一个项目的案名必须具备足够的立体想象内涵，传达丰富的想象空间，让目标客户产生对理想生活的美好向往，从而达到刺激购买的目的。这也是现阶段房地产营销以“生活方式”为主要诉求的特性之一。

3. 调型吻合，突出个性

项目案名作为项目精气神的代表，它是项目形象特征的主题体现和个性的代表，所以案名的调型必须与项目的形象特征相吻合，突出项目的个性特色。比如一个定位为国际社区的项目案名往往以“××国际”等命名，或者往往在案名的文字表达上突出英文，传达项目的调型特征，或者一个强化“中式”形象的案名其文字常以篆刻等富有中国传统文化底蕴的方式予以表达一样，都在于突出项目调型特征。

4. 对位文化，避免歧义

一个项目的案名作为项目的第一传播源还必须注意项目所在地的文化特征，避免项目案名出现歧义，与当地文化相冲突，或与当地喜好相背离，尤其是要注意地方文化中的忌讳之处，这往往需要注意案名的发音、谐音和文字含义等方面的内容。这点尤为重要，它往往具有不可调和性，一旦出错，代价惨重。

案名是一个项目的精气神的代表，它是现代商战行军打仗的“军棋”，所以对于项目案名的创意必须在紧紧围绕其主题的前提下满足其营销推广的特性，如此才能成就一个出色的房地产案名。

二、成功案例

1. 公司或项目品牌做延展型

前者如万科系、珠江系、中海系、远洋系、光大系等，后者如万通的新新系列，潘石屹的 SOHO 系列、奥林匹克花园系列等。

2. 产品特点放大命名型

如宽 HOUSE、万万树等。

3. 项目地段命名型

如北京香山是人人向往但无法得偿其愿的一块居住宝地，西山美墅、香山艺墅、西山美庐、西山庭院等就是此类型的代表。建外SOHO、朝外SOHO等，可能潘石屹先生也是觉得建国门大街和朝外大街是一个繁华商圈的代名词吧。燕莎后、亮马新世家等。

4. 比照命名型

以一个市场上已经知名并且成为品牌符号的项目案名作为自己楼盘命名的必用词。如国贸中心成熟后，世贸中心、华贸中心、西贸DNA等一系列的高档楼盘都用这个命名思路；现代城一举成名后，后现代城、西现代城就出来好几个，世纪城、世纪东方城在全国遍地开花。

5. 客户定位命名型

如非常男女、炫特区、葵花社、矩阵、蜂鸟社区等。

6. 国外生活命名型

因为项目的建筑规划和建筑风格都来源于或参照国外某一个著名建筑，所以在项目案名的命名上，也直接引用了一些国外的地名，如温哥华森林、东方梅地亚、优山美地、橘郡、纳帕溪谷等。不过这种命名方式已经使用很多年了，在市场上已经没有什么新鲜感了。搞不好就会反受其累。

7. 不知所云命名型

上元、融域、领域、CLASS等。很好记但不知道什么意思，也能引发客户之兴趣。如有策划高手能巧言忽悠一番，定能收到意想不到的效果。

三、命名的原则和标准

1. 注意力法则

在现代小区案名中，我们经常可以见到以英文字母、阿拉伯数字或借用某些时下流行的字符在其中，如“牛街18”、“GoGo新时代”、“77街”等，由于其形式的新奇和时尚，自然会吸引大众的眼球，从而达到了吸引注意力的作用。

2. 明确定位法则

项目的案名必须要能够反映出项目的产品定位，达到案名直指目标的效果，这样才能够引起目标人群的关注，如“白领公寓”中的“白领”就直接明确的点明了项目的服务群体——白领一族，从而更能够增加目标客户对产品的归属感。

3. 强化特色和核心优势法则

一个成功的案名，不仅要有好的形式更要有好的内涵；这里所说的内涵就是案名要能够直接表明或间接暗示出产品的特色和优势，使目标客户可以闻其名明其意，这也是案名最重要的意义所在。如万科东第、建外SOHO、大湖别墅等。

4. 对目标客户价值观的迎合法则

不同的区域、不同的定位，就会有不同的客户，而不同的客户就有不同的格调、品位和价值取向。案名必须符合这一逻辑，新财富阶层、Boss、中产阶级、小资格调各不相同，低价房、经济适用房又不同。最近的“苹果社区”就符合这一原则。今天，中国正处在社会阶层重新定位的动态期，以财富、格调为分水岭的社会复杂阶层正在形成，不同阶层正在处心积虑地寻找社会符号与标签，来界定自己的社会地位，因此，居住场所的案名也同样成为身份的标签，案名是与身份对称的密码，密码不对，市场的阵脚就乱，营销就达不到预期效果。

5. 案名本身就是广告法则

成功的案名，在推广过程中还能担当广告的功能，表达项目最突出的诉求，是一句很好的广告语。不管在那里，一看到这样的案名，就有联想，就有好感，就和你潜在的需求接上口。许多客户买财富中心，就是因为名称的缘故，喜欢它；“非常宿舍”也是一个例子，一看就是为年轻人准备的小户型，有点酷，也有点时尚，抓眼，抓心，就能抓人。

6. 规避社会认知禁忌区的法则

一个项目的案名作为项目的第一传播源还必须注意项目所在地的文化特征，避免项目案名出现歧义，与当地文化相冲突，或与当地喜好相背离，尤其是要注意地方文化中的忌讳之处，这往往需要注意案名的发音、谐音和文字含义等方面的内容。这点尤为重要，它往往具有不可调和性，一旦出错，代价惨重。同时要千万注意，不能将项目的致命弱势在案名中暴露出来。

第五节　活动建议

项目公关活动是一种由开发商投资组织的，在适当的时间和适当的地点举办的面向公众所开展的一系列活动，旨在改进开发商及其所开发的项目与社会各界公众（特别是目标客户和已购房业主）的关系，提升开发商及其所开发项目的知名度和美誉度，最终达到促进楼盘顺利销售的目的。此外，对于商业街项目来说，通过举办一系列活动也可以聚集人气，营造商业氛围。

商业地产的公关活动分为宣讲类活动、比赛类活动、节日类活动、文艺类活动、联谊类活动、节点类活动和其他类活动。

一、项目宣讲活动

宣讲类活动包括产品说明会、推介会、新闻发布会、商务发布会、投资说明会等等。不管是哪种会，它们的目的都是向目标客户群告知本项目的相关信息，增加他们对该项目和开发商的认可度和投资信心。

1. 产品说明会

一般在项目公开发售前举办，主要的举办目的是让目标客户群了解该项目，引起投资者和商户的注意。在举办说明会之前，一定要准备好各种物料和方案以保证整个说明会能如期成功举办。同时，还要先对费用进行估算，以免超出预算。

2. 推介会

推介会与产品说明会的性质很相似。推介会一般是在内部认购期内举办的介绍商业街项目产品信息和内部认购优惠的活动。

3. 新闻发布会

新闻发布会一般在商业地产项目公开发售或者公开招商的前几天举行，其目的是告知项目公开发售和招商的具体时间。新闻发布会是比较正式和比较重要的活动，其举办的要点在于新闻媒体、记者的选择与邀请，因为他们对这次活动的传播和影响力起着关键性的作用。若新闻发布会的举办达不到预期的效果，可能会影响开盘当天的人气。

4. 商务发布会

商务发布会一般在项目公开销售或招商后举办，其目的是进一步扩大影响，更好地促进项目销售或招商。为了保证商务发布会能顺利按如期效果开展，策划可以事先撰写好各方议论的发言稿。

5. 投资说明会

投资说明会也一般在地产项目公开销售或招商后才举办，但其针对的客户群是投资者，而非经营者。为了充分利用资源，减少开支，可以在投资说明会结束后马上举行一些小活动或仪式，例如签署投资意向协议、认购书等。

二、项目比赛类活动

举办一些比赛类的活动，其目的是让广大市民积极参与，形成互动，从而增加商业项目的知名度和美誉度。在前期可以举办项目名征集活动，让广大市民共同参与，增强他们对本项目的了解。

在策划各种比赛类的活动时，要尽量写清楚比赛的各种规则和要求，从而促使比赛能够顺利圆满地举办。在项目名征集活动结束后，可以举办一个项目形象代言人选拔大赛，再一次使项目的宣传达到高峰。

三、节日类活动策划

中国的传统节日很多，再加上西方的节日，真是“月月过节”。开发商可以抓住节日这个机会，举办一些活动，加强与广大市民（特别是目标客户群）的互动。

项目在强势推广期内也可以自己创造一些节日，但创造的节日最好与区域的特色、城市魅力相联系，因为这样更容易得到政府的支持。若所创的节日能得到政府的支持，使这个节日能每一年都举办，成为该市公认的节日，将有利于项目日后经营中的宣传推广。

四、项目文艺类活动策划

开发商可以在适当的时机，举办一些大型的文艺活动，常见的就是举办文艺会演晚会。所举办的文艺活动应与商业项目的主题有密切联系，同时最好能反映当地的文化特色。

五、项目联谊类的活动策划

在商业项目招商或销售到了一定时间后，开发商可以举办一些联谊会，即可以加深商家与开发商的感情，又可以达到旧业主介绍新业主的目的。

六、项目节点类活动策划

对于商业项目来说，其时间节点主要包括：项目开工奠基、项目内部认购、项目公开发售、项目结构封顶、项目竣工、项目交铺入驻、项目试业、项目正式开业等。由于开盘和开业这两个节点对于商业项目来说是非常重要的，因此在这里针对这两个节点的活动策划进行重点介绍。

开盘对于任何房地产项目来说，都是头等大事，第一炮打得不够响亮，将有可能会影响到项目的招商和销售。因此要特别重视开盘活动的策划。开盘当天的活动，应与当地人或目标客户群的心理特点相符合，这样更容易吸引更多的人到现场，增加开盘当天的人气。为了保证商业项目开盘当天的活动能完满成功，开发商和策划代理公司及公关公司应共同合作，特别注意工作人员的协调与安排。若之前的宣传工作做得到位，到了开盘当天一定会有很多目标客户群到现场进行参观、咨询。为了给这些目标客户群一个良好的印象，增加他们对该商业街的信心，促使他们下定决心购买该项目，必须要在开盘当开对该项目进行精心的包装。包装的范围包括：租售中心、表演场地、项目建筑主体、样板铺和项目周边的道路等。为了引起轰动的效应，也可以从开盘当天起，连续几天举办一系列的活动，使开盘当天的热闹氛围得以延续。

开业对于商业项目来说，也是一个重要的日子。若开业当天能够吸引大量的消费者到场，营造出一种人声鼎沸的场面，必定能使持币观望的客户下定决心购买该项目，有利于剩余商业项目的销售。因此，策划人员应十分重视开业活动的策划。

七、项目其他活动策划

除上述所提到的活动外，策划人员还可以别出心裁地策划出其他“另类”的活动。例如针对特定的目标客户群举办一些研讨会，研讨的内容可以包括：该区域的商业发展前景、投资商铺的技巧、商业如何成功经营等。

把较好的商铺拿出来拍卖，也是商业地产项目常用的手段之一。通过对商铺进行拍卖，既可以试探客户的心理价格，也可以形成该项目受众多和商家追捧的现象，有利于促使持身观望的客户下定购买决心。因此，竞拍活动是一种效果不错的促销活动，值得各商业地产项目多加采用。

此外，策划人员还可以策划一些公益性活动，增加开发商和商业街项目的知名度和美誉度。例如免费为该区青少年儿童提供艺术培训，目的是吸引全城儿童及其家长的眼光，在开展公益活动的同时，推出儿童娱乐城的概念，全面打开该区儿童的消费市场。

商业考察也是越来越多商业地产项目举办的活动之一。举办商业考察的主要目的是进行新闻炒作，增加项目的知名度。例如邀请安排 ×× 商业界同仁及买家来该项目进行实地考察；组织投资者代表、经营者代表到外地相关市场考察，并以此作为炒作题材。

第六节 项目媒体策划

房地产广告媒体是传播房地产广告信息的工具。如何以最低的成本，通过最好、最快、最有效的途径，向目标受众传达该项目的相关信息是广告策划人员要考虑的重要问题。商业项目的媒介策划主要是先对各种媒介进行分析与选择，然后通过媒体组合策略和媒介投放策略来达到广告投入效益的最大化。

一、项目媒体分析

房地产广告所选择的媒体可以分成三大类，分别是公共传播媒体、户外媒体和印刷媒体。公共传播媒体主要包括：报纸、杂志、互联网、电视和广播；印刷媒体主要包括：各种宣传海报、单张售楼书、招商手册、投资手册等等；户外媒体主要包括：大型广告牌、沿路灯箱、条幅、道旗、过街天桥、霓虹灯、车体等。在选择商业项目的广告媒体之前，应对该地区较常使用的媒体进行分析，分析的主要内容有：发行量、收看率、覆盖区域、受众特点、性价比等等。

二、项目媒体选择

媒体的选择除了考虑各种媒体自身的特点外，还要考虑商业项目的目标客户群的爱好和特征，做到两者相匹配。在选择媒体时，应分别对每一类的媒体进行选择，这样思路会更清晰，避免有漏选的情况出现。

除了选择常规性的媒体外，还可以进行媒体创新，自办一些网站或杂志，这样既可以增强广告效果，也可以降低媒体费用。比如自办报纸（商业内参），内容包括该项目商业时事动态、专家点评、客户点评、主题新闻及专题新闻等；与政府及放映公司协商，公司买断一批影片，周末在人群集中地点放映，现场广告及插片广告使用权归项目方所有，并长期执行该方案；依托市场要求，可在公关或促销活动推介期配合一些文艺演出活动。

在选择各类媒体时，可以对所选的媒体进行简单的描述，并对该类媒体的投放提出相应的建议。

三、项目媒体策略

商业项目的媒体策略是指如何通过各种媒体组合投放，达到用最少的费用获得最大的宣传效果。因此，商业项目的媒体策略可以分为媒体组合策略和媒体投放策略两类。

1. 项目媒体组合策略

为了更好地发挥媒体的效率，使有限的广告经费收到最大的经济效益，应对不同类型的媒体在综合比较的基础上，加以合理的组合，分清主次、取长补短，以优补拙。此外，不同的销售阶段，各种媒体的主次地位也不尽相同。如某一商业项目的媒体组合策略：整体销售阶段以户外T形旗造势、影视广告做全面覆盖配合；分阶段销售期内，以印刷品广告、报纸广告做阶段内销售渲染。

2. 项目媒体投放策略

商业项目的媒体投放策略因所选的媒体不同及营销阶段的不同其所涉及的内容也不同。对于报纸媒体来说，其投放策略包括版面的选择、软硬广告的比例、投放的时间等。对于电视、电台媒体来说，其投放策略包括档期的选择、广告时间长度的确定。对于户外广告来说，其投放策略包括广告版的位置、形式、尺寸大小等等。因此，策划人员应针对不同类型的媒体制定不同的投放策略。

第七节　案例：某市联盛商业广场营销推广策略（营销策划部分）

第一章　推广主题

一、项目主要卖点提炼

大型知名品牌超市、电器、肯德基等品牌全面进驻。
某市唯一的、最大的一站式购物中心，某市划时代的商业购物中心。

规划先进的、商业运营理念先进的现代购物中心。

体验式、情境式、优雅式购物消费模式，互动式商业经营业态。

香港联盛集团品牌开发商的丰富商业开发经验、强大运营实力。

项目坐落于某市新老城区的优越地段，项目的建成标志着一个城市商业的高度。

二、推广核心

核心一：某市第一家购物广场

概念释义：

联盛商业广场以新型的商业模式，现代的商业购物理念全新变革某市零售商业模式，一站式购物、快乐购物、现代时尚购物是项目核心理念，也是项目最大竞争力所在，推广核心在于树立项目：某市唯一功能最全、规模最大、环境最优的一站式购物中心。

核心二：商业巨头强势进驻

概念释义：

肯德基、苏宁、大型知名超市等商业巨头的强势进驻，将使该商业广场超越商业形态而表征一个城市的商业高度，将使某市商业广场当之无愧成为某市的领导性零售商业中心。

第二章　推广控制

一、实现目标

1. 战略目标

某市示范一站式购物广场。

2. 认购目标

2007 年 7 月 28 日实现认购回款 3000 万元。

3. 营销目标

第一层：2007年开街前完成招商85%，完成销售70%。
第二层：2007年开街前完成招商65%，完成销售60%。

二、推广思路

针对某市市场现状，结合项目的产品特性，提炼出项目的总体推广思路：

主力店号召市场：项目引进大型知名超市、苏宁、肯德基等系列顶级品牌店，在推广中通过这些主力店号召市场，增加其他商家或投资者对项目的投资信心。

事件营销聚焦市场：某地是重庆新区，居民整体文化层次不是很高，接受信息的途径相对局限。因此项目的信息传达更多的将依靠事件营造的新闻效应来吸引社会关注。

品牌行销占位市场：香港联盛集团企业品牌、企业实力；项目定位为某市第一家一站式现代购物广场，市场领先品牌地位无可撼动。

体验营销巩固市场：在树立该案品牌形象后，具体通过公关活动、针对的广告宣传、销售中心展示，让投资者进一步了解项目，建立投资信心。

三、营销推广步骤

步骤一：气势亮剑

展示项目大手笔、高起点规划的恢宏商业气势，预言某市一场继往开来的商业运动、文化运动已经来临，震撼全城。

步骤二：招商跟进

在展示项目形象的同时，大手笔招商引进大型知名超市、苏宁电器、肯德基等，以号召项目全案销售，进一步展示项目高形象。在主力店确定后，进一步引进次主力店，以散点商业业态布局的模式保证项目的整体繁荣。

步骤三：价值强化

从开发商实力、项目规划、招商气势、商业运营理念等各个方面强化项目价值，树立项目独一无二、无可替代的核心竞争力，展示广阔而坚实的财富前景，给投资者、经营者充分的投资信心，激发投资者的投资欲望和热情。

步骤四：分段销售

进入到实际操盘运营阶段，依项目规模大、规划分区、商业功能分区等特征，在营销及其推盘时间上，根据不同业态定位的商业物业实行分段销售，形成营销节奏，按部就班地完成全案销售。

步骤五：价格策略、营销策略突破市场

充分演绎项目价值，树立财富前景，以实效的价格策略、精密的营销策略，与投资者、经营者切实进行心理较量，形成市场突破，实现利润最大化。

四、营销推广节奏

推广最终是为销售服务，推广节奏的时候必须与项目的销售计划与节奏控制相配合，该案营销推广分为 6 个阶段：

蓄客期：2007 年 4 月 8 日 ~ 2007 年 7 月 8 日；

活动焦点：客户储备。

认购期：2007 年 7 月 8 日 ~ 2007 年 8 月 18 日；

活动焦点：拍卖——认购排队买卡。

开盘期：2007 年 8 月 18 日 ~ 2007 年 10 月 18 日；

活动焦点：开盘排队选房。

强销期：2007 年 10 月 18 日 ~ 2007 年 11 月 18 日；

活动焦点：幸运大抽奖。

巩固期：2007 年 11 月 18 日 ~ 2007 年 12 月 28 日；

活动焦点：香港迪斯尼公园体验游。

其中暂定 2007 年 9 月 28 日为开街日。

尾盘期：2007 年 12 月 28 日 ~ 2008 年 3 月 28 日。

第三章 推广策略

一、公共形象策略

1. 项目公共形象表现

公共形象塑造主要体现的是项目形象的塑造，并通过传播、沟通手段来提高项目的知名度和美誉度，最终对销售产生支持，在确定项目公共形象时，必须注重对消费者的影响，强调通过项目与消费者的双向沟通，建立良好的社会关系，树立品牌竞争优势。

项目市场形象：一个商业项目改变一个城市商业。

企业形象：诚信、实力、责任。

人员形象：专业、亲切、服务。

2. 项目公共形象内容

建立 CI 基本形象标识系统：

规范项目展示形象和员工工作形象，体现时尚、先进、美丽、大气，从视觉、行为方面规范项目行为，统一形象，并始终如一贯彻执行。

建立 CS 顾客满意系统：

系统主要体现在销售人员的素质培养及客户档案的建立。

3. 项目举办公关活动设想

主题：一个商业中心改变一座城市。

活动内容：项目推介会、新闻发布会。

主题：城市梦想，财富某市。

活动内容：某市人富了，需要什么样的生活？看能否组织某市全民大讨论？

4. 销售现场与施工场地包装

售楼部：售楼中心是一个展示项目形象、卖点及与客户交流、洽谈的场所，也可以说是开发商的脸面，并对引导客户对项目产生“一见钟情”的效应起着关键性的作用。

销售中心建筑风格：整体风格要体现时尚、大气、简约的主题，外墙采用通透透明玻璃，更具亲和力和开放性。

建议特设体验区：体验区最大的创新是设立样板铺，可参照商铺实际产权大小设置，样板铺将引进某个品牌入场经营。样板铺的设立将给到现场参观和洽谈的客户带来全新的感觉，也增添了项目的时尚气质。体验区内同时应放置大屏幕电视反复播放项目宣传片，以让客户更直观地了解项目，同时渲染现场气氛。体验区的布置要体现档次和格调。

施工现场的形象包装：

工地围墙：工地围墙是目标客户接触项目现场的第一印象，设计精美的围墙广告将带动客户良好印象和体现项目的档次，该项目工地围墙建议采用看板广告。

现场气氛：热闹的施工场地能增添客户信心，建议在项目施工场地布置较多彩旗，施工人员统一穿戴安全帽和工作制服，给人质量品牌的直观印象。

二、广告策略

1. 总体原则

针对性原则：针对该项目的市场定位，针对项目的核心优势的广告策略进行突破性宣传。

有效性原则：根据目标受众的喜好及生活习惯选择传播渠道，保证传达的有效性。

差异性原则：体现项目的独特优势和区别于对手的核心卖点。

阶段性原则：根据各个推广阶段的时间安排，有节奏地进行广告宣传，做到松弛有度。

2. 广告调性

实在、大气、高端。

3. 该案媒体传播组合

通过对某市本地媒介研究，结合项目推广实质需要，设计项目传播组合，以少而精。

高端户外广告为项目主要传播方式，主要体现为高速公路各入口广告牌和某市入城口高端广告牌。

直投平面广告为辅，并根据阶段推广主题的转变进行轮换。

固定时段的电视广告与电视定制新闻宣传。

某市创新类广告，宾馆电梯广告、网站广告等。

项目围墙广告：是展示项目形象的重要场所，围墙设计要大气、色彩鲜艳，并根据阶段推广主题的转变进行轮换。

报纸广告：重要销售节点选择《重庆晨报》作为主要报纸媒体，在版面的选择上是少而大，要做就做整版。同时投放新闻稿和软文。

4. 销售道具规范

宣传单张：项目开工建设到内部认购期的宣传一般用宣传单张，其内容相对来说比较简单，主要表现项目的总体规划，起形象宣传作用。

招商手册：

楼书：售楼书设计风格应与其项目定位一致。其内容包括：

①项目情况的总体文字概括

②总体规划

③主题表现

④形象展示

⑤配套设施介绍

⑥区域位置介绍

⑦总平面图及各功能板块分区

⑧卖点阐述

⑨装修标准

⑩开发商及相关合作单位介绍

大海报：大海报浓缩了楼书的精华，主要用于派发、投递和张贴，风格和内容与楼书相近。由于成本相对较低，项目有任何新的营销理念或优惠政策时，也会及时新印单张进行宣传。

其他销售道具还有沙盘和展板等。

三、渠道渗透策略

1. 项目传播渠道的整合

广告传播：媒介组合传播是项目主要传递渠道。

口碑传播：通过树形象，培养业主的忠诚度，赢得较高声誉。

关系传播：利用旧业主进行关系传播。

2. 渠道策略应用

高端媒介保持同样的形象。

通过优惠措施鼓励老业主介绍新业主。

处理好与媒体关系，让当地媒体始终保证一种支持的声音为项目造势。

四、推广组合策略

■ 蓄客阶段：

阶段主题：某市第一家一站式现代购物公园。

活动内容：售楼部开放、主力店签约仪式。

活动设想：邀请某市相关政府领导、项目主力店代表、香港联盛集团领导共同剪彩，苏宁、大型知名超市、肯德基现场签约，大型文艺会演。

媒体告知：城区高端户外广告、派发邮递广告、售楼员针对性拜访目标客户派送楼书单页。

效果预测：商业高端、文化高端、出售 100 张购铺资格卡（2000 元 / 张）。

■ 内部认购：

阶段主题：苏宁来了！大润发来了！肯德基来了！

活动内容：项目推介会及发展论坛、帝王铺拍卖、从前 100 张资格卡中解筹 50 个 VIP，登记选铺。

活动设想：邀请主力店代表、前期登记客户、商业目标客户以及政府领导，举办项目推介会及发展论坛座谈会；从 100 张资格卡中解筹 50 个 VIP。

媒体策略：高速公路广告、当地主力媒体报道、软文广告和硬广告结合宣传。

效果预测：VIP 认购 3000 万元。

■ 项目开盘：

阶段主题：商业王国、财富盛典。

活动内容：开盘庆典、VIP 解筹、现场抽奖。

活动设想：领导讲话→剪彩→抽大奖→开启财富之门→ VIP 解筹。

媒体策略：高速公路广告、飞艇广告、当地主力媒体报道。

效果预测：招商完成 30%，销售合同额 10000 万元。

■ 强销巩固：

阶段主题：城市梦想，财富某市。

活动内容："老客户带新客户"幸运连环抽大奖活动。

"香港迪斯尼公园体验游"活动。

活动设想：老客户每带 1 个新签约客户，各有适当奖励，老客户和新客户均有机会获得"香港迪斯尼乐园欢乐行"的大奖。

媒体策略：户外广告与高速公路广告、当地主力媒体跟踪报道。

效果预测：招商完成 70%，销售合同额 16000 万元。

■ 尾盘销售：

阶段主题：购物联盛、欢乐某市。

活动内容：联盛商业广场嘉年华。

联盛商业广场开街之日，举办大型的购物嘉年华庆典活动，展开为期连续三天的幸运购物促销活动，如中 QQ 车、现金全额返还、买 200 送 100 等系列活动。

媒体策略：现场户外广告、当地主力媒体跟踪报道。

效果预测：基本目标售罄。

第四章 推广执行

一、促销节点

促销的核心是沟通，因此宣传上一定要做到位，不能影响项目形象与档次。

促销的形式应多样化，避免因单调无味而造成市场反应的冷淡。

整个项目推广根据销售规律共分 5 个节点，形成脉冲效应。

■ 蓄客阶段

促销节点：出售 100 张购铺资格卡（2000 元 / 张）。

活动内容：售楼部开放、主力店签约仪式。

■ 内部认购

促销节点：帝王铺拍卖；限购 50 个铺，VIP 认购 1000 万元。

活动内容：苏宁来了！大润发了！肯德基来了！

项目推介会及发展论坛、认购登记及 VIP 认筹。

■ 项目开盘

促销节点：续推限购 50 个铺，推产权铺。

活动内容：开盘庆典、VIP 解筹、现场抽奖。

■ 强销巩固

促销目的：分阶段继续限额推盘，保持紧俏和紧张效应；推二楼铺。

活动内容："老客户带新客户"幸运连环抽大奖活动。

"香港迪斯尼公园体验游"活动。

■ 尾盘销售

促销节点：项目清盘。

活动内容：联盛商业广场嘉年华。联盛商业广场开街之日，举办大型的购物嘉年华庆典活动，展开为期连续三天的幸运购物促销活动。

二、各阶段推广执行

整体推广思路：大众告知，小众营销。

阶段营销推广目标及核心：

■ 蓄客期：2007 年 4 月 8 日 ~ 2007 年 7 月 8 日

推广目标：市场告知，形象矗立。

推广核心：某市第一家购物公园。

工作重心：确定销售、推广的各项准备细节。

1. 本阶段需完成基础工作

①售楼部商业对外前（4 月 ~ 6 月）；

②户外广告位确定及设计；
③项目 VI 系统的设计；
④单张设计；
⑤工地现场围墙包装完成；
⑥销售中心设计及装修方案确定并开始施工；
⑦平面媒体的洽谈；
⑧主力店招商工作紧张进行；
⑨资格卡印刷完成并制定资格卡购买与使用规则；
⑩售楼部商业对外——认购日（2007 年 6 月 9 日～ 2007 年 7 月 8 日）；
⑪楼书、铺位划分等宣传道具制作完成并交付成品；
⑫认购书、认购须知等完成；
⑬平面媒体开始投放；
⑭内部认购策略的确认；
⑮价格策略确定；
⑯认购前的执行模拟；
⑰内部认购的相关文件及政策确定。

2. 推广工作的组织

（1）公关活动
①活动一：售楼部进场；
时间：2007 年 6 月 18 日；
内容：某市商业广场售楼部进场仪式。
②活动二：签约仪式；
内容：联盛集团与主力店签约仪式；
时间：2007 年 6 月 19 日。
（2）户外广告跟进投放
（3）平面媒体开始投放

3. 销售与招商工作的组织

①销售队伍建立及培训，并建立客户档案，做好咨询客户的登记。
②确立专职招商员跟进商业主要商家，负责瞄准和接洽次主力商家。

■ 认购期：2007 年 7 月 8 日～2007 年 8 月 18 日

推广目标：投资引导，向目标客户传递本案的投资价值。

推广核心：苏宁来了！大润发来了！肯德基来了！

工作重心：内部认购开始及针对投资的引导。

①本阶段完成基本工作

认购工作开展；

登记及认购客户的分类归档；

一期销售价格的市场检验；

后续各期销售价格的确定；

确定各期销售的铺数与位置；

确定交铺标准；

落实促进销售的各项措施。

②推广工作的组织

公关活动：

活动一：项目推介会及发展论坛；

时间：2007 年 6 月 28 日。

活动二：帝王铺拍卖，某市商业广场会员招募及认购仪式；

时间：2007 年 8 月 6 日。

活动三：VIP 登记选铺；

时间：2007 年 8 月 9 日。

户外广告更换主题内容，主打价值牌。

报纸广告整版发布。

③销售工作的组织

合同、委托经营管理协议等销售资料的准备完成；

认购现场的气氛营造；

认购客户的收款及管理；

意向客户的跟进；

未能登记选铺的资格卡客户的解释工作、退款与登记造册。

■ 开盘期：2007 年 8 月 18 日～2007 年 10 月 18 日

推广目标：前期积蓄势能的分批集中释放；

推广核心：商业盛典，财富王国；

工作重心：稳定销售势头，赢得市场信心。

①本阶段完成基本工作

整体销控的管理；

开盘现场的组织；

市场反应的提升；

收取购房房款；

把握各次推盘时机。

②推广工作组织

公关活动；

活动一：开盘仪式；

时间：2007 年 9 月 18 日。

内容：帝王铺拍卖；

选房认购；

现场抽奖；

平面媒体开盘集中投放。

③销售工作组织

开盘现场的次序维持和销控；

签订购房合同，催收款项；

销售反应的总结；

确定后期推盘的细则。

■ 强销期：2007 年 10 月 18 日～2007 年 11 月 18 日

活动焦点：幸运大抽奖。

推广目标：长板继续拔高，消除存在阻力。

推广核心：前期市场对项目最认同核心的继续深化。

工作重心：以目标客户的需求为突破点，进行诉求。

①本阶段完成基础工作

积极调整营销策略；

对销售难点的突破。

②推广工作的组织

公关活动具体不在此阶段安排，但可根据相关事件的发生进行调整。

平面广告则主要针对分类客户的需求特征进行针对打击。

③销售工作的组织

客户的跟进说服；

销售单位的重点突破。

■ 巩固期：2007 年 11 月 18 日 ~ 2007 年 12 月 28 日

（活动焦点：香港迪斯尼公园体验游）

工作重心：重点单位的推销。

①推广工作组织

公关活动如下：

活动：“老客户带新客户”幸运连环抽大奖活动；

内容：“老客户带新客户”幸运连环抽大奖活动；

“香港迪斯尼乐园欢乐行”活动；

报纸广告对前面销售业绩报道以及价值进行针对性重点强化；

户外广告同样转为形象与价值结合的引导广告。

②销售工作组织

客户二次营销；

前期观望客户的再突破；

新客户资源的挖掘；

推出“老客户带新客户”激励实施。

■ 尾盘期：2007 年 12 月 28 日 ~ 2008 年 3 月 28 日

推广目标：完成全案招商以及独立门面清盘；

推广核心：适当的优惠措施激励客户进驻，完成预期销售计划；

工作重心：剩余铺面的推销。

①推广工作组织

公关活动：

活动：开街仪式；

时间：2007 年 9 月 28 日；

平面媒体开盘集中投放；

报纸广告针对剩余单位诉求。

②销售工作组织

项目尾盘销售策略落实；

营销优惠措施实施，特惠清盘。

三、阶段脉冲促销战术运用

1. 步步为营的推广节奏

根据该项目的工程进度和销售阶段的划分，设立阶段预定的目标，期间将通过全方位、多角度、深层次的信息传递，把项目的优势卖点有步骤有计划地灌输给目标客户，并促使他们作出有利于项目的销售判断。

2. 引人注目的市场亮相

以全新、高姿态的市场形象切入市场，引发市场讨论吸引社会关注，为项目创造一个良好的开局。

3. 紧扣主题的前期炒作

紧紧围绕推广核心，运用平面广告、公关活动等多种形式，从视觉、听觉、感觉等多方面对市场实行挤压，并一举奠定其项目品牌地位。

4. 轰动全城的公开发售

举行盛大的开盘典礼，配合各种新奇诱人的促销手段，及其他丰富多彩的活动的开展，造成轰动效应，使项目迅速成为全城关注的焦点。

5. 热点不断的挤压策略

项目进入强销和巩固期后，为了维持开盘取得的良好效果，继续挖掘热点事件，不断制造出新闻效应使项目始终处于城市关注的焦点，对目标客户进行挤压式的推动。

6. 见缝插针的突破策略

在销售的过程中利用事件营销，见缝插针、把握每一个客户，抓住每一个时机，以多种诱因促使客户做出决策。

第五章 销售对象

一、销售对象

项目占地 2 万多平方米，建筑面积达 4 万多平方米，是某市最大的综合零售类商业项目。

重点营销任务为：完成整体销售、完成第 1 层～第 4 层招商。

二、销售对象业态规划

第一层：

A1# 栋：国美电器、运动大本营、银行、通信营业厅、麦当劳。

A2# 栋：肯德基、美食小吃街、苏宁电器、重庆土特产风情展示窗口。

B1# 栋：B4# 栋：男装、女装、鞋类、休闲服饰类、箱包、内衣、皮具、运动品牌等业态的专卖店、旗舰店、形象店、直营店。

C# 栋：儿童世界、女人世界、婚纱摄影（门头）、SPA（门头）。

D# 栋：女人世界，黄金珠宝、摩登世界。

第二层：

A1# 栋：国美电器、麦当劳、品牌餐饮、咖啡语茶、休闲网络会所。

A2# 栋：商务会所、品牌餐饮、咖啡语茶、休闲洗浴中心。

B1# 栋～ B4# 栋：二三线品牌服饰等本地中小型商家入驻。

C# 栋：婚纱摄影、SPA、精品区。

D# 栋：足浴、按摩、KTV。

第三层：

A1# 栋～ A2# 栋：品牌餐饮、中西餐厅、休闲会所、健身会所。

B1# 栋～ B4# 栋：整体招专业综合批零市场，比如：朝天门的引进或者分成四个专业的市场，比如：温州灯饰城、小商品城等。

C# 栋：婚纱摄影、SPA、精品区。

D# 栋：足浴、按摩、KTV。

第四层：

A1# 栋：品牌餐饮、中西餐厅、休闲会所、健身会所或者做专业写字楼。

A2# 栋：品牌餐饮、中西餐厅、休闲会所、健身会所或者做专业写字楼。（具体了解结合业态规划图）

三、分期推铺建议

分期推铺建议见表 7-1。

分期推铺建议 **表 7-1**

推售步骤	推售对象	推售时间
1	拍卖（帝王铺）	2007年8月8日
2	A栋、C栋、D栋的一层100套	7月18日（开盘）~10月18日
3	B栋一层和A栋二层100套	8月8日~11月18日
4	剩余楼层和负一层	9月8日~12月28日

第六章 销售策略及方法

一、策略运用

1. 领先于竞争对手的销售形象

销售形象主要从两个方面表现，一是销售中心，二是人员素质。漂亮气派的销售中心能够在潜意识中增强客户的信心，同时也衬托了项目的档次，而谈吐专业、气质优雅的销售人员则能消除客户疑虑，体现项目形象。某市部分楼盘销售中心都较为简单，这也成为项目树品牌形象可把握的机会，通过塑造良好销售服务形象，扩大在行业内的影响力，增强在客户心中的美誉度，并逐步转变为对销售的强力支持。

2. 运用不同的销售方式激励客户热情

客户对项目的关注除了广告的积累外，同时也关系到某些销售政策。当然销售政策不是指一般的价格促销，应是通过不同的销售方式刺激客户持续的销售热情，比如拍卖、排号、控盘分期推出制造稀缺效应等。

3. 积极开辟第二营销渠道

老业主带新业主已成为项目销售的一种主要途径，通过展开关系营销，不但刺激了销售进度，同时也节约了广告成本。

4. 多样化的销售促进

根据不同销售阶段的特点和市场反应效果，制定实物、价格等促销活动，对目标客户的消费心理进行全方位攻击，以利益诱惑，抢购压力，推动其在紧张中快速完成落订，实现成交。

5. 保证利润最大化的节奏控制

项目开发的最终目的是获得利润最大化的实现，销售节奏的合理控制将保证利润最大化的实现。

二、销售方式

1. 销售价格方式总控：卖总价

为化解项目门面的进深太长的缺点，均衡门面性价比，回避单价敏感性和争议性，所有门面根据位置、进深、面积，通过精细计算，模糊单价，按总价推出，面市出售。

2. 销售模式细分

为促进项目销售进度，采取带租约销售、产权式销售、直接销售、只租不卖等多种营销方式组合，满足多种投资者需求，灵活操作，扩大客源，进而实现项目逐一消化。

①临街铺销售方式

建议一：铺王拍卖销售方式

项目临街铺王可挑选出 5 套，配合地王的形象进行公开拍卖，一是为后续单位拓开价格空间，二是可吸引市场关注。拍卖价格起价 15888 元 / 平方米，确立拍卖成交期望价，安排两人在合理范围以内把价格炒高。

建议二：商铺直接销售方式

建议三：带租约销售

边招商边销售，实行带租约销售，除铺王外，一般商铺租金率8%，合同三年一签。

②内临街铺销售方式

建议一：返租销售

建议项目采取2～3年返租，年返租率税前8%，五年内投资者税前可收回24%～40%的投资成本。

商业采取8%的回报率，首先表明的是对未来经营前景的看好，8%的回报率在某市市场也相对合理。而且经过参考周边租金水平，在经营管理正常的基础上，也能够收取相同比例的租金。

建议二：出售经营权

经营权的销售在成熟市场已被广泛采用，实际效果也不错，项目A～D栋的商业面积如想在目前的市场形势中全部出售产权，市场接纳力度有限。而且市场内经营商户更愿意对物业进行租赁经营，加上项目出售部分产权后须保留一定物业作为已出售物业的信心担保，因此二层以上物业可保留产权、出售经营权，同时这也为开发商预留了部分优质物业，待整体升值后可获得更大的利润空间。经营权建议出售3～5年。

建议三：以租代售

主要针对二楼以上难以销售的商铺，三年内以租金的方式付完全部房款：第一年付40%、第二年付30%、第三年付30%，房款付完，正式签订销售合同，如果客户没有付清房款就要终止合同，客户已交款项不退，并且要承担毁约责任。

建议四：商铺直接销售方式

③销售产权式商铺

大面积商铺，划分成小面积出售，年返租率税前8.5%，约12年回本，适合负一层超市和B部三楼。

④二楼商铺销售方式

二、三、四楼商业物业销售相对困难，采取先招商后销售的方法、买二送三的销售方式或以租代售方式。

三、销售节奏与销控

1. 销售节奏

项目的销售推出顺序依次是临街铺、内街、产权铺及二至四层商铺。

先行推出临街铺主要考虑临街铺面目前受到市场关注度较高，先行销售可迅速回收部分开发资金，同时也可为后续产品拓开价格空间。接着马上销售内街一层商铺，等市场形成一定影响力以后马上推出产权铺，产权铺夹在中间推出市场可以起到承上启下的作用，也使项目形成持续市场热。考虑到二至四层商铺招商时间相对较长，面积较大，市场消化慢，因此将其放在最后推出。

2. 销控

销控最大的作用在于维持整个销售系统的平衡及达到利润最大目标的实现。因项目本身体量较大，加上临街铺和内街单位数量大。因此建议临街铺和步行街单位分区域分次推出。产权商铺分层分次推出；2 ～ 4 层商业根据招商情况逐渐推出。

项目销控的管理应有专人负责，每天核对销售报表，以免发生重复销售的现象。在销售现场应悬挂处理后的销控表，以对客户消费心理产生诱导。

四、销售促进

1. 签订合同即返一年租金

针对投资客户，客户签订买卖合同，交纳首期款后，即将一年的租金回报返给客户，直接从首付款中抵除，从而降低客户置业门槛，提升项目竞争力。

2. 建筑期按揭

签订合同办理按揭，客户只需交纳 10% 的首付比例，在交楼时客户归还剩余部分，以此解决部分客户的资金压力。

3. 实物、实利促销

在各个销售阶段，举办各类奖实物、送现金的促销活动，调动客户的积极性。

4.“搭单”行动

“搭单”行动即投资者原计划购买 1 间商铺，享有常规折扣，若该投资者自身或介绍亲友再购买商铺，则可享有更大的折扣，同期所购商铺越多则可享有越大的折扣。“搭单”行动的实施，可充分整合与利用客户资源，促进销售。

作用：

“搭单”行动意在扩大原有投资者再成交份额，或由该投资者介绍亲友同期购铺，可有效扩大同期销售份额，加快销售速度，是一种捆绑式的销售策略。

5. 商铺产权式销售

将 B 部三楼和负一层超市平面间隔按 10 万元一份进行平均分割，将商业产权转化为股权形式，投资者购买商铺就如认购股票一样，按份数购买。并提供 12 年的返租机会，每年承诺返租回报率税后 8.5%。

示例：

投资成本：10 万元；

返租期限：12 年；

返租收益率：8.5%；

每年收益：10 万元 ×8.5% ＝ 8500 元；

12 年返租收益：8500 元 / 年 ×12 年＝ 10.2 万元；

12 年投资总收益＝ 10.2 万元 +10 万元的产权铺。

作用：

由于商铺面积被划分成细小的面积，令总价偏低，容易被投资者所接受。市场投资者份额由此再扩大，运用此策略可使商铺销售速度有效加快，利于开发商快速回收资金。

第八章

商业地产价格策略

第一节 商业地产价格影响因素及制定原则

一、商业地产价格影响因素

影响商业物业价格的因素有许多，主要的有：

1. 价值决定价格

马克思价值理论认为，价值决定价格，受供求关系的影响，价格会围绕价值波动，所以影响价格的主要因素是物业的价值，其次是供求关系的变化，商业物业价格也不例外。

2. 物业性能和质量

是指物业本身素质。例如，电梯品牌、载客量、速度、等候时间，质量好的电梯价格肯定高，这就要在物业价格上有所反映。价格定位中的比较法就是通过比较物业的性能和质量，根据质量优劣确定物业的比较价格。

3. 企业赢利目标

资金雄厚的商业地产巨头可等到楼盘达到价值最大化时销售，采取一口价策略，购房者要么接受价格，要么放弃购买。中小型的投资商和开发商因资金不足，需要把预售的回笼资金重新投入开发过程，售价就应低开，吸引买家入市，加快资金回笼步伐。因此，企业应根据自己的能力判断自己在市场中的地位。

4. 竞争者的价格策略

应调查清楚竞争对手价格策略的真实目的和原因，否则就会吃亏上当。例如，对手采取低价策略，原因可能有：资金链断裂、回笼资金再投资、看空前景、提前获得利空消息、物业质量存在缺陷、成本低廉等。只有诊断清楚，我们才能正确应对，防止表面化看待价格策略。

5. 投资者价值和收益

商业地产的投资客户在投资前设立了投资价值标准，例如，价格高于10000/平方米的物业不考虑；投资回收年限超过10年的不考虑；日租金高于3元/平方米的物业不考虑；每年升值幅度低于5%和不考虑，忽视投资者的价值诉求，投资者就会用脚投票。

6. 宏观经济走势和微观价格波动

当宏观经济高位运行时，物业价格往往随之抬升，但在这个阶段要未雨绸缪，采取措施规避政策风险。例如，为遏制经济过热，政府往往采取提高利率、紧缩银根、提高贷款门槛、增加交易成本等措施，结果将导致需求大幅度缩减。如果对此有正确的预测，那么，完全可以在政策风暴来临之前“沽空”物业。当宏观走势比较好时，我们可以走取咄咄逼人的价格定位，不断地提升价格。

二、定价原则

1. 市场导向原则

项目价格应能反映产品的定位和消费群的定位，成为目标消费群能够接受并愿意支付的价格。做到这一点即可以说在定价方面遵守市场导向原则。该原则还包括另一层意思，在同类竞争中，借助价格优势，取得更好业绩，树立企业和产品的品牌形象，为其他同类产品开发作好铺垫。

2. 加快销售速度，加速资金回笼原则

合理的价格有利市场销售，并实现目标利润，定价过高将产生较大的营销障碍和销售滞慢性，利润也只能是虚拟的账面利润。

3. 弹性灵活原则

定价应有灵活性，以适应市场的变化情况。项目入市时，已采用较低价格聚人气，随着工程进度的发展，产品的成熟，可逐渐提高价格。为防止价格高开低走带来的负面影响，初始定价可以适当调低，相机而动随时调高价格，体现出量价齐升的走势。

4. 价值相符原则

项目的价格应与项目的地段、品质相符合，才能赢得消费者的信赖。

5. 购买力适应原则

所定价格还应与目标客群的购买力相适应。

6. 有利竞争原则

项目销售初期建议采用对消费者较大吸引力的价格入市以利于在市场竞争中取得优势。

7. 成本利润原则

开发商应以实际开发的总成本（含各种税费）为基准，以企业的目标利润率做指标，以行业平均利润率为参考，合理定价，发挥以我为主的定价策略。

第二节　商业地产价格制定方法

对商业地产而言，因为运作模式的不同可分为只租不售、只售不租、可租可售三类，因此商业价格可分为租金和售价两类，二者一般成正比例关系。租金分为合同价格和策略价格，我们笼统的合称二者为市面价格。租金的定价属于商业地产项目中价格策略系统的组成部分，往往是销售价格定价的先导和依据。制定的租值系统如果足够科学合理并充分尊重市场的话，那么这种策略价格其与实际运作中的合同价格误差率不会超过正负10%。对长期从事商业物业定价的老手来说这不是难事，在实际运作中这种定价也比较容易把握。如果出现策略价与合同价的较大误差，主要原因还是价格系统的完整科学性和对市场的认知程度上的不足而造成的，比如对需方（商家）的租金承受度和敏感度及对需方的熟悉度。当然也要去研究商家本身的经营业态是否能满足项目的租金需求。

而商家所需面积的大小与租金成反比，商家品牌知名度的高低与租金大体也是成反比。需要说明的，商家品牌的评估并无实际意义，在为商业地产项目进行定位和策划的时候就应该进行客户分析和定位，同时进行客户分类和分档，并提供客户名单，圈定客户范围，而且要细到客户来源、客户品牌等。这有点类似现在流行的一种说法——定单式商业地产，只是我们可以把客户分解得更细。

商家的进场先后顺序对租金的反应度是不一样的，如果价格系统制定的越合理对价格系统产生的影响就越小，甚至是随着策略价格调整而产生变化，这是良性有序的。一般来说市场反应热烈的项目大商家基本不受进场顺序影响，小商家则越晚越不利。

当然商业地产项目的营销也好、运营也好受很多因素影响，到了项目中期，运营战术（招商技巧）的运用会有非常重要的作用。这也是以科学合理的价格系统作为实战的基础保证。举个例子，做过招商的朋友都有这样的经历，商家会不约而同地采取观望或拖延的战术，如果贸然主动降价可能收到相反的效果吓跑商家，而高手会灵活应用不同的战术逼其就范，如释放其竞争对手的谈判信息等，让其产生“囚徒困境”，很快就会顺利洽谈下去。这也是谈判技巧的问题。

但是价格系统的不完善、误差较大那么就会出现很多变化了，一些不确定因素甚至会打破系统的平衡。再好的高手也只能搞得定一单二单，搞不定全部，后果也是很可怕的。因此，制定好价格系统对商业地产项目具有战略性的意义，也是项目成功的保障。

商铺的存在有两个方面，一个是业主，另一个是租户。我们先来谈谈业主，也就是业主购买商铺是用来自营还是出租，现下最多的一种就是售后返租，这里我们暂且不讨论返租的弊端。作为投资者来讲就是在最短的时间内拿到合适的回报率，而回报率和回收期也是影响租金的至关因素。

城市的综合租金水平是影响商铺定价的直接因素，开发项目所处位置的租金水平将直接决定项目本身的定价，另一个关键因素就是城市的流通力和第三产业发达程度是影响城市总体商铺价格的。详见下文某租金价格推算演示租金价格体系分析。

项目周边街道及繁华街道租金，见表 8-1。

项目周边租金及繁华街道租金　　　　表 8-1

名称	山西路	南京路	中山路	西藏路
租金（平均租金）	40元/m^2·月	35元/m^2·月	60元/m^2·月	60/m^2·月

1. 确定市场比较法定价的影响因素

地理位置、交通情况、商业氛围、人流量情况、车流量情况、建筑外观、项目规模、停车位、经营管理、经营商实力信誉、未来发展等。根据对该项目周边地区的市场调查。同时考虑到影响该项目物业定价的各种因素，综合分析确定。

2. 确定权重

在参照体系的标准上，采用的是行业所制定的内部标准，具体比较见表 8-2：

商铺租金测算表　　　　表 8-2

项目	权重	本项目	山西路	南京路	中山路	西藏路
平均租金(元/m^2)		PZ=X	P1=40	P2= 35	P3=60	P4=60
地理位置	12	5	7	5	8	7
交通情况	9	6	4	6	6	6
商业氛围	14	4	5	4	9	8
人流量情况	11	4	4	4	7	6
车流量情况	7	5	5	5	5	5
建筑外观	6	4	4	2	3	3
项目规模	6	4	2	2	3	3
停车位	6	4	3	3	3	4
经营管理	8	6	3	3	3	3
经营商实力信誉	8	5	4	3	5	5
未来发展	13	8	6	6	7	7
合计	100	Q=55	Q1=47	Q2=43	Q3=59	Q4=57

注：① 以上各参考项目价格是根据现在市场租价计算而来的。
② 该项目的各因素评价是指在较为理想的状态下而比较得出的。

3. 修正后各相关项目的价格

PZ=（Q/Q1）*PZ　P Z 为租赁均价

P1 =（55/47）*40=42.55

P2 =（55/43）*35=44.76

P3=（55/59）*60=55.93

P4 =（55/57）*60=57.89

各相关权重取值为 WZ

W1=25%　　W2=25%　　W3=25%　　W4=25%　　PZ= ∑ PIWI

租价　　PZ=50.28

注：通过各种指标基数，对比和参照，租金标准应该为 50.28 元 /m^2·月。以上也只是制定租金的一种方法，只能作为参考，还可以利用销售价格、回报率来反推的方式也是可行的。

第三节　定价策略

一、定价的一般方法

百货商场定价策略的核心是“就高不就低”，通常以优质高价取胜。

1. 成本导向定价

最常见的是成本加定价方法，即按商品单位成本加上一定比例的毛利，定出零售价。商品不同，加成比例也不同。美国一般百货商场零售价的加成比例为：烟草类约 20%，照相机约 28%，服装约 41%，女帽约 50%。这种计算方法很简便，但忽视了竞争与需求的反弹影响。

2. 需求导向定价

它是依据购买者对产品价值的理解和需求强度来定价。百货商场由于附加服务和环境气氛为产品增加了价值，其商品价格可以高于小商店。另外，百货商场可以对一些世界知名品牌实行高价策略。

3. 竞争导向定价

它依据竞争者的价格来定价——可相同，可高，也可低。价格调整主要看竞争者是否变动，随市场定价。这种方法可在竞争中减少风险，并协调同行业间的关系。

二、新产品定价策略

对新产品定价，有高、中、低价位三种选择。

1. 撇脂定价——取高价

它原意是指取牛奶上的那层奶油，含有捞取精华的意思。房产商可对新上市的新项目实行高价，大规模上市后放弃经营或实行低价。这种策略要求新项目品质和价位相符，顾客愿意接受，竞争者短期内不易打入该市场。

2. 渗透定价——取低价

它与撇脂定价策略相反。在新项目上市初期把价定得低一些，待产品渗入市场，销路打开后，再提高价格。

3. 合理定价——取中价

它是介于两者之间的定价策略，即价格取中，不高不低，给顾客良好印象，有利于招徕消费者。

三、价格调整策略

对于项目的价格不能一成不变，应经常进行调整。

1. 折扣定价

商品定好基本价后，可采取折扣方法进行调整。

（1）现金折扣在顾客进行分期付款购买时，房产商对提前一次性付清的顾客给予一定的现金折扣。在促销活动期间，可实行现金折扣优惠。

（2）数量折扣可根据顾客购买项目的数量给予不同的折扣。如买 ×× 送 ×× 等。

2. 差别定价

开发商可以根据不同顾客、不同时间和场所，实行差别定价。这种差别并不反映成本变化。

（1）顾客细分定价。将同一种产品或服务，以不同价格销售给不同的消费群。

（2）产品形式定价。不同形式的项目，定不同的价格。

（3）形象定价。对不同包装形式的商品，定不同的价格。

（4）时间定价。不同时间定价不同。如开盘、中期或尾期都可以实行不同的价格。

3. 心理定价

根据顾客的购买心理定价，是地产项目的重要调价策略。

（1）尾数定价法或称奇数定价法。即不以整数定价，而以零间结尾定价。这会使顾客产生便宜的感觉。

（2）整数定价法。即按整数而非尾数定价。整数定价会抬高商品的价值，百货商品对名牌产品可采用此法。

（3）声望定价法。即按照百货商场的经营状况对某些商品定高价，以满足顾客的名气需求心理。

（4）招徕定价法。即对几种商品实行微利或亏本的牺牲价，以招徕顾客，连带性地推销其他商品。

第四节 如何撰写商业地产价格策略报告

价格策略报告要包括三部分：定价基础研究，价格静态制定，价格动态调整，下面分别介绍每部分应该撰写哪些内容。

一、定价基础研究

首先要研究企业的定价目标。不同的企业，定价目标不同，所采取的价格策略也不同：有的企业追求利润最大化，有的追求快速回现，有的追求高市场占有率，有的要树立企业品牌。企业的定价目标是定价基础研究的首要一环。

其次要研究该案项目的价值。项目本体的区位条件、产品、配套设施等，以及项目的营销力度和形象塑造等，都会或多或少影响项目的价值，进而影响项目的价格策略。项目价值是项目价格的依据和基础。

再次要研究市场。项目是最终要拿到市场上去卖的，所以在卖产品之前，要彻底对市场进行一番“扫描”，了解房地产市场的供求状况，了解国家及城市的宏观调控政策，最重要的是深入研究该案项目的竞争对手，正所谓知己知彼，百战不殆。

最后要研究客户。房子想要卖给谁，就研究谁。客户研究的重点要放在对房子感兴趣并且有较大购买意愿的客户，即现阶段进场客户。这部分主要是研究客户从哪里来，客户长什么样，以及客户比较喜欢什么样的产品。客户是上帝，因此房子定价的时候，要充分考虑客户的感受和心理价位。定价也有点像心理战术。

二、价格静态制定

该部分的核心是计算出均价和一房一价的价目表。

首先是制定均价，关键要选用合理的定价方法。定价方法有三种：成本导向、需求导向、竞争导向，其中房地产定价策略比较常用的是市场定价法，即竞争导向定价。当然，为了使报告更具可信度和专业度，最好使用多种定价方法，然后求加权平均值。

其次是制定一房一价的价目表。由于受户型、采光、通风、朝向、景观等多因素的影响，所以项目的每栋楼、每个楼层以及每个单元、每户的价格都是不一样的。因此制定价目表之前，要确定栋差、水平差和垂直差。有了基数（均价），有了加速度（栋差、水平差和垂直差），价目表就顺理成章地计算出来了。

三、价格动态调整

由于均价制定和价目表制定，是在假设市场环境不变的情况下制定的，在实际中，由于市场环境时刻在发生变化，因此要根据市场环境的实际变化不断地对价格进行调整。价格动态调整应该包括以下几部分内容：

首先，要进行价格测试。即在价目表制定好之后，拿到市场上去，检测客户对价格的接受度，然后根据客户对价格的反映，对价格进行适当调整。

其次，要制定付款方式和优惠策略。客户都有占小便宜的心理，因此要善于抓住这种心理，通过一些优惠策略来吸引客户购买，当然，羊毛总是出在羊身上，但是不能让羊看出来。

第三，要制定报价策略。销售团队对外的报价必须统一口径。报价是一门艺术，针对同一个客户，如果报价策略不同，可能产生完全不同的结果。

第四，要制定推售策略。即项目整体的推盘安排以及开盘策略的确定。安排整体推盘时，要注意将优质盘和劣质盘合理搭配销售，以便每个盘都能卖出去，而且能卖个好价钱！开盘策略的安排包括安排开盘时间、开盘地点、开盘方式等。

第五，要制定调价策略。即预测项目开盘后市场环境的可能变化趋势，并根据市场的变化，调整价格，要么涨价，要么降价，再么持平。市场是“活的”、有生命力的、是变化的，因此价格也要是“活”的。

没有卖不出去的房子，只有卖不出去的价格。价格策略，非常重要，请认真对待。

第五节 案例：某市联盛商业广场营销推广策略（价格策略及销售组织）

报告内容：

一、销售定价

1. 定价程序

销售定价程序见表 8-3。

定价程序表 **表 8-3**

1.整体市场环境分析	把握行业整体发展状况、熟悉市场环境
2.设定策略性定价目标	根据企业发展方向、经济实力和所处的市场环境，选择符合企业战略目标的具体定价方法
3.竞争对手价格分析	收集目标市场信息，综合考虑竞争对手价格水平
4.成本评估	根据编制的概预算、实际经验实施成本跟踪控制、估算成本费用水平
5.决定定价方法	根据企业实际及营销策略要求，选择定价方法
6.确定项目销售价格	根据选定的定价方法，确定项目的销售均价

2. 定价依据

市场环境为依据：某市的商业地产开发形势，综合性很强的商业项目暂时空白，该项目具有唯一性和领导性；同时，某市人对商业投资非常精明性，综合性价比以及未来升值潜力是他们关注的重点。

这两点决定了项目定价可在现在商业市场价基础上予以突破，但同时又要把握提升幅度。

竞争价格对比为依据：参照明喻国际、两江广场等售价，参照高笋塘路铺面租价进行反推，对该项目销售定价进行修正比较。

另外以项目成本核算为基础。

3. 定价目标

惯用的定价目标见表 8-4。

惯用定价目标表 **表 8-4**

追求最大利润	所有房地产企业追求的目标，但最大利润并不等于最高价格，而是整体利益的最大化
生存	受到生产过剩、竞争激烈和顾客需求不断变化等问题困扰，将生存作为主要目标，通常形式是降价
获取合理的投资收益率	根据投资额期望得到一定的百分比利润，先确定好一个投资回收百分比，定价时在投资成本的基础上加上百分比
以保持价格稳定为定价目标	为巩固市场占有率，期望保持稳定价格，这种定价目标一般价位适中、公平厚道，不易受市场价格的聚变而波动
最大的市场占有率	价格是企业与竞争者及消费者之间最敏感的核心，当条件相当的对手激烈竞争时，价格优势往往能领先群雄
应付竞争或避免竞争	通过产品定价去应付竞争或避免竞争，定价之前要仔细研究竞争对手的定价及相关项目资料，以制定出有利于应付和防止竞争的价格
品质与信誉领先	高品质意味着高价位，同时较高的价位也面临着更多的风险

该项目采取的定价目标：

在保持合理的投资收益率基础上，追求品质与价格的领先。

定价方法：项目定价 = 成本导向 + 市场导向＋目标导向

4. 项目销售初步定价区间

①内临街铺

根据项目特征和实际情况，在对项目销售定价上采取“租金逆推核算法”的定价方法：

市场调研结果显示，目前高笋塘路商铺租金 200 元 / 平方米，两江广场 50 ~ 55 元 / 平方米，比较高笋塘路商铺租金、两江广场商铺销售价格、联盛商业广场以 35 元 / 平方米 • 月的租金进行销售价格核算，并设 8% 投资回报率。

测算公式：35 元 / 平方米 • 月 ×12 月 ÷8% ＝ 5250 元 / 平方米。

因此，建议一层商铺销售价格 4800 ~ 7800 元 / 平方米之间。

②入口临街铺

建议拍卖成交价 15888 元 / 平方米 ~ 25000 元 / 平方米，以树立价格标杆。

③中山路临街铺与主力店相邻铺

建议商铺销售价格在 8000 ~ 13000 元 / 平方米之间。

④产权式商业物业

根据与经营方的租金标准，结合市场具体情况反推。

5. 价格公布策略

针对该项目，建议对价格的公开过程分为以下几个阶段：

项目导入期，价格尚在最后调整中，不对外公布价格；

优先登记期，对外透露的均价比实际均价高出 5% 左右；

内部认购期，只针对前期进行登记的客户公布实行内部认购单位的价格；

公开发售前三天公布推出单位的平均售价，但对各单位的价格暂不推出；

直到公开发售当天，全面公布推出单位的销售价格。

6. 付款方式

考虑到经营者对资金流通的需要，通常不情愿将大笔资金一次性投资在固定资产上，而希望拥有较高的流动资金。同时，鉴于商铺的成交金额较高，在付款方式上，除了实行常规的一次性付款及银行按揭外，采用建筑期按揭，增强投资者的信心，降低投资者的风险预估，促进项目的销售。

①项目可采取付款方式

首付 20 万元抢铺。

一次性付款：一次性交付全部购房款，在开盘初期前可获得 9.7 折优惠。

银行按揭：办理银行五成十年按揭。

建筑期按揭：首付 10%，（可采用按揭首付开发商垫付，在项目交房使用时，客户付清首付余款。）

②各销售阶段付款方式运用

登记期收取认购资格卡诚意金 2000 元。

VIP 内部认购抢铺：首付 20 万元。

公开发售：一次性付款、银行按揭、建筑期按揭。

③某市商业广场付款方式

某市商业广场付款方式见表 8-5。

某商业广场付款方式 **表 8-5**

付款方式	一次性付款	银行按揭	建筑期按揭	分期付款
优惠折扣	97折	98折	—	98折
定金	2万元			
签署订购书十天内(扣除定金)	价款的30%，并签署买卖合同	价款的30%或50%，签署买卖合同及办理银行按揭手续	价款的10%，签署买卖合同，办理银行按揭手续	价款的40%，签署买卖合同
一个月内付	65%	—	—	
两个月内付		—	—	
三个月内付		—	—	40%
接到收铺通知书七日内付清	5%	—	40%	20%

二、销售组织与现场管理

1. 销售组织

（1）组建项目销售班子，合理搭配人员组成

销售队伍架构图及工作职责见图 8-1。

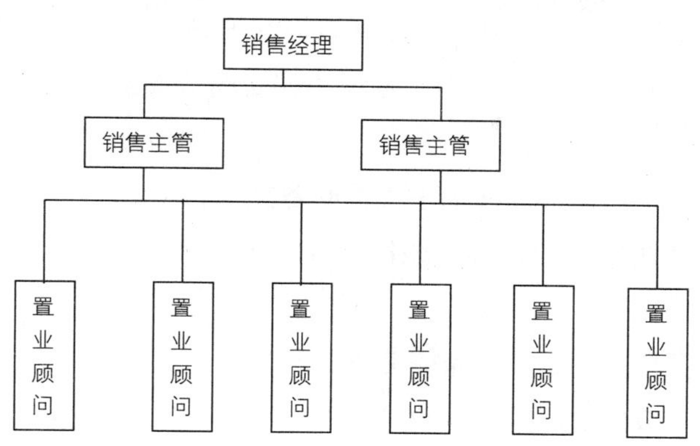

图 8-1 销售队伍架构及工作职责图

项目拟设定销售经理 1 人，销售主管 2 人，置业顾问 6 人。

销售班子的搭建和置业顾问的水准对项目销售有重大影响。

■ 销售经理职责界定

① 工作内容

a. 每周或每段做客户成交分析（客源，居住区，职业，年龄，购买面积，付款方式，成交价）。

b. 针对不同客户加强“向大靠拢”销售原则。

c. 每周业绩评定分析，评功摆好。

d. 每阶段开总结会及下期促销会。

e. 加紧补定工作，安排签约，巩固成交。

f. 根据现阶段价格充分体现价值。（加强价值观的培训）。

g. 预计下月展销推广计划配合安排。

② 客户状况

a. 客户资料的汇编，总结。

b. 潜在客户的跟进状况及计划。

c. 成交个案分析。

■ 置业顾问工作职责界定

按公司销售流程及工作制度要求进行日常销售工作；

执行上级主管安排的工作（如参观其他楼盘销售情况，市场调查，派发资料等）；

向上级主管汇报楼盘存在问题及建议解决方法；

向客户详细解释签署认购书（预售、买卖合同条款，并在签约前通知客人交楼款）、办理签约手续；

准时通知客户如何办理按揭手续及必备文件；

对客户成交后提出的各种问题作出详细解答并协助客人解决等售后跟踪服务；

整理铺面资料，确保资料整齐完整；

准确地向上级主管汇报工作业绩。

（2）由集团组织对销售人员进行系统培训，提高专业技能

建议集团组织置业顾问培训班，培训内容包括房地产理论知识、售楼技巧、客户心理揣摩、仪容仪表、市场把握等，除了在规定时间内完成以上各项内容的培训外，并不定期对销售员所学的知识进行强化，帮助其综合素质快速提高。

（3）售铺操作流程图

售铺操作流程见图 8-2。

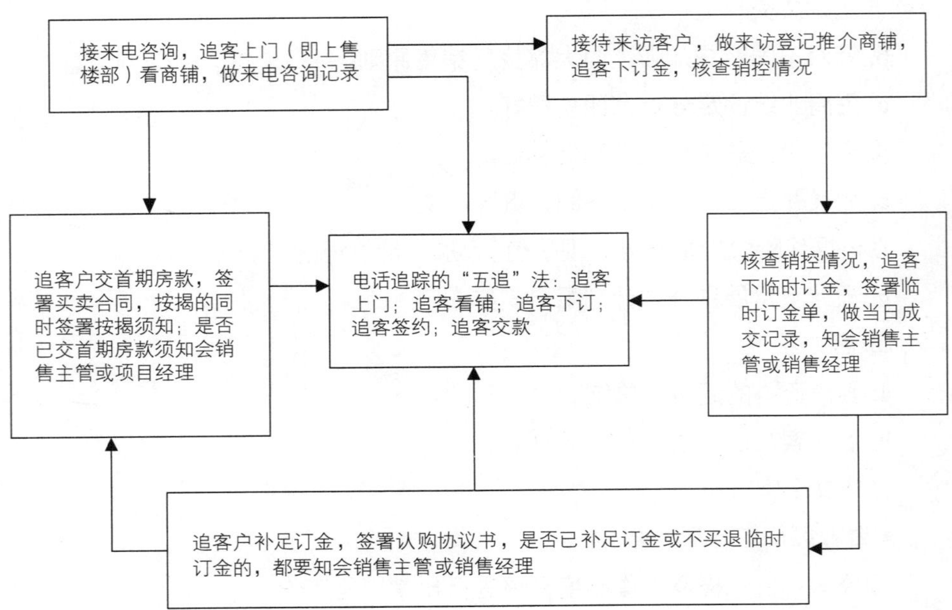

图 8-2　售铺操作流程图

销售管理原则：目标管理

根据公司要求结合市场形势，制定销售目标，并给予销售部适当的奖金奖励，然后层层落实，要求下属的销售主管及置业顾问按照上级制定的目标以保证措施形成一个目标体系，并把任务的完成情况作为主管和个人考核的标准。置业顾问每月销售目标分为任务销售额和目标销售额，月内个人销售额未达到任务销售额的发放50%奖金，累计两月未达标的，给予辞退，超过目标销售额的实行奖励。

2. 现场管理

现场管理方案见附件——某市商业广场资格卡认购与VIP选铺执行方案。

某市商业广场资格卡认购与VIP选铺执行方案

一、营销目的

（1）通过资格卡的认购，为项目积累客户，控制市场。

（2）通过VIP选铺活动，以此引爆市场，保证项目首批推售成功，实现1000万元的销售回款。

二、资格卡认购与VIP选铺执行细则

执行核心：

以购买某市商业广场资格卡方式进行VIP选铺，即购铺意向客户交纳2000元诚意金获得一张资格卡，客户凭资格卡直接进行VIP选铺正式认购活动。

执行细则：

（1）2007年4月18日～2007年6月18日，发放第一批认购资格卡100张。

说明：限量发行100张资格认购卡，资格卡1～100号排序，诚意客户

按资格卡先后序号进行 VIP 选铺认购。

（2）2007 年 8 月 8 日，择取 5 个地王铺现场拍卖，起拍价 15888 元 / 平方米。

说明：在正式认购前 3 天进行拍卖，把气氛迅速引向认购当天，实现火爆认购。

（3）2007 年 8 月 18 日，首批推售 50 张“20 万抵 25 万”VIP 认购卡。

说明：公开推售 A ～ D 栋第一层共 80 个独立门面，客户凭资格卡交纳 20 万元认购金、按资格卡先后排号顺序进行 VIP 选铺认购，限购 50 个；没有选到的铺的另外 50 个资格客户享受第二批优先选铺权及营销政策。

（4）2007 年 6 月 26 日～ 2007 年 7 月 26 日，接受第二批诚意客户资格登记。

其他细则：

• 客户凭本人身份证在销售中心购买 VIP 选铺认购资格卡，2000 元 / 张，先认先得。

• 每人最多限购两张资格卡，一张卡只能认购一套物业。

• 资格卡从低到高按数字排列，认购当天选房认购顺序将根据数字顺序依次由低到高排列。

• VIP 选铺认购卡 50 张限量发行。

每张 VIP 选铺认购卡需交纳 20 万元认购金，并签订购房协议。

在签定正式购房合同时，凭 VIP 选铺认购卡，先前交纳的 20 万元购房定金冲抵房款 25 万元。

• 资格卡可以转让，VIP 选铺认购卡不能转让。

• 首批未成功认购客户，参加和享受第二批优先选铺权及营销政策；如确定不参加第二批选房的客户，资格卡诚意金可在项目开盘后一个月内退还，超过一个月则不予退还。

三、操作流程

操作流程见图 8-3。

（2007 年 5 月 18 日～ 2007 年 8 月 18 日）

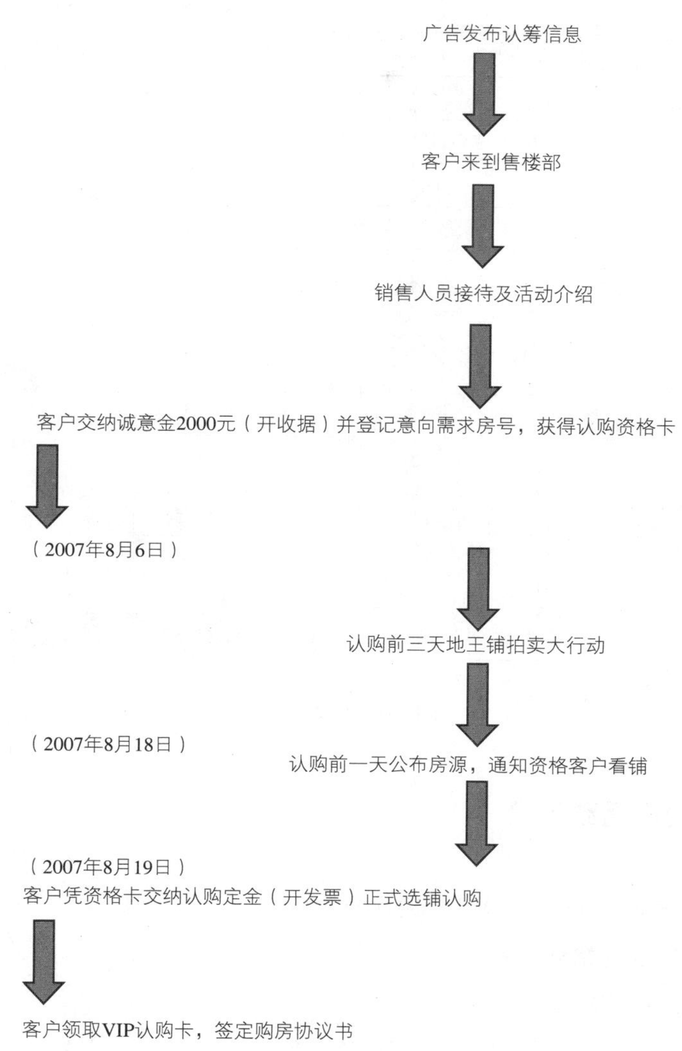

图 8-3 操作流程图

四、认购当天（2007年8月19日）程序

认购方式：认购当天按客户资格卡上的编号由低到高顺序选房认购。

解筹流程：诚意客户在认购当天持资格卡参与选房认购活动，根据资格卡编号顺序进行选房认购，客户选定房源后，交纳 20 万元 / 套定金，签定认购协议书。

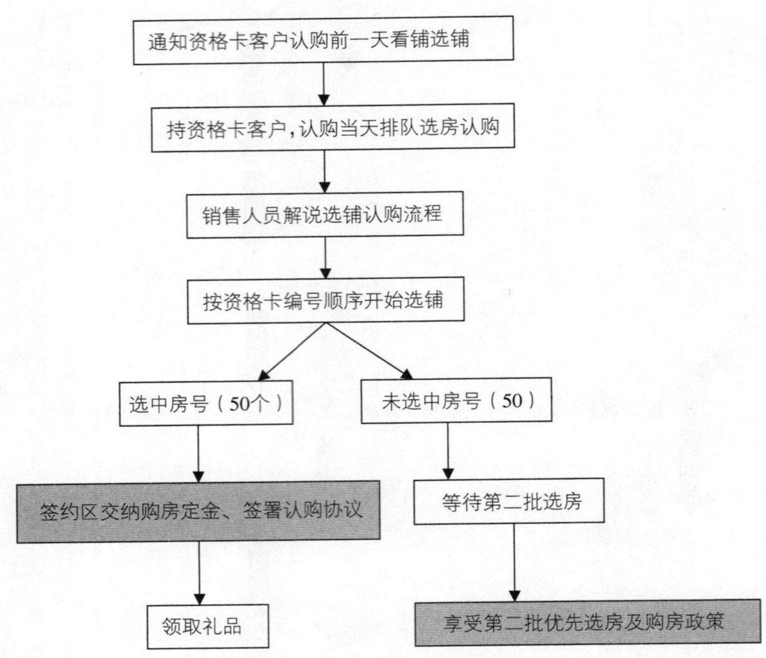

图 8-4　认购流程

五、营销活动配合

◇项目产品推介会暨项目新闻发布会

时间：项目开始认筹前 5 ~ 10 天。

地点：区内高档酒店。

形式：联盛集团总部人员、开发商、政府相关领导、规划设计公司、投资者代表发言。

出席人员：市内各大媒体、市内相关领导、行业协会领导、联盛集团代表、意向客户、开发商、公司商业地产部人员。

组织：联盛集团主导、公司商业地产部协助。

内容：项目基本情况介绍；

产品功能介绍；

产品设计理念介绍；

联盛集团的经营业绩；

联盛商业广场的经营理念及经营战略（现场播放联盛集团视频宣

传资料）；

大型品牌超市和电器的经营目标；

某市零售百货商业的发展现状和市场前景；

某市联盛商业广场认筹推介。

◇“一起发发发”地王铺拍卖大行动

时间：2007年8月8日。

地点：售楼部现场。

形式：择取5个临街地王铺现场拍卖，拍卖起价15888元/平方米，通过媒体公布拍卖信息，拍卖前3天通知持资格卡诚意客户，邀请诚意客户参加“一起发发发”地王铺拍卖大行动。

组织：联盛集团主导、公司商业地产部协助。

有奖问答。

时间：2007年开盘以前。

地点：某市城区。

形式：以夹报的方式散发DM单，所有问题与答案都写在DM单上，只要回答对了DM单上的问题并送到售楼部的人员便可获得公司颁发的小礼品一份，还可凭此单参加公司推出的大型抽奖活动。

组织：联盛集团主导、公司商业地产部协助。

◇全民K歌大赛

时间：2007年5月。

地点：项目现场。

形式：联合某市本地电视台举办K歌大赛，每周六在该项目现场进行海选并至活动结束，吸引全城眼球。

组织：联盛集团主导、某市电视台、公司商业地产部协助。

◇给汽车加油，给财富加油

地点：售楼部

时间：开盘期间

形式：联合重庆交通频道一起举办给汽车加油，给财富加油的活动，每天送一吨汽油给已成交客户，以抽奖的方式派送，以此吸引重庆的有车一簇对该项目的关注。

组织：联盛集团主导、重庆交通频道、公司商业地产部协助。

第九章

大型购物中心（Shopping Mall）策划

第一节　大型购物中心的市场调研

本篇以杭州大厦购物中心为例来讲述大型购物中心的市场调研。杭州大厦购物中心是杭城著名的大型零售商场之一。几年来在市场激烈竞争中，由于重视调查研究，搞好市场定位，掌握商战主动取得了明显成果。1993 年杭州大厦购物中心重新装修后，即以中高档定位作为目标市场。为了验证购物中心市场定位是否准确，揭示经营效果与市场定位的相关性，开展了商场客源的调查，并通过对顾客的基本情况及其购物动机的统计分析，对上述问题作出一个客观的结论性的判断。

一、调查目的

考察顾客的性别、年龄、居住地、职业和经济收入等基本情况；调查顾客的购物动机。

二、调查方法

1. 调查对象

以来购物中心购物的顾客为调查总体，从中随机抽取 1487 名顾客作为调查的具体对象。

2. 调查问卷

问卷分性别、年龄、居住地、职业、经济收入及购物动机 6 个项目。各题均采用封闭式设计，要求调查对象根据实际情况在各题所列的选择项中选取一项，作为对该题的回答。

3. 调查问卷的分发

调查问卷由商场工作人员在商场内随机分发，当场回收。回收率为 100%。

4. 数据处理。调查问卷数据由 SPSS 统计软件处理。

三、调查结果分析

1. 顾客的性别构成

1487 名调查对象中男顾客 699 人，占总数的 47%，女顾客为 788 人，占总数的 53%。通过对不同性别顾客的抽样调查与检验，得出结果是来商场购物的女性顾客明显多于男性顾客。

2. 顾客的年龄组成

经调查，34 岁以下的顾客 1106 人，占总数的 74.4%；而 35 岁以上的顾客仅有 381 人，占总数的 25.6%。通过对不同年龄顾客的抽样调查与检验，得出结论是来商场购物的顾客主要是年轻人。

3. 顾客的居住地分布

来自杭州市区的顾客有 956 人，占顾客总数的 64.4%。通过对顾客居住地的抽样调查与检验，得出结论是来商场购物的顾客主要是杭州市区的顾客。

4. 顾客的职业分类

顾客职业是公司企业职员、事业单位职员和工人的人数分别为 447 人、349 人和 198 人，三种职业的顾客人数占总人数的 66.9%。通过对顾客职业的抽样调查与检验，得出结论是来商场购物的顾客职业主要是公司的企业职员、事业单位职员和工厂工人。

5. 顾客的月薪收入

月薪在 501 ~ 1000 元范围内的顾客有 748 人，占总数的 50.3%；在 1001—2000 元范围内的顾客有 376 人，占 25.3%。通过对顾客月薪收入的抽样调查与检验，得出结论是有 75.6%的顾客月薪在 501 ~ 2000 元范围内。

6. 顾客购物动机的分析

顾客购物动机主要是商品档次高（22.4%），购物环境好（19.9%），品质量好（14.1%）和服务好（13%）。通过对顾客购物动机的分析，得出结论是不同性别顾客的购物动机明显不同，差异非常显著。例如男性顾客比女性顾客更注重的购物环境和商场的服务，而女性顾客则更注重商品的档次和商品的质量。

在顾客年龄方面，年轻顾客更注重商品档次和购物环境，而老年顾客则更多地考虑商场的服务和商品的质量。

不同居住地顾客购物动机显示，杭州地区和省内其他县市的顾客更注重商品档次，杭州市郊的顾客注重商品价格的合理，而省外的顾客则把商场的服务放到了第一位。其次，杭州市区和省外的顾客还较多地注重购物环境因素；各地区的顾客都较着重商品质量因素。

不同职业的顾客购物动机各不相同，差异非常显著。不同主要职业（若该职业的顾客占总顾客数的7%以上为主要职业）顾客购物动机是：公司企业员工和个体经营者的购物动机完全相同；工厂工人、教师和事业单位职员的购物动机基本类似，但工厂工人更注重价格合理，而教师更注重商品质量。

不同经济收入顾客购物动机基本类似，如月薪501～1000元的顾客动机和月薪为1001～2000元的顾客动机完全相同。除了购物环境好和商品档次高这两个动机外，月薪较低的顾客和月薪较高的顾客都较注重商场的服务和商品齐全。

这次顾客基本情况的调查，共计发出调查表1487份，回收1487份，回收率100%。统计分析表明，在杭州大厦购物中心的顾客中按性别构成分，男性顾客699人，占47%，女性顾客788人，占53%；按年龄构成分，34岁以下顾客1106人，占74.4%，35岁以上顾客381人，占25.6%；按居住地分，杭州市区的956人，占65.4%；按职业分，公司、事业单位职员占53.6%；按月薪分，501～2000元的占75.6%；按购物动机分，认为商品档次高、购物环境好、商品质量好和服务好的占69.4%。由上可见，杭州大厦购物中心的顾客群中，以女性为主，34岁以下的年轻人为主，杭州当地市民为主，公司及事业单位职员为主，月薪501～2000元的为主。无须多加解释，这样的一个顾客群主体，其购物动机必然是要求商品档次高、购物环境好、商品质量好和服务好。换一个角度说，正是杭州大厦购物中心把目标市场定位在中高档，并以此不断努力创造出特色，因而在公众心目中留下了一个中高档商场的形象，久而久之使之成为一批追求中高档顾客的购物去处。因此，我们完全可以这样说，杭州大厦购物中心 3 年前的中高档市场定位是准确的，今后的任务是在经营商品和服务上再下一番功夫，以更好地迎合自己固有的顾客群，在巩固和发展有一定档次和个性的顾客的同时，争取精神文明和物质文明的双丰收。

第二节 大型购物中心的选址

"地段、地段、还是地段"——这句话太适合不过商业地产了，商业地产选址直接影响到经营者的利益，也侧面影响到了商业地产投资者的收租利益，所以说好的商业地产一铺养几代，不好的商业地产一铺悔一代，丝毫不为过。

大型综合购物中心的投资存在很大的风险性，其对于区位的选择、业态的选择要求很高，很多投资者不愿触及这个烫手的商业地产形式。大型综合购物中心基本可分为整租和整售模式；分租、分售，整体管理经营模式。投资大型综合购物中心选址应全面充分考核以下几个要素：

一、购物中心选址考核要素

1. 城市经济状况

全面了解城市的经济环境。从总人口及地区人口结构、职业构成、家庭户数、收入水平、消费水平、GDP 发展状况及产业结构情况、城乡居民人均支配收入等考察指标去了解城市经济环境。尽可能的熟悉城市政策环境及城市商业规划。

2. 周围商圈

要充分考虑周围商圈，要明确该购物中心的商圈范围，了解商圈人口分布状况及生活结构。投资者应重点考虑因素：一是人口数量及特点，二是城市建设成熟程度，三是周边配套设施状况，四是商业发展潜力。

3. 位置选择

道路的类别是位置选择第一要素。它直接影响消费行为。道路依用途可分为交通枢纽、连接通道、商业干道。

另外就是客流进入方便度。除了道路类别外，还要考虑道路中是否有障碍物，比如交通隔栏等，障碍物会减少顾客的兴趣。周边环境和目前的商业设施。同业经营虽然会使投资的新项目面临强大的竞争，但也能形成集合效应，业态的错位经营的互补同样关键。

4. 建筑能见度和日照

要考虑建筑能见度和日照的情况。商业建筑能否容易被顾客找到，及商业的能见度是一个非常关键的要素。日照情况对商业的经营非常关键。在选址时，比如夏天的周末，许多消费者选择在商场购物躲避酷热，西晒的商业店铺往往冷冷清清，相反方向的则会门庭若市。

5. 人口类别

要考察大型购物中心商圈的人口类别，其服务客户来自何方，消费有何特点，属于商务型客户还是居住型客户，还是两者兼备。在分清楚人口类别后，就要针对购物中心特定服务的对象进行重点研究，一般来讲，大型购物中心顾客来源基本分为三部分：

居住人口，居住在项目附近的常住人口，这部分人口具有一定的地域性，是核心商圈的基本顾客来源。

工作人口，工作地点在附近的人口，这些人有不少会形成购物、休闲的习惯，他们是次级商圈中基本顾客的主要来源。一般来说，在购物中心附近工作的人口越多，商圈规模相对越大，潜在的客户质量就多，对购物中心经营越有利。

流动人口，主要在交通要道、商业繁华地区、公共活动场所过往的人口。这些流动人口是构成边缘商圈内顾客的基础，一个地区的流动人口越多，在这一地区经营的购物中心可以捕获的潜在顾客就越多。

二、购物中心的四大区位原则

第一原则：最短时间原则。购物中心应当位于人流集散最方便的区位。传统商业建筑都混杂在居民区中间，但随着交通改善，购物者的活动范围大大增加，因此距离已经不是决定购物者行为的主要因素了，而更多的要考虑购物过程所花费的行车时间。

第二原则:区位易达性原则。用地一般分布于交通便捷、易达性好的位置。易达性取决于交通工具和道路状况。

第三原则:聚集原则。商业活动都具有集聚效应,集中布置能够相互促进,以提高整体吸引力。城市人流、物流和城市社会经济活动的焦点常常成为优先选择的地点。

第四原则:接近购买力原则。指商业用地要接近人口稠密区,又要接近高收入或高消费人口分布区。

第三节 大型购物中心的业态定位

业态定位对于一个购物中心的开发来讲是非常重要的，它是提供给消费者进行消费行为的产品，如果产品定位有误的话，直接影响购物中心后期的运营。在定位业态时要考虑哪些因素呢？主要如下:

一、项目区位

区位，就是购物中心所处的位置，市中心与城郊结合处的区位条件完全不一样，业态定位是不一样，市中心的购物中心由于条件成熟，人流较旺，商业租金较高，所以，零售业态定位占据绝大部分，因为零售业态可承受租金能力比较强，而城郊结合处的购物中心由于条件不成熟，零售业态的辐射商圈较小，消费者不会为了买一件衣服一包洗衣粉而特别跑到较远的城郊处，但是消费者可以为了一家较有特色的餐饮或者一个比较好玩的项目（如溜冰、游乐等）跑到城郊处的购物中心，所以，城郊型的项目休闲娱乐与餐饮这些目的地业态就要定位较大规模，以吸引较远商圈的消费者前来消费。

二、商圈条件

商圈对于购物中心来讲是最基础的要素，每个购物中心都有其服务的商圈范围，这些范围内的消费者是构成购物中心的购买主力，在业态定位时要考虑商圈适不适合这种业态的生存与发展，比如说商圈内的居住群体都是城市低保户群体，那就不能设置一个高档百货的业态，因为商圈的消费条件根本不适合这种业态产品的经营，所以，一定要深度分析商圈内的居住群体、消费行为及市场供需情况。

三、项目规模

项目的规模大小与业态也有较大的关系，一般 15 万～ 20 万平方米大型购物中心在进行业态定位时休闲娱乐与餐饮业态会占较大的面积比例，5 万～ 10 万平方米的中型购物中心零售业态会占较大比例，5 万平方米以下的小型购物中心大部分以零售业态为主。

四、市场竞争

市场都有其空白与饱和情况，项目所在商圈的竞争情况将影响业态的定位，如果零售业态已经过于饱和，如果再定大比例的零售业态势必导致竞争激烈，从而两败俱伤，所以要根据市场竞争情况进行业态的定位与差异化。

五、商户沟通

在业态定位时，一定要做好前期与商家的沟通，通过与商家的沟通了解他们这种业态是否愿意进驻，避免做好定位后商户并不愿意进驻。做好订单式的业态定位，这样后期的招商压力就会比较小，做到业态定位与商户入驻的准确。

六、建筑设计

要协调好业态定位与建筑设计的关系，很多业态对于建筑条件都有要求，比如说超市对于层高与荷载的要求，电影院对于消防、层高的要求，这些建筑要求如果没有达到，就无法引进这类业态的商户进驻，这在早期已经有太多这类案例。所以，尽量做到先进行业态定位再进行建筑设计，避免出现此类低级错误。

七、业态分布

各种类型的业态都有其分布的条件，比如说零售业态一般分布在1、2层，那是因为零售业态的承租能力较强，适合这些租金高的楼层，餐饮娱乐一般在3、4层，因为餐饮娱乐承租能力较差，所以放在高层，另外一个餐饮娱乐属于目的型消费，会把客户往高层带动，实现高层商业的繁荣。

业态定位对于购物中心是非常关键的一个步骤，目前很多从住宅转型到商业地产开发的企业都不够重视，导致后期问题非常多，认真研究市场与自身的商家资源，做好业态定位，为购物中心开发的成功奠定一个良好的基础。

第四节 大型购物中心的业态规划

商业业态，指的是经营者为满足不同的消费需求而形成的经营模式或营业形态。购物中心的商业业态规划，则是充分利用各种商业资源，为实现成功招商、销售和日后的成功营运，而对商业项目各功能分区和各楼层营业项目所进行的规划。商业业态规划是一个购物中心整体性的、具有战略意义上的商业组合，它综合反映了该购物中心的整体定位和特色。合理的商业业态规划能为项目的招商提供方向性的指导，促进项目招商的进度；同时也能在项目的营运过程中为个体商家创造利润，更能通过整体的效应扩大项目的商业影响力，吸引尽可能多的目标顾客，增加购物中心的内在价值，提升市场竞争力，为项目的长期繁荣奠定基础。因此在集团商业地产快速发展的情况下，研究业态规划的综合考虑因素有着现实的应用意义。

一、业态规划的宏观因素

1. 项目当地的经济发展水平

丰富的业种、业态组合是购物中心项目发展所需要的，但是这种组合不是没有原则的“堆砌”，一定要有市场作为支撑，一定要考虑与项目定位和目标市场的一致性，这是购物中心空间资源充分利用、租金回报稳定上升的先决条件。

一个城市经济发展水平决定了这个城市消费能力的强弱。一个成功的购物中心必须与城市发展相吻合，相匹配，同时必须主动顺应城市发展的需要，主动为城市发展服务。只有这样，才不会与城市的发展脱节。购物中心要生存，就必然适应项目所在地的经济发展水平，符合当地的消费习惯和消费能力。在面临竞争的情况下，如果购物中心项目不能满足目标消费者的需求，消费者就会流失，即转移到其他能够提供较好的商品、价格、服务的购物中心，这样一来势必降低项目的客流量，而其他地区的卖场却扩大了市场范围。因此，购物中心的业态规划也应适应项目所在地的经济发展情况，符合项目当地的消费发展情况。

城市经济发展的潜力直接决定了购物中心业态规划可具有一定的超前性。一个购物中心可以在一定的程度上改变当地的消费习惯，在进行业态规划时，在参考当地消费能力的情况下，可以保持适度超前的规划，但不能和当地的消费情况偏离太远。否则就会出现“曲高和寡”的局面，导致购物中心的经营失败。

当地的经济发展水平也是业态规划创新的一个保证。购物中心找准市场定位的一个重要依据是项目所在地的经济发展水平。对当地经济发展潜力的充分分析有利于业态规划准确的定位，并在此基础上进行一些业态组合的创新，并形成一整套经营管理系统的支持与配合，否则就容易盲目跟风变换业态规划，把握不住市场定位，很难保证在业态创新上取得成功。

2. 项目当地的商家资源

项目当地的商家资源在很大程度上决定了该项目日后招商的资源和方向。

在进行业态规划时，应对项目所在地的商业资源情况进行市场调研。根据市场调研的结果，汇总当地的商家资源情况，进行分类汇总，计算出各分类项目的比例。一般来说，商家资源的分类可以分为购物、餐饮、娱乐三大类。进行市场调研商业分类的目的在于分析当地的商业发展情况，把握项目当地商业发展的情况，为商业经营规划提供依据。

在分析市场调研结果的基础上，依据项目的自身体量面积，参考项目当地商业发展的情况针对各业态的经营面积作出预估。同时可以借鉴国内外一些大型商业成功的规划经验，比如目前常用的规划黄金比例，即一个购物中心中购物、餐饮、娱乐的面积比为 52 ∶ 18 ∶ 30。预估所需经营面积时应把经营的类别和商店种类的面积进行分类列出，这样有利于从整体上对招商面积进行控制。

进行面积的预估后，还应根据项目当地的情况进行市场需求的核实。核实市场需求的目的在于核实所有规划面积 / 店铺的需求是否存在。没有需求就没有市场，如果当地的需求不存在或者说市场的需求不充足，那就要及时进行相关的调整。如果整个的规划与项目当地市场的需求相差太远，那将对后期的招商造成很大的困难，同时也脱离了当地的实际情况，对将来的经营产生不利的影响。

二、业态规划的微观因素

1. 租金水平

购物中心的租金支付通常有单一租金或租金与营业收入抽成配合的租金给付方式，但不同业种商户的租金承受力各有差异。租金是商户经营成本的一个重要组成部分。租金过高，商家的经营压力就会很大，商家赚不到钱，整个的购物中心经营结构就会变得十分的脆弱。从另一方面而言，租金是购物中心主要的收入来源，购物中心的投资回报主要通过租金来实现。因此在进行业态规划时，应参考不同业种的租金承受能力，进行合理布局安排。同时，要经过合理的业态规划，以达到租金收益的最大化。

例如在购物中心中，餐饮业态规划大多往高层进行设置。将较多的小餐饮商家往高层放置，除了考虑到可以将人流往上带动牵引外，还有一个重要的因素就是租金价格因素。一般而言，中式餐饮相对于服饰品牌旗舰等其他业态，整体可以承受的租金价格水平较低。而在一个商业项目里，首层的租金水平往往较高。租金测算的结果往往显示出普通的小餐饮是无法承受较低楼层的租金价格的。所以，并不合适在业态规划时将其放置在较低的楼层。

2. 面积要求

面积要求是业态规划的一个重要内部考虑因素。不同商家经营时所需要的面积有不同的要求。在进行业态规划时就充分考虑不同商家的经营面积要求。如果规划的面积太大，不适合引进商家的特定经营，则是一种资源的浪费。

如果规划的面积太小，则不适合相应商家的要求，也会对招商造成阻碍。因此，商家的面积要求是在商业业态规划时不容忽视的要素。

例如麦当劳和肯德基，其经营场所需要的面积一般不需要超过500平方米。再如沃尔玛超市，其面积约20000 ~ 30000平方米（不含停车场），每一单层租赁面积至少8000平方米，至多租赁3个楼层。了解不同商家的面积要求，有利于解决主力商家所需要的面积太大/太小的问题，又可以增加项目整体的可售面积，增加商业项目的整体利润。比如业态的规划时可以超过主力店面积要求的部分进行分割，使之形成一些独立的店面，而且由此分割出来的店面紧邻主力店，可以分享其巨大人流量，店面的价值自然非比寻常，大大提升了这些店面的价值。

3. 工程技术条件

在业态规划时候，还要考虑所要引进商家其经营的业态有何特殊的工程技术要求，是否合适在该项目建筑楼层内经营。层高、柱距、结构活荷载、电气、给水、排水、排烟、消防等方面都是业态规划时应考虑到的工程技术条件。

业态规划时综合考虑各业种的工程技术条件，对于工程建设有着实际的指导意义。

比如沃尔玛超市，其层高要求就是保证商场内无吊顶区域灯具底标高不低于3.7米，甲方所有管线（含支架、风口）的底标高不应低于4.0米；距要求在约10米×10米；结构活荷载方面，鲜食楼层：1000公斤/平方米，非食品楼层：700公斤/平方米。

再比如规划影院业态的时候，一般电影院的层高都要求在8 ~ 9米作用。而普通电影院的层高也要求有8米。如果项目本身在建筑上不具备这样的层高条件，那么在业态规划中是不合适设置电影院这一业态的。

在其他业态的规划设计中，餐饮类的业态商家在规划引进时还要考虑其供水、供气、供电功率、排烟设施等是否合适；建材类、汽车类等自重大的商家规划引进时要考虑到其本身的承重要求是否与项目本身建筑相适应等等。

4. 业种的聚客能力

在购物中心的业态规划中，要充分考虑不同业种的聚客能力。

一般而言，具有经营能力的店即具有聚客力。聚客能力强的商店所产生的对购物中心的贡献，不仅仅说局限于单位商店经营业绩好，重要的是它们会带到周边的人流，形成整体良好的经营效果。一旦经营业绩效果开始发挥作用，成群的知名厂商必定想办法争取成为该购物中心的一员。因此，一个经营良好的购物中心，不但没有空置的卖场，而且排队等待争取参与经营的厂商形成一股热流。所以在进行业态规划时要充分考虑不同业种的聚客能力，使各业之间形成良性的互补。

通常认为，大主力店具有较强的聚客能力。比如大型超市、大型百货、美食广场等。但不同的主力店聚客能力也有会不同，例如建材超市，因为商品结构不同，它相对于大型超市的聚客能力就会弱一些。再如自助式 KTV，它的聚客能力就不同于其他的业种，顾客进入 KTV 后消费就会相对单一，对于周边其他小业态的带动也会相对减弱。业态规划中要详细地考量主力店的聚客能力。

各业种对于消费者的吸引力也会相对不同。有些业种的消费者层基本是全客层的，比如餐饮业，有些则有很强的针对性。比如服装服饰的聚客能力就会强于文化办公用品的聚客能力；餐饮类的聚客能力则强于电器类的。所以不同业种的聚客能力也是业态规划的考虑因素之一。

5. 辅助功能区需求

辅助功能区，是指在商业场所中那些必须具备，而又不能用来当作商铺销售招商创造利润的面积。例如楼梯、道路、厕所、休闲空地、设备间、绿化、停车场都属于辅助功能区范围。

不同的商家对商业辅助功能都有不同的要求。一般如大型超市，就要求有一定面积的卸货空间和停车场。例如家乐福超市，就要求单体购物中心有 1000 个以上的停车位，其中有 200 个可以提供给家乐福及其顾客专用。再如 TESCO 超市，就要求其入口前有深度＞15 米的小型广场，铺花岗岩面积不少于 1500 平方米。有些餐饮业种要求有一定的设备用房。所以商家的辅助功能需求是业态规划必须考虑的因素之一。

同时结合购物中心原有的辅助区进行业态的规划，有利于充分挖掘这些辅助空间的价值，提升租金的水平。比如楼梯附近的店面其租金水平相对较高，这样就可以安排一些租金承受能力较强的业态。

6. 项目的人流动线

购物中心空间价值的最大化体现在能够吸引充沛的人流并使其在此区域停留。业态规划与人流动线的规划充分结合，能够较好的避免商铺人流死角，并且最大限度地吸引人流，使商铺价值达到最大化。

现代的购物中心层数越多，营业面积和租金就越多，购物中心的利润和投资回报也就越大。但要把购物者引导高层并不容易，因而很多商家不愿意租用上面的楼面。将业态规划与人流动线相结合，有利于将顾客引导至购物中心的各个楼层，形成良好的经营氛围，提升整场的租金水平。

第五节　案例：某大型购物中心规划与设计经验总结

一、大型购物中心设计五原则

“天时”、“地利”、“人和”都会直接影响企业的经营。“天时”是指商家对投资时机的把握以及在经营过程中时令性的把握。“人和”是商品在管理上的技巧，包括服务态度、促销手段、广告宣传等方面。而“地利”也是一个非常重要的因素，属于建筑策划的范畴。店址选择适当，占有“地利”之势，广泛吸收消费者促进销售，实现更好的经济效益。

城市商业活动是以追求最高利润为目的，这是商业设计选址与布局的经济原则。同时，顾客是商业活动过程中不可缺少的重要组成部分，因此，建筑之布局与城市人口分布形态密切相关。

城市商业中心的形成和发展是城市、社会、经济和科技等领域综合作用的产物，按其相互作用的规模和范围的层次来分，可分为宏观的社会经济影响，中观的空间区位条件和微观的空间模式三个不同的层次。

商业设施选址的意义就在于它是一项长期性的投资，直接关系企业经营的战略决策，是零售企业贯彻以消费者为中心观点的重要体现，是影响企业效益的一个决定性因素，同时也是制定企业经营目标和经营策略的重要依据。

商业设施的选址应该考虑以下因素：客流规律；交通状况；商业环境；地形特点；符合城市规划要求。

1. 客流规划是选择店址的最重要的因素

商业中心是消费中心，从经济效益上讲，商业中心必须满足整个城市消费市场的要求，争取尽可能多的顾客；从成本效益上讲，要争取最大的聚集效益，要求最大限度地利用城市的各种基础设施。所以，城市人口分布的空间形态是商业中心形成发展的重要制约因素。

- 相同客流规模的不同地区，因客充的目的、速度、时间不同，对选址条件有不同差别。在商业集中的繁华地区客流目的一般是以购买商品为主流，或是与购买商品有联系的观光浏览，为以后购买作准备，这类地区的客流特点一般是速度缓慢，停留时间较长，流动时间相对分散。有些时候，除了人口的密度因素之外，人口的职业分布、收入状况、年龄也是影响购买能力、购买习惯的主要因素，必须加以考虑。前者可以作为商业规模的主要参考指标，后者则除影响规模之外，还决定了商业的特色和内容。
- 选择店址需要调查分析街道两侧的客流量规模，选择客流较多的街道一侧。
- 选择店址要分析街道特点与客流规模的关系，街道交叉路口客流最多，是选址的最好位置。
- 对于大型的购物中心和商业街，除了被动适应客流规律之外，还可以在原有路网基础上加以改善开发，选择有开发前景的区域，开辟新的道路交通系统，主动地引导客流，制造客流，进而创造新的商业环境。

2. 交通状况

城市道路交通是联系顾客与商业设施的载体。因此，它是制约商业聚集与选址的又一个重要因素。商业活动的经济原则要求有尽可能大的吸引范围，保证尽可能多的顾客方便地到达商店。因此，商业设施的选址必须是交通可达性最佳的地点。在商业追求最大货物销售范围的原则下，选址应使交通费用达到最小。所以，商业中心交通可达性最佳的实质是所有购物出行者到达中心的出行时间总和最小。

3. 商业环境

选择店址应考虑设店地点附近商店的规模和数量，如果在同一地区内已有过多的同行业商店，势必影响商店的经营效果，此为趋异性。但是另一方面，由于顾客希望就近广泛地比较选择商品，以及希望一次购足所需的商品，有些商店又有集中趋势，此为趋同性。一般来说，比较专一的商品，顾客希望有广泛的比较和选择余地，希望有集中的专门店。这种顾客以购买一类商品为目的，对商业气氛、娱乐性、环境没有过多要求，把注意力全部集中在商品，并比较其质量、价格等因素。另外一类顾客，购物的范围比较杂，也比较随意，或完全以休闲为主要目的，当然不会去逛上面提到的结构单一的商业区，而是希望到集购物、娱乐、休闲等需要为一体的综合商场。一般大商场就是以此为目标而设置的，尽可能丰富功能来满足这类顾客的要求。

还有一种特性就是共生性，即指商店依赖于为其他原因而来的顾客，如商业中心区的小型商店设于大型商店附近，主要经营小商品，以品种齐全而取得优势。或开办大商场不能提供的小型服务业，有的是经营连带消费商品的商店相邻，互为补充，便利顾客。

4. 地形特点

选择店址还要分析地形特点，主要选择能见度高的地点，如选择在两面临街的地点能见度就最高，并且可以扩充橱窗面积，增辟出入口以减缓拥挤，这是最好的设址地点。位于街道的入口处、公共场所的迎面处都是能见度高的地点。但是有的地点，如位于街道的凹进部位能见度就差。

5. 城市规划的要求

城市总体规划和详细规划，都根据城市现状和发展要求对商业中心的分布、商业建筑的布局等作出一系列的规定，商业建筑的选址应该符合城市规划的要求，服从城市总体发展的需要。

在选择店址过程中要对以上因素进行实际调查，搜集资料，具体分析研究，了解建店的有利和不利条件，不仅要考虑现状，还要了解未来的发展变化，尤其要了解城市建设的长期规划，如所选地区的街道、交通市政、公共设施、居民住宅及其他建设或改造项目的规划，有的地点从当前分析是优越条件，而随着城市的改造将会出现新的变化，而不适合设店。反之，从当前分析不适合设店但从规划前景看又有发展前途。

二、大型购物中心竞争环境和经营分析调查

谋定而后动为投资任何事业成功的要件。谋者于事前计划，并运用投资估价技术作为投资可行性评估。购物中心投资计划的前阶段，必须在购物中心开发地点所设定的商圈内锁定服务客层，拟订各种服务项目的组合，对这些业态业种先调查需求面，再设定供给的配置。在拟订的状况下，设定对商圈内面对竞争或排除竞争作互补的服务项目的配置，通过计划可行评估作投资效益的评析，产生最初步的经营计划。在这个阶段，投资者已有完整的计划轮廓，其后虽可能受外界环境或内部自我条件变更而有所调整，但不容忽视先前计划的重要性，事实上当购物中心开始经营时，亦不能免除经营计划的调整。

投资估价之前必需先行拟订购物中心的整体经营计划，例如主题商店、娱乐、精品店、饮食街、观光饭店、文艺活动等，其后把类似具有竞争性的业态汇总，以经营面积、营业额来计算其坪效及依商圈内客层的所得核算需求量。在此过程中决定特定商圈客层的有效需求，并取得竞争者的竞争形势，再按消费潜力计算后求得供给不足量，据以与拟开发的购物中心相比较，从经营者能力、才力、财力及经营特色、立地条件等方面决定承受风险度，作为拟制购物中心经营计划的初步基础。具有拟订的购物中心预期经营绩效，即可顺利进行投资估价。

1. 竞争形势

兵家常言知己知彼百战百胜，购物中心在先前阶段了解竞争形势即是知彼的要件。竞争者在同一商圈内所处的竞争地位，在商圈内供给量所估的比例，需求者有无欲望的特性，但亦有其他限制条件，即使购物狂亦将遭受破产的命运。当购物中心进入市场争取了需求者的认同，在现有竞争者的供给压力下，可采取市场需求的补足，从竞争者手中攻克市场，或采用创新的手法创造吸引力，攻占市场。

竞争是进步的源泉，没有竞争的状态即属垄断的市场，并非消费者之福。

（1）大规模经营

由于大规模经营，有能力聘请专家作各种专案的规划，尤其购物中心组织专案的开发团队，完全摆脱一般传统的经营模式。任何为达到经营目的的不利因素，应由专家立即作出有效的计划予以克服，快速地达成经营商圈的特性。

（2）整合需求

购物中心多功能的经营计划，试图给予消费者全方位需求的满足。购物中心充分掌握消费者多样化的需求，利用此一特性，并结合大规模经营多变可塑的特性，于规划阶段实现消费者导向，以整合商圈内的消费者需求。这项整合性需求将使一般商店经营者束手无策。

（3）消费资讯提供者

消费市场的成熟度即为消费水准，消费水准的提升又必须依赖供给者如何提供有效的资讯，形成教育消费者的积极效果。购物中心采取精耕商圈的经营模式，不断提供资讯及定期刊物，呈现积极经营的策略。

（4）扮演社区必要设施的角色

近年来，国际间购物中心的角色功能逐渐步入社区机能化，成为必要的公共服务设施。购物中心以其大规模的经营形势，改变营利的单一目标，为满足社区居民生活提供其必需的服务功能。这一种革命性的变化，使购物中心经营成功的机会大幅提升，政府开始重视购物中心的发展，并列入政策，促进其发展及给予实质的奖励措施。

（5）行销策略的配合

购物中心运用团队、专业化的计划性行销，年度内采用全面性热场（EVENT），使购物中心的营业状况一波波地计划性提升，并通过“时间区分使用”有效地规划，降低坪效。时间区分使用的定义，指行销计划阶段，掌握各个时间区段，消费者进入卖场的变化，通过业种的安排，使高峰、低峰的差异降低，达到高坪效的经营目标。由于购物中心的开发者经营购物中心，卖场的经营绩效与业者的收益息息相关。开发者脱离房东的心态，利用每个商店的经营者联合成立的组织及累积的基金，适时有效地用于行销策略的推动，形成良性循环，以更佳的业绩、更雄厚的资金，衍生更积极有效的行销策略。

2. 经营业绩

购物中心采取计划性经营的模式，因此在初期即设定预期经营目标，根据规定商圈锁定客层，依消费者需求条件，预估可能的消费额，设定预期的营业额。营业额为决定投资者是否投入如此巨大资金的指标，为使一个购物中心增加经营业绩，购物中心的开发经营者可采用下列的手段加以提升：

（1）卖场满载

卖场面积的设计是依据设计规划初期，预定集客力所创造的卖场人潮，产生卖场集客效果，只要有客人进门就有商机。购物中心计划性经营是以顾客导向、长期经营为目标，故不应认为顾客进门一定有购买行为的发生，否则顾客会产生不受欢迎的心态；而采取希望顾客进门总会有商机的经营心态。为使卖场满载应采取经营客层策略的步骤为：

- 创造集客效果，提高集客力。
- 对进入卖场的顾客群加以明确的分类，再与设定的客层比较。
- 由以上步骤比较的结果，评估原始客层经营的比例，掌握客源。
- 促进与再次、多次进入卖场的顾客建立客层关系。
- 主动提供资讯，把顾客关系 Customer Relation 的建立，改变为延伸的顾客关系 Customer Retention，如基于顾客的家庭及其亲子关系，逐渐引导主力客层，由顾客关系的建立逐渐满足其生活必需。
- 利用服务的热忱、专业的产品推介，使顾客产生消费行为。
- 提升顾客对购物中心的认同感。
- 让购物中心走入消费者的心里，形成市场心理占有的根深状态，争取市场占有率。

（2）集客力

卖场吸引顾客能力必须努力营造形象，使顾客成为永久的顾客并成为义务的宣传者。其积极的做法，例如促销活动、结合电子化的资料归集运用与快速服务、商业与社会责任结合以达到经营业绩的目标。

（3）需求整合

运用整合性需求最有利于经营业绩目标的达成。由于购物中心具有全方位服务、多功能的特性，使进场的顾客能享受美伦美奂的硬件设计与亲切的服务，他们停留的时间较长，创造许多商机，整合顾客需求一次满足，卖场产生了满足消费者需求的整合效果。购物中心亦可采取区隔市场的设计配合行销计划，展现强而有力的竞争优势，呈现较佳的经营业绩。

3. 创造附加的营业面积

从坪效的指标观察，坪效仍表现每坪的平均收益，其主要手段在于创造卖场经营效益，从开发经营者分析，亦可采取创造附加的经营面积着手。其主要项目如下：

（1）中庭新产品发表会，不但可以创造更高集客效果，亦可创造附加的营业面积。

（2）活动造型销售点，并可配合作节度商品销售。

（3）不占面积卖场。指部分墙面广告，这些广告效果随着卖场集客量创造效果。

（4）避免卖场面积空置，降低坪效。亦可采用自营的控制方式，防止空置卖场。

（5）坪效提升形同营业面积的扩大效果，垂直效果与平面效果平等。购物中心不但创造高集客力，且整合性需求更创造垂直效果，坪效大幅提升，因此，其效益相当于经营面积的扩大。其中包含时间区隔规划的应用。

4. 让具有较高经营能力、创造经营效益者进入卖场

无论采用单一租金或租金与营业收入抽成配合的租金给付方式，具有经营能力的店即具有集客力，在各商店具有相当集客力所产生的对卖场的贡献，不但使各商店经营业绩好，回归于卖场开发经营者效果更是可观。

购物中心的开发经营者掠取高知名度品牌商品的商店参与购物中心的经营，一旦经营业绩效果开始发挥作用，成群的知名厂商必定想办法争取成为该购物中心的一员。因此，一个经营良好的购物中心，不但没有空置的卖场，而且排队等待争取参与经营的厂商形成一股热流。对购物中心的商誉评估及其效益评估，大多要求该购物中心的经营者提供等待厂商的名册，以呈现商誉价值程度及经营效益的持续性。

购物中心的开发经营者于初期招商阶段，常对具知名度的厂商赋予较优惠条件，以便吸引参与经营。依笔者规划卖场的经验来看，开发经营者不但不收分文，尚给予相当的补贴额度，希望某个知名厂商参加经营。在投资效

益评估作业时，也接受一宗低于市场租金50%的租赁契约，评估该案的整体经营效益及该契约的适宜性。由于该租赁契约的订立，虽损失部分租金收益，但整体效果却大于前述损失。目前，国有土地上设定回归金额的招标模式，既是投标人或是拟开发经营者，自从投标取得投入资金开始逐渐累积成本，投资者必须依赖未来经营绩效来回收成本，创造效益。而政府同样让具有较高经营能力者及能创造经营效益者开发经营，当然开发经营者同时采用此一思考模式去执行该项投资计划案。

5. 经营者的能力与财力

基于人与地的计划可行性评估理念，通常在立地条件之外，必须结合良好的经营者能力与财力，才能迈向成功之路。当经营计划之初，在商圈内调查估计供给与需求之始，若采取守势，降低竞争可能采取供给不足量为业种安排，但为求经营计划的全方位服务功能，必需整合其他需求，于是面对竞争在所难免。竞争相对产生风险，需要经营者充分呈现个人经营能力及适应各种状况的财力，否则，在竞争的状态下可能会减弱环境应变能力，形成风险提升，因此，可借商圈调查取得的资料预先进行比较，作为决策的依据。

购物中心具有多功能的服务特性，必然加深管理的困难度。为达到经济规模，购物中心必须投入大量资金，尤其于开发期间，大量成本的投入并无任何收益，且开始营运之初又必须摊销大量的开办费用，于是还本期又向后拉，形成开发者资金需求的压力。又因处于开发阶段，金融单位很难建立放款信心，因此尚有相当程度的融资困难。

购物中心商圈在遭受外来许多竞争压力之下，如何摆脱传统的经营模式，从现有的市场中吸引大量的消费者？虽然购物中心拥有大规模经济利益及专业人才，但作为一个庞大的企业，如果缺乏有效的经营管理，前述优点将立即转为缺点，在短小精悍的众多小商店的竞争状态下，可能要承受更多的压力。因此，如何建立一个开发团队是为今后培育竞争实力的必要条件。

6. 经营特色

经营中最基本的特色通过主题商店表现出来，购物中心当然需要体现特色以吸引顾客的注意力。成功的购物中心却更重视市场组合，利用事先详细规划，通过各个商店以及建立营运后的完整合作关系及其他开发经营者、广告代理商的努力和参与。市场组合的特色并非由市场专家设计出来，加上计划并不是完整而无缺点，对这一点，商圈应予接受，经大多数商店经营者同意才能执行；反对者也必须全力合作，力量才有整合的可能。而力量整合之后生产力才能够发挥出来，在经营展开后还要追踪调查，如果效果不好，各种配合性的促销计划及全盘的营运计划，必须重新调整并立刻改正。

购物中心的特色在于定位过程中，掌握主要、次要市场，并维持市场计划与改变互动，这就是一项最重要的特色："融合于角色功能并隐藏于日常的营运之中"。购物中心的定位并不止于树立形象并植入消费者心中。经营者必需有效掌握任何变化，诸如购物中心的参与经营模式、交通、各商店店主对于中心事物的参与程度、购物中心参与社会性及其他足以影响购物中心的任何因素。因此购物中心的定位，应为发展服务客层、注意社区的贡献，以产生经营效益的特色。

7. 立地条件

（1）立地条件分析

购物中心之所以讲究顾客导向，是因为顾客是购物中心所赖以生存的元素，因此人口量、集居、迁移等均足以影响购物中心的成败，故必须分析购物中心的立地条件。因此下列重点必须探讨：

- 商圈内究竟有多少可掌握的客层人数。
- 有多少人可能成为购物中心的顾客。
- 经过购物中心的营运，实际的来客数如何。

影响上述三个课题的因素尚有人口成长率，包含自然成长与社会成长、人口的都市化与流动人口。除购物中心有效的经营计划促使消费者惠顾，并确定能成为购物中心的业绩外，亦应考虑一些非有效因素，诸如：掌握消费者消费项目的转变，如饮食、衣物、鞋类、电器用品等。

（2）商圈客层分析

在经营计划中研究商圈客层，主要的目的在于通过经营计划的贯彻，使实际来客数有多少、有多少提袋率、客单价多少这些量化的指标与经营绩效间产生指标性的关联。因此，商圈客层分析已直接切入消费对象、经营绩效与投资可行性指标。由于本项分析聚焦于集客力，购物中心不但要自我评估、了解竞争环境，并且要为直接有效客层提供适当的服务。虽然购物中心走向社区化，但其绩效仍足以反映社区化服务成就，终究购物中心仍属于营利事业，一切服务必须依赖财务的命脉，否则理想亦无从实现。

通过商圈内客层分析及投资估价，可以作出两个以上具体经营方向的比较，筛选出最适当的经营计划，而这些事实均非理论分析可以成就，必须通过购物中心的经营计划，及投资估价的实际评估结果归纳出来具体的结论。

三、大型购物中心空间设计的分析

由于购物中心的设计发展，相当重视购物街部分所扮演的角色与意义，因此，这些公共空间的设计重点，就围绕着由建筑类型所呈现之建筑设计的议题打转。诚如前文所指出，第一代之室内型购物街的特色，比较像简单的有顶盖的街道，其中最主要的元素就是店面的垂直墙面，同时在这条有顶盖的购物街里，以楼板、天花板以及店面之间与店面周边的某些共同的小构件（通常指的是相同式样的招牌，或是指出租店面间共用之隔户墙，其露在立面上的墙厚部分，以同样的设计手法处理），代表街道上公共的建筑式样。于是，购物街空间的建筑特征并不够强烈，因此，整条街的风格，完全受到各个店面个别的展示方式所主宰，由于街面被细分成一个一个的小店家，因此，沿着购物街的长度，从这一侧到另一侧，建筑的起伏出现了相当大的变动。

北美地区在接下来的设计发展阶段中，商场的规划试图使购物街更具一致性，自我风格更强烈，为了达到这个目标，基本上必须提高空间陈设的水准，因此，例如在伍德菲尔德商场的例子当中，其所模仿的室内空间形态，就是在购物街的末端，都配置了百货公司主力店。此一设计的效果，使店面与购物街之间的界线，不再划分得那么清楚，购物街部分的设计，就像是商店的装潢，使建筑物内部的结构体，以及购物街类似独立空间的线性特质，完全被掩饰。

不过，当设计师意识到这一类延续性的室内空间，其所具有之戏剧性的潜力时，前述之『店面与购物街融为一体』的设计手法，自然被取而代之了，特别是针对多楼层的购物中心，全力发展购物街的剖面设计，以诱导购物者产生兴趣，到各个楼层逛逛，同时，更进一步发展出将自然光引入室内的设计手法。演进到这个阶段，购物街终于被发展成一个建筑的独立个体，不受不同出租店面切割特性的影响，其结构体与屋顶造型，都具有强烈的性格。

随着这样的设计发展，购物街的设计开始考量三个不同系统（或称之为模距秩序）的整合，这三种购物街中最常见的系统，分别都有其独特的特质与偏好的向度。第一种模距，是最主要的系统——购物街的结构，它支撑着购物街的楼板载重，一般而言，结构体是由楼板与承重柱所组成，柱距大约是 6 公尺到 10 公尺左右；第二种模距，是购物街的次要结构——购物街的屋顶，重量轻、不一定是防火材料，同时基于经济方面的考量，屋顶玻璃板的宽度，以不超过 1.5 公尺宽为原则；第三种模距，是出租店面的分割原则，从购物街沿街的墙面上，可以清楚地看出不同的店面分割模式，店面面宽从 4 公尺到 40 公尺不等。设计的两难点在于，如何使三种模距在同一规格的墙面板之间，相互搭配出一致性，在使购物街呈现出一种整体协调造型的前提之下，同时又容许购物街后面的出租区域，可以自由分割其店面大小。整合三种模距的方法之一，就是根据购物街的主要结构体的系统韵律，来将模距统一。

四、大型购物中心的交通规划

大型购物中心的开发，对周边交通势必造成影响，而且几乎可预期的是其影响负面多于正面。因此，在分析完基地周边的背景交通量及基地开发衍生的交通量及服务水准后，必然会发现许多因该基地开发所造成的交通问题。一般对于交通问题的改善策略，不外乎运输系统管理（TSM）及运输需求管理（TDM）。TSM 指的是现有的运输系统上，以短期且低成本的系统改善策略，有效地增加运输系统功能的方法。TDM 指的是对于一个已充分发展的地区，增加供给已不能改善交通问题时，必须借由需求管理的手段来解决交通问题。以下的问题及改善对策即包含 TSM 及 TDM 的策略。

问题一：道路拥堵。由于大型购物中心的开发将吸引大量消费者，因此无可避免地将造成周边道路的交通量增加，至于其影响程度如何，可由背景交通量分析及衍生需求推测估算而得到基地开发后的道路交通量变化情形。

改善对策：可能造成基地周边道路拥堵的原因有很多，例如，路口标志、信号的无法配合、路边停车影响道路容量、购物中心推出干道选择不当或行人太多干扰车流等均可能造成基地周边道路的拥堵。

（1）路口标志、信号无法配合，路边停车影响道路容量：重新调整标志、信号设置，实施干道连锁，禁止主要干道路边停车，由大型购物中心提供足够的停车空间供车辆停放。

（2）购物中心进出干道选择不当：规划时即慎选大型购物中心的连外干道，避免以背景交通量本身就很大的道路或流动交通量很大的道路作为连外道路。

（3）行人干扰车流：审慎规划行人动线及车行动线，最好此二者的动线予以分隔。

问题二：停车问题。大型购物中心吸引大量的小汽车及机车来往，造成停车问题。

改善对策：除了依相关法规规定计算所需的停车位数外，应同时依先前运输规划研究所得的小汽车及机车的来往数来计算所需的停车位数，因为依照相关法规规定的停车位数，通常较以来往吸引模式计算所得的停车位数少，因此，法定停车位数应为停车位数的下限值。

除了提供足够的停车位数外，也应配合其他相关停车措施的妥善规划来解决停车问题，例如，出入口的设计、收费方式、停车场距大型购物中心的距离等，均可有效解决停车问题。

问题三：行人、车行动线混杂，互相干扰。

改善对策：妥善规划行人设施，对于行人与车流的冲突点以立体化设施处理，避免其动线互相干扰，同时，对于停车场、公共汽车场、站也应妥善规划其与大型购物中心间的联络动线。

问题四：衍生交通需求超过周边运输系统所能提供的容量。在经过衍生交通需求评估后发现，即使在未来计量的交通建设均已完成的情况下，交通设施的服务水准仍然不佳。

改善对策：在此种极端的情况下，必须重新审视大型购物中心的开发规模及强度，必要时缩小开发规模，降低开发强度。

五、大型购物中心景观规划设计

就购物中心而言，无论是室外或室内，景观设施都能有令人惊喜的影响。好的景观能增进室内外的环境品质，塑造购物者对购物中心的美好印象。服务区域及废弃物集中增进室内外的环境品质，塑造购物者对购物中心的美好印象。服务区域及废弃物集中场可利用植物、树木所形成的围栏与购物区域加以隔离，道路及地面的停车场同样也可通过植栽等作为软化景观的工具。

1. 环境细节

由于购物中心为整体开发、统一管理的形式，所以购物中心的设计者通常可以做一些以装饰为目的的设计，使该地区的地价得以创造与提高，而能有较强的经济活力及优美的环境。

一般而言，可设计配置特殊的景观及铺面，例如，在室外餐厅、凉亭、休息区、会议厅、会议室、展览空间、图书馆、育儿室及儿童游乐场等处，可着重家具及其他细节的注意，如颜色的运用、雕刻、喷泉及特殊展厅等。由于招牌一方面必须注意与建筑及环境的和谐关系，另一方面又要顾及易于识别的要求，因而也会具有装饰性的风格。

2. 户外休息区及儿童游乐场

对于购物中心而言，户外休息区应为交流、约会的中心区。但在设计时常有两难的局面产生：一方面，如果户外休息区设计得过为舒适，其所需的尺度可能会造成停车者需走很长的距离才能到达 Mall；但另一方面，如果不小心处理这一区域，则可能损失一个会引人注意的中心。因此，配置适当的座位是必需的，使户外休息区不致显得过大，尤其是在购物中心的中庭及儿童游戏场附近。Mall 或走廊上的餐厅及咖啡座等有桌子的座位，给购物者提供了另一种座位的选择。

显眼的儿童游戏区也是很重要的，因为它不仅在父母亲购物时提供儿童一个可被照顾的场所，同时也成为一个地标，这个地标也可塑造出购物中心的特色。在儿童游戏区内也可以考虑置放一些电动游戏设施，它们对于购物中心而言也是一种财源。其他游戏设施则可做成动物的形态，能让儿童穿进穿出、爬上爬下。另外，立体的预制玩具也是儿童所喜爱的。

3. 地景设置

（1）入口大厅

入口大厅为进入购物中心后第一处场所，为室内与室外的转换空间，对于购物者而言，这是建立购物中心意想的首站。因而设计的重点应在于利用组合植栽、座椅、水池、铺面、指标等地景设施，塑造欢迎、愉悦的气氛，以提升购物意念。同时也以空间设计及地景设施配置的方式，塑造出清楚的购物路线指示，使购物者进入购物中心后能清楚地了解自身所在及欲往的方向，去除可能迷路的恐惧感。

（2）中庭

中庭为购物中心的焦点，对于机能而言，它除具有视线引导、休息、展示、表演等实质上的功能外，同时也是一个重要的空间指标。购物者在范围广阔，尤其是多核心或多端点的 Mall 内闲逛时，常会丧失方向感，因而有别于商店等营业空间如中庭、入口大厅、挑空等场所经常具有空间指向性。故中庭的地景设计除利用植栽、座椅、水池、铺面、指标等地景设施塑造轻松、休闲的气氛以舒缓购物者的身心外，中庭亦应能具有强烈且有别于营业空间的空间特色，以吸引购物者注意，也借此使购物者了解本身在空间中的位置。若购物中心内有一个以上的中庭，则除了在建筑设计上尽量使各中庭的形状、高度有所差异外，地景设施亦应配合设计，使各个中庭能各有不同的特色或主题，以便购物者辨识，借以作为空间指标，而可在空间中寻求定位。

对于购物中心的开发者而言，入口大厅及中庭为塑造企业形象的最佳场所，因为虽然购物中心的开发者可要求各承租户在单元商店的店面装潢，招牌样式上需有一定程度上的统一，并列上购物中心的标志，但由于各承租户的营业项目不同，店面装修及家具配置皆有不同的需求，且皆需打上本身的招牌，所以对于购物者而言，购物中心开发者在营业空间所做的措施可能都只是背景似的模糊景象，感受并不强烈。因而唯有借着公共空间的空间塑造，才能有效而强烈经营购物中心整体的企业形象，如入口大厅、中庭、停车场、洗手间等公共空间皆是可以经营的场所。这些公共空间不属于任一承租户，因而可依购物中心开发者的需求做完整而不受干扰的规划。其中尤以中庭为最佳场所。

中庭之所以是塑造企业形象的最佳场所，主要是因为它通常是购物动线的交会点，同时也经常是购物路线的中点，因而它多塑造成可停留休息的场所，供购物者休息及相约等候。这种停留性的特质有别于入口大厅及停车场的通过性特质，它会使购物者在该处停留休息，并有时间及心情浏览周围的环境。因而在深具特色的中庭建立清楚的企业意象，对于购物者而言是最易接受其讯息的。

在实质环境的设计上，由于中庭相对于购物中心内其他空间具有高大空间的特性，故在地景设计上应可适应此特性而做强调立体的规划，如采用较大尺度的植栽、高度较高的水景等。且可利用地景设施配置一视觉主题，引导购物者的视线，建立购物中心的印象。

（3）楼面装饰

购物中心若具有多层楼面，则面对中庭、挑空的楼面部分，也应视所需予以楼面装饰。对于上层各楼层而言，面对中庭或挑空的部分也许只是一片墙或扶手栏杆，但对位于中庭内的人，各层楼面便是空间界定的界限，是中庭空间的背景，因而面对中庭的楼面也是一组需要精心设计的立面，它应与中庭的地景设计相配合，共同塑造具有整体性的空间景观。水景、灯光、植栽、巨型画幅等都是可以应用的素材。

4. 铺面材料

在购物中心设计时，铺面的问题不能单独被提出来讨论，它必须考虑整个基地的纹理、模式、尺度、颜色等才能决定。其他影响铺面选择的因素包括：

花费及效益：牵涉到保养维护、耐久性、是否易碎、瑕疵等。

外观：牵涉其纹理、颜色等。

工程特性：如安全性、吸音性、光线反射性等。

土壤特性：以下便针对材料原则及其特性，及其使用性一并讨论：

（1）碎石铺面

碎石铺面可创造出非正式的气氛，由于这种铺面能允许空气及水分通过，因而特别利于铺设于树木的周围，使空气与水分能到达植物根部。同时它很便宜，适用于停车场。基本上它的缺点是铺设于停车场时，可能会因为轮胎滚动使石头飞起而造成危险。

（2）卵石铺面

卵石铺面可直接铺设于土壤或碎石层上，适用于铺设人行步道，尤其是树木旁。它可以散乱的排列，但同时也适合于整齐的铺设。它们因受水冲击因而是圆形无尖角的，较碎石具有安全性。具有多种颜色，大多为淡黄褐色或灰色，在选色时可以有多种选择。

（3）硬铺面

最普通的硬铺面就像混凝土铺面，便宜且易于使用，但在铺设时需注意其纹理及工程品质。它通常与其他材料混合使用。若利用不同形式的施工方式则可有许多装修的样式，包括清水式、条纹式、喷雾式、喷沙式、粉刷式等。

（4）室内铺面

室内铺面设计的主要原则是不要与室外铺面有太突兀的差异。理想的设计是在特殊机能的地区以有别于其他铺面的特殊材料予以显示，如楼梯、坡道、焦点及展示场等。

（5）大型单元铺面

铺面的尺寸通常都做成由455公分×455公分至910公分×610公分，通常厚50公分，但如果允许交通工具在其上运行的话，则65公分较为适当。一般而言，铺面的表面是平滑的，部分则有表面的纹路。若选择人造石，则有较多的颜色及纹理可供选择。

（6）小型单元铺面

小型单元铺面可使用的材料包括砖、丁挂砖、瓷砖、马赛克、圆卵石、碎石等，这些材料都有其独特的性质。砖必须先做防酸等处理。砖及铺面材料必须铺设于水泥砂浆上。瓷砖及马赛克对于纹理、模式及颜色的选择上可以有很大的适应性。

六、大型购物中心的建筑本体规划

在建筑物兴建之前，开发者应能针对未来承租户设计一套发展计划。虽然如此，在进行建筑设计、商店单元设计时仍应能保持弹性，以倍数的形式来加大尺度，即所谓模矩概念的应用，保持设计的弹性，以适应未来可能的用途改变的需要。

1. 结构

（1）建筑的通用性

任一建筑的结构均应能在该栋建筑物的生命期中满足安全的需求，同时亦应能有部分的弹性以适应未来可能改变用途时所需。但是经济层面亦应同时考虑。若掌握合适的跨距，则材料的选择及施工技术通常为成功与否的关键。

购物中心需要高度的适应性。承租户、传输方式及贩售层级皆可完全地变更。因而空间必须可以依据不同的需求而做再区分，楼梯及楼板抬高的部分可以被重新安装或移动，建筑物中任一部分的空间照明及给水排水系统均能彻底地更改。

（2）商店单元

有两种形式的结构经常被使用。中小型商店可使用一至数个标准单位，但大型商店因为有特殊的需求因而可能需要特殊的结构。典型的矩形格状的柱列其跨距为 5 到 10 公尺。经济的跨距应为 5 到 5.5 公尺。对于有大空间需求者可将上列数据乘以 2。即使是在最经济的情况下，结构形式及跨距的选定乃是依据结构本身所能提供的条件，所以没有一种结构形式可称为是最好的，但其形式的优劣仍可做比较。

①梁板结构的主要优点是可在不造成削弱楼板结构的情况下提供大面积的挑空；其主要缺点为梁容易受服务管线的影响而造成楼层净高的减少。

②平板结构的最大优点在于其所提供的楼层净高最大，但在挑空时，尤其靠近柱子时容易削弱楼板结构。

③预铸钢筋混凝土系统运用于购物中心的情况并不广泛，主要是因为它们全然依靠梁，这使得它们在不规则平面及特殊要求时并不适用。但无论如何，预铸一些建筑元素如梁、楼板等，在兴建时为较快速及较经济的方式。

④钢骨结构通常用于跨距超过 15 公尺以上的建筑物。尽管在多层建筑内需在钢骨上需做防火被覆，但是在特殊的情况下仍可无须其他的外装而轻易地使用，尤其是柱子需要大量荷重时更佳。

（3）停车场及地下室

需要建筑地下室时，开挖、护堤壁、下水道、防水及机械通风等项目为主要的工程，因而建筑地下室远比在地面上建筑所需的花费要高得多。意外问题通常在开挖地下室时产生，而其发生的原因，通常与毛细水压力或水路的阻断有关。地下室开挖越深，地下室的墙面越高，所需的花费越大。

虽然如此，以地下室空间作为汽车停车场、服务入口及通路或储藏空间都是不错的配置。当然如果最低楼层位于可支持整栋建筑物的土壤上或可打桩的岩层上，且建筑物外围的排水系统可以降低周围土壤的水压力，土壤的开挖为自然边坡的方式，则其花费是最少的。

柱间的空间应能适于停车所需，方为理想的购物空间柱距。虽然如此，最经济的柱距应被求出，因为中间层再分配的柱载重总是被高估。

在水平配置的购物中心，汽车停车场可以放在购物层的上层。例如一组停车位所需空间为 16.5 米 ×5.5 米，则可以 5.5 米 ×5.5 米的柱距面积作为商店空间的单位，梁深 60 厘米，12 ~ 15 厘米厚的楼板，便可适用停车及商店所需的机能空间。

（4）大跨距屋顶

最常被用来施作大跨距屋顶的结构形式有如下数种：钢构架及空间桁架、拉美拉式构架（Laminated Timber）或 portal 式桁架、混凝土制的皱板或薄壳、预力梁。影响大跨距屋顶结构最大的两项因素为跨距及面积。跨距越大，重量的减轻便越重要，钢结构便越需取代钢筋混凝土及木架构。

2. 室内购物廊 -Mall

（1）一般原则

有关室内空间的部分主要是建立亲切感、对比及活动。在购物中心上方加顶盖不是只为了拥有平和的天气——冬暖夏凉，同时也利用特殊的植物、鸟类、声音及香味，并要求商家将店面及其货品直接开放至人行步道，以塑造独特、良好的购物空间。无论如何，购物中心因此在其环境中更加独特。

商家的店面不宜距离太远。由人行步道的两侧上、特别是作为注意力焦点的开放性空间上便应能看见商店内的展示细部。另外，根据购物者的人数，空间应勿过窄以至感觉太过拥塞。人行步道 9 ~ 4 公尺宽似乎是合宜的。购物中心应该不要太长以至于令人打消由一端走至另一端之念头，在大型购物中心内，建议使用沿街商店及其他方式使卖场更紧凑。

双层式的商店街有时可用来使商店更加靠近。双层式商店可以一层在停车层上半层处、另一层在下半层处，以缩短上坡及下坡的距离。

在水平配置形式的大型购物中心内，有时很难诱使购物者离开楼层，前往另一个楼层购物，因而很可能产生一层卖得很好而另一层却很差的情况。因此，停车场也可分为两层，每一层停车位数都不要超过停车总位数的 60%，以避免该层成为主要层。

购物中心的公共区域必须创造出吸引人的环境，使其能至该处购物。将 Mall 加上顶盖主要便是借此控制室内的环境。但如下数项论点则是无意义的：

室内与室外的温度应有很大的不同（冬天较暖、夏天较凉）。虽然需维持购物中心内合宜的温度，但并不代表全年需维持一定的温度，相反的，这反而可能是不利的因素，例如在冬季时购物者必须脱下大衣，反而不利购物。

巨大的声响能够创造生命力及活力。若依此概念，所有的楼层都应较其他楼层更为大声以便吸引顾客，整个购物空间可能因此变得嘈杂混乱。

对外在环境而言，Mall 的入口应大而显著，但对内则不需要。事实上，入口对于在购物中心内的顾客而言，也是一项重要的空间指标，因而也应能有明显易辨的特性。

（2）焦点中庭

在围封型的购物中心内，多会有中庭作为购物中心的焦点。中庭广场多位于各个主要商店形成的动线交汇点，亦即人行活动最频繁处。它一方面提供场所供购物以外的活动使用，如集会、流行展示、动态表演等，另一方面也是公共活动及休息的场所。在此应利用照明及装修、家具等塑造空间张力，使其成为购物中心的意象焦点。

（3）挑空

在购物中心内设挑空及屋顶采光，具有将购物者的视线引导向上的效果，对于吸引购物者上楼选逛有良好的推动力。

（4）垂直动线

垂直动线分有各种形式，各有其特点及适用性：自动手扶梯提供一个购物者的连续动线且减轻 Mall 内的拥挤情形，同时它连接不同水平标高的楼层，也能将位于下层的购物者视线引导至较高的楼层。但它有两个缺点：所占的空间过大，且需要运转费用。

自动步行走道比自动手扶梯更好的地方在于它可以承载婴儿车及手推车，虽然目前也有一些自动手扶梯的阶梯够宽，足以承载婴儿车等，但它主要的缺点便是需要比自动手扶梯更大的空间以能达到合适的坡度。

电梯比上述二者更为普通，且它所使用的面积比上述二者都少很多。顾客使用时也比较不会紧张。若与自动手扶梯比较，它的运转费用也比较便宜。它可运载大多数物品，小至婴儿车大至轮椅皆可运载。同时，它也比自动手扶梯快，安装费用也较为便宜。但反过来说，它形成拥塞，且容易故障。虽然有透明电梯可以选择，但大部分电梯在移动时仍没有可见的景观。然而电梯对于连接 Mall 及停车场时是非常重要的工具，故需确定它是否有足够的尺寸以容纳婴儿车及手推车，所以一台大容量的电梯比两台小容量的电梯来得好。

（5）入口

购物中心的入口以大片的双向玻璃门最为普通。自动门也经常被使用，但当出入的顾客很多时容易产生问题。在入口处应有清晰的引导系统以引领顾客进入购物中心。

（6）亭式摊位（Kiosk）及自动贩卖机

独立的亭式摊位可作为香烟贩售摊、咖啡店、报摊、花店及美发店等，同时也适合贩售纪念品、艺术品、手工艺品等。

在 Mall 内空白的墙面或其他不常用的角落放置自动贩卖机，也是一种收入来源。它们可以贩售各种物品，包括面纸、饮料、零食、香烟等，但避免贩售价值过高的物品，以避免盗窃、抢劫事件的发生。独立的亭式摊位虽然不能有许多的收入，但它可以成为显著的视觉焦点，所以也具有展示的效能。在购物中心内通常也设有寄物柜，也有地方将亭式摊位作成储物柜。

（7）Mall 的设施与配件

雕塑作品能在购物中心中创造出强烈的视觉焦点，但需注意其尺度应与 Mall 的尺度相配合，卵石通常用来作为雕刻周围的地面材料，以避免顾客接触或攀爬雕刻。

开放式的喷泉在围封式的购物中心内较难看到，但水是一种很有吸引力的装饰，因而像 SOGO 百货中庭及福华饭店中庭流水的做法是颇为适当的。

在某些购物中心是以钟作为重点装饰，如 SOGO 百货入口广场即是。在购物中心内背景音乐也应该当成一种家具来设计，因为它足以影响购物者的心情与购买欲望，背景音乐应统一由控制中心做全自动播放。

超过 50 家商店单元的购物中心，其商店位置标示板及引导地图便很重要，集中放在购物中心各入口处及服务台的印有商店名称的简单平面图、背景说明等便是最有效的指导与广告。

（8）图案与招牌

招牌应该大而简单、以一至两色显著地书写于单纯的底色上。对于购物中心而言，应发展出自己的商标，并将该符号用于所有的招牌上。

（9）装修

在地板部分，吸音状况不佳的材料，如橡胶等应该避免。当然有时相对的高分贝环境可用来创造“市场意象”的气氛，但这并不适用所有的案例，如在以强调气氛格调的精品服饰店等为主的购物中心便不适用此种设计。

（10）购物中心内单元商店的典型外观装修标准

店面装修材料使用通常因个别的商店设计而有所差异，但仍有一些一般性的原则：

一般商店：应采用适宜的高品质装修材料装饰商店的墙壁。可使用多种材质以塑造高品质而多样化的设计，但过于冲突、对立的组合应避免。

地下室层：服务区的最小净高，即到楼板下方或梁底为 5.5 公尺；在商店储藏区内的最小净高为 5.0 公尺。楼板荷重应可达 730 千克 / 平方米；在商店储藏区内的墙面即天花应有防火的被覆。

地面层：商店单元的最小净高，即到楼板下方或梁底为 4.8 公尺；楼板荷重应可达 390 千克 / 平方米；商店单元的墙面及天花应不抹上石膏，且楼板不可用粉光混凝土，便利承租户进行内部装修；此处所要求的净高及荷重为最小的要求，在一些跨距较大的案例其净高及荷重皆需加大。

楼梯：混凝土楼梯在开发期配置商店单元时便需一并被设计。装修及栏杆则可依承租户所需由承租户自行负责。

盥洗设备：盥洗设备的设置比例可以用一间商店单元、男女盥洗设备各一套的标准配置。其装修包括：隔间墙及天花板需上二度漆；地板需用防水材料；木工部分需上三度油漆；在每一间厕所内皆有一组马桶及洗手台。

（11）商店店面及招牌

商店店面及招牌的设计需要在开发早期由承租户向建筑师咨询后，与开发者的建筑师共同设计。

3. 立面设计

建筑设计主要是建构于了解每一栋建筑物的两个方面：其一是环境本身及建筑物可能对其造成的影响及改变，其二是建筑物的需求及设计本身所能提供的程度。

（1）影响面

环境中的每件元素对于环境本身、建筑物以及在其间活动的人们都是具有影响力的，且其影响都显著可见。因而如果有任何对于环境上的影响，建筑师都必须有所了解。

（2）设计准则

建筑物外墙的实际功能是作为内部空间的屏障与隔离，同时也提供安全的屏障。因而建筑师需注意每一立面的品质。

建筑外墙立面的设计对于建筑物的成功与否有相当大的关系。种种的立面装修使建筑物能融合入环境中、赋予周围环境生气、定义其范围、创造公众的认同感及好奇心，创造公司的意象并给予建筑物艺术层面的表现。另一方面，立面能配合地景规划，提供一舒适愉悦的都市空间。

（3）地面层立面

在沿街式商店地面层立面通常都作为展示面。因而，它也提供了一种最便宜、多样多彩且通常是具有说明性的立面。虽然，这不是指那些大多数店面开向内廷的围封式购物中心。对于面向内廷的购物中心而言，无开窗的地面层墙面可能是必要的，但也仍应尽可能尝试将其设计的活泼、多彩及多样化。除此之外也应考虑招牌、旗座等位置。

（4）雨棚及突出物

在购物中心外部商店店面设雨棚有许多好处，最重要的一点就是它将人行步道拉近商店，且它也像是一个广告以说明入口所在，同时能避免所展示的物品被太阳直晒。当然，雨棚有许多种形式，它也可以配置于二楼的高度，使其能与人行步道有较大高差，避免形成压迫感。雨棚最小高度多半取决于雨棚的宽度，以达到适当的保护。常用的准则是由人行道的边缘划 45 度线到雨棚的前端。人行道上方的高度不会破坏立面，多半是 2.5 公尺左右，人行道上能使适当大小的光线进入，而无须过多的人工辅助光线。

就设计的观点而言，若能将雨棚等突出物与建筑物一并设计将是较好的做法，如果它是后来再加上的，也需考虑建筑的景观。以此观点而言，不透光的雨棚是比较具有可行性的，它同时也较能控制室内阳光的射入量。

（5）二楼立面

在水平配置形式的购物中心，二楼多作为储藏空间及服务空间，因而容易形成无开口的空白立面。此时需与雨庇、广告招牌、企业标志等结合，塑造活泼有力的立面。

（6）服务区

由于服务区作业量很大，因而对于购物空间的景观来说有较为不利的影响。服务区的立面以砖砌及混凝土皆可，不必使用精美的面材或装修，因为它们很容易因货物的搬运造成瑕疵。服务区通常会有一些无法确定的位置或预知的孔、管线等需要在墙面上开口，因而使用较小尺寸的装修单元较为适当（如墙砖、可塑性材料如混凝土等）。

4. 商店店面及可见的内部

围封式的购物中心比起传统的商店有一突破性的特点，即是它将商店的店面及展示的橱窗放在购物中心的内部，而将天气的限制排除在外。

在围封式的购物中心内，没有天气的问题。商店橱窗则丧失了传统的展示功能，因为在此类购物中心内，就像在百货公司，顾客与货品的关系成为直接面对面的形式。而且在夜晚的时候，购物中心安全上的要求可以很轻易地满足，因为它只要将 Mall 的入口关闭即可。

在商店店面及可见的内部设计上，具有如下一般性原则：

（1）商店位于购物道上

每一间商店单元与 Mall 的关系乃取决于商业准则，但每一个商店单元关系的影响层面则是取决于各家单元的设计。在某些案例中，开发者会对某些方面的设计予以控制。

（2）商店的外观及大小

很明显的，有不同的承租户会塑造不同外观及大小的商店。这样的结果会导致在开发购物中心时会有很多“标准单元”出现。因而，在规划每一个零售店时应建立在同一个基础上，避免设计出很多专用、独特却无更改弹性的空间单元。例如，家具店需要大片的楼地板面积但仅需小的正面，它们同时希望能有足够长度的橱窗来展示它们的产品；糖果店不仅需要小的正面（3 公尺～ 5.5 公尺之间），而且需要小的贩售区深度（6 公尺～ 9 公尺之间）。这两种不同空间需求的店面应能找出其间的模矩关系，最好的结果即最大的卖场乃是最小卖场的楼地板面积的倍数组合。

每一个承租户对于商店的外观及大小都有其独特的注重点。因而在商店的设计及配置的细部讨论时，承租户及其建筑师应该要参与，使它们的店能符合购物中心的一般形式。

在法国，购物中心的开发者必须提出一份完整的规划给未来的承租户。其中包括贩售预测及预算，商店室内配置计划，建筑师所建议的商店店面形式等。这对于塑造整体的空间形式及企业形象有很大的帮助。

第十章

超级市场策划

第一节 超级市场的选址原则

超市选址中重要的一项工作，就是对卖场周围商圈的考察。零售巨头们充分理解选址的重要性，更明白基本商圈的关键所在。因此，选址所选择的不仅仅是店址，而且还有商圈的确定，因为它表明了未来超市所进行销售的空间范围，以及该超市吸引顾客的区域范围。

一、前瞻性

超市选址是一项长期投资，关系着超市经营发展的前途。因此，选择时要考虑未来环境的变化，特别是要对竞争的态势，也就是要对所在地发展的前景作出评估，因为店址一旦选定一般就不会再改变。对于经营者来说，所选的地址应具有一定的商业发展潜力，这样才能在该地区具有竞争优势，保证在以后一定时期内有利可图。所以，不仅要研究所在区域的现状，还要能正确地预测未来。

二、便利性

优良店址的一个必备条件就是进出畅通。交通的便利性主要体现在两个方面：一是该地交通网络是否通达，商品从运输地运至超市是否方便。道路是否畅通不仅影响商品的质量和安全性，而且影响商品的运达时间和运输费用。二是该地是否具有较密集、发达的公交汽车路线，各公交路线的停靠点能否均匀、全面地覆盖整个市区。当前在我国私家车没有普及的情况下，这点尤为重要，它直接关系到消费者购物的便利程度。

三、适用性

超市的建设要与周围的建筑环境相融合。不同的环境要求不同的建筑风格，这会影响超市的开设成本并带来其他一系列问题，如超市货架通常比商场的货架高，相应地要求建筑物的层高也比较高等等。同时，超市投资者还要了解有关城市建设发展的相关要求，该地区的交通、市政、公共设施、住宅建设或改造项目的近期、远期规划，这些都应在选址考虑的范围内。

四、购买力

一家具备优良店址的超市必然拥有一批稳定的目标顾客，这就要求在其商圈范围内拥有足够多的户数和人口数。首先，对商圈内人口的消费能力进行调查，对这些区域进行进一步的细化，展示这片区域内各个居住小区的详尽人口规模和特征的调查，计算不同区域内人口的数量和密度、年龄分布、文化水平、职业分布、人均可支配收入等许多指标，了解其商圈范围内的核心商圈、次级商圈和边缘商圈内各自居民或特定目标顾客的数量和收入程度、消费特点与偏好。

五、交叉性

由于有的大型超市定位的商圈很大，有的甚至会覆盖整个城市，如沃尔玛的会员店。而在同一个城市往往会有相当数量的大中型零售店，这些零售店会与仓储式零售店的商圈发生交叉甚至重叠，由此引发竞争。因此，在传统的商圈分析中，需要计算所有竞争对手的销售情况、产品线组成和单位面积销售额等情况，然后将这些估计的数字从总的区域潜力中减去，得出未来的销售潜力。

六、复合性

大型连锁超市的目标顾客往往有多种类型，因此它的商圈分布出现很大的复合性和不确定性。这就要求除了要按销售比重划分为核心商圈、次级商圈和边缘商圈外，还要按到达顾客所采用的交通工具做出以下划分：

徒步圈，指步行可忍受的商圈半径，单程以 15 分钟为限。

自行车圈，指自行车方便可及的范围，单程不超过 10 公里。

机动车圈，指开车或乘车能及的范围，单程为 30 分钟左右。

仓储式零售店特有的商圈，铁路圈、高速公路圈，指搭乘铁路、高速公路来此购物的顾客范围，属于商店的边缘商圈部分。

在将这些人口、收入、消费习惯、便捷、交通等客观因素调查清楚后，接下来就是实质性的硬件要求，比如商务条件方面：包括房屋结构、租金、地价、付款条件、停车场；工程要求方面：包括承重、层高、照明、消防等；法律要求方面：如土地性质等等。

第二节　超级市场的规模确定

一、城市商业条件

首先应从大处着眼，把握城市商业条件，包括：

1. 城市类型

先看地形、气候、风土等自然条件，继而调查行政、经济、历史、文化等社会条件，从而判断是工业城市还是商业城市？是中心城市还是卫星城市？是历史城市还是新兴城市？

2. 城市设施

学校、图书馆、医院、公园、体育馆、旅游设施、政府机构等公共设施能起到吸引消费者的作用。因此，了解城市设施的种类、数目、规模、分布状况等，对选址是很有意义的。

3. 交通条件

这是对店铺选址影响最直接的因素，如城市内区域间的交通条件、区域内的交通条件等。例如，对于仓储式商场来说，商圈范围比较大，一般均设在城乡接合部，远离市区，因此，最好商场附近有比较多的公共交通停车点，这样可以吸引远距离的顾客前来购物。

4. 城市规划

如街道开发计划，道路拓宽计划，高速、高架公路建设计划等，都会对未来商业环境产生巨大的影响，应该及时捕捉，准确把握发展动态。只有了解城市规划，才能预期该店铺的选址是否符合规划要求，以及以后店铺周围情况的变化，这样才能对该店铺以后商圈范围内的顾客数量以及其他情况做出合理的估计，从而对该店铺的长远发展做出预测。

5. 消费者因素

如人口、户数、收入、消费水平及消费习俗等。

6. 城市的商业属性

如商店数、职工数、营业面积、销售额等绝对数值，以及由这些绝对数值除以人口所获得的相对数值，如人均零售额。

二、店铺所处位置

城市商业的整体条件基本了解后，主要逐步缩小范围，把握店铺所处位置的条件，包括：

1. 商业性质

规定开店的主要区域，明确哪些区域应避免开店。

2. 人口数及住户数

了解一定的商圈范围内应有的住户数。

3. 竞争店数

了解一定的商圈范围内竞争店的数量。

4. 客流状况

调查估计通过店前的行人最少数量。

5. 道路状况

如人行道、街道是否有区分，过往车辆的类型及数量，道路宽幅等因素。

6. 附近店铺的状况

如经营品种类、规模、外部装饰、格调等。

7. 场地条件

如店铺面积、形状、地基、倾斜度、高低、方位、日照条件、道路衔接状况等。

8. 法律条件

在新建分店或改建旧店时要查明是否符合城市规划及建筑方面的法规，特别要了解各种限制性的规定。

9. 租金

要分区段设上限租金。

10. 必要的停车条件

顾客停车场地及厂商所用进货空间。

11. 投资的最高金额

以预估的营业额或卖场面积为基准规定。

12. 员工配置

以卖场面积为基准来规定，如每人服务面积不得低于20平方米。

仅做出了店址的区域位置选择还不够，因为在同一区域内，一个便利店可能会有好几个开设地点可供选择，但有些地点对某个商店来说，是最满意的开设地点，而对另一类商店来说，就不一定是合适的开设地点。因此，一个新设商店在做好区域或位置选择以后，还要切实考虑多种影响和制约因素，做出具体设计地点的选择。

第三节 超级市场总体规划

一、超市布局的原则

超市是一个以顾客为主角的舞台，而顾客对哪些最为关心呢？日本的连锁超市作过一次市场调查，得出的结果是：消费者对商品价格的重视程度只占5%，而分别占前三位的是，开放式易进入的超市占25%，商品丰富、选择方便的占15%，明亮清洁的占14%。虽然国情有所不同，但结合我国的实际加以分析可以归纳超市布局有下面三条原则：

1. 顾客容易进入

超市的经营者必须注意，尽管其超市可能商品很丰富，价格很便宜，但如果消费者不愿进来或不知道怎样进来，一切努力都将是白费。只有让顾客进来了，才是生意的开始，才创造了营业的客观条件。

2. 让顾客在店内停留得更久

据调查，到超市买预先确定的特定商品的顾客只占总顾客的25%，而75%的消费者都属于随机购买和冲动型购买。因此，如何做到商品丰富、品种齐全，使顾客进店看得见，拿得到商品至关重要。

商品丰富了就会给顾客更大的选购余地，顾客停留越久，就可能买更多的东西。超市经常性地推出一些符合消费者需要的新产品，就会给顾客更多的随机和冲动购买的机会。为达到这一目的，经营者须在如何发挥自己的商品特色上，在如何排除顾客在店内购物时所遇到的障碍上努力。努力实现客户在商场停驻时间超过2小时是判断商场吸引力的一个重要标准。

3. 明亮清洁的卖场

明亮清洁的卖场，为顾客创造了良好的购物环境。往往顾客把明亮清洁的购物环境与新鲜、优质的商品联系在一起。为创造明亮清洁的卖场，必须注意店内有效空间的利用，灯光、色彩、音响效果等的配合。

超级市场的商品配置也是关系到超市经营成败的关键环节，商品如配置不当，会造成顾客想要的商品没有，不想要的商品太多，不仅空占了陈列货架，也积压了资金，导致经营失利。

二、超市主要区域分布

顾客走进超级市场，常常置身于琳琅满目的商品卖场之中，看不到仓库区、加工区、辅助区等等。然而，这些区域同卖场区一样重要，是超级市场店铺规划与设计的重要内容。

商业建筑历来有寸土寸金之称，超级市场各区域配比与经济效益息息相关，配比科学会获得更多的销售利润；反之，则会使黄金地段成为填不满的“亏损洞”。

1. 主要区域

超级市场与其他的店铺不同，是以经营生鲜食品为特色。因此，除了应有卖场区、辅助区、储存区外，还应有加工区。有时，加工区与储存区合为储存加工区。

卖场区是顾客选购商品、交款、存包的区域，有时还包括顾客休息室、顾客服务台、婴儿室等。

储存加工区是储存加工商品的区域，包括商品售前加工、整理、分装间、收货处、发货处、冷藏室等。

辅助区是超级市场行政管理、生活和技术设备的区域，包括各类行政、业务办公室、食堂、医务室及变电、取暖、空调、电话等设备用房。

2. 各区域设置

超级市场各区域的位置，可根据具体建筑结构进行选择，办公及后勤区与卖场关系不大，可最后安排设计，而卖场区、储存加工区是必须要首先安排的。超级市场各区域位置的确定应本着卖场核心原则，各个辅助区域都是为卖场服务的，有效的配置会使货物流转的人工成本尽可能减少，取得更好的效益。

（1）凸凹型设置。所谓凸凹型设置，是指卖场选择凸型布局，而储存加工区选择凹型布局。这种布局的好处是：可以使储存加工区的商品相应的与卖场商品货架保持最短的距离，不必过多走动，就能进行上货与补货操作；每类商品储存加工区与卖场区结为一体，便于进行库存量控制和提高储存效率。

（2）并列型设置。所谓并列型设置（也称前后型），是指卖场在前而储存加工区与卖场并列在后的布局。这种布局设置简单，储存加工区相对集中，进货容易，比较适合中小型超级市场选用。

（3）上下型设置。所谓上下型设置，是指卖场设置于地上一层，而储存加工区设置于地下，通过传送带将商品由地下转移到地上。这种布局常是由于地形限制不得已采用的方法。其好处是使卖场得到最大限度的利用；其不足是上货、补货不太方便。同时，还要设置机械传送带。

三、超市货位布局

1. 商品配置的面积分配

如果不分商品的类别品种，假设每一平方米所能陈列的商品品项数相同，那么超级市场卖场内各项商品的面积配置应与消费者支出的商品投向比例相同，因此，要较正确地确定商品的面积分配，必须对来超市购物的消费者的购买比例作出正确的判断与分析。下面是一份超级市场的商品面积分配的大致情况：水果蔬菜面积 10% ~ 15%、肉食品 15% ~ 20%、日配品 15%、一般食品 10%、糖果饼干 10%、调味品南北干货 15%、小百货与洗涤用品 15%、其他用品 10%。

需要说明的是，中国幅员辽阔，不同地区消费水平差异较大，消费习惯也不尽相同，每个经营者必须根据自己所处商圈的特点和超市本身定位及周边竞争者的状况作出商品面积配置的抉择。

2. 商品位置的配置

商品位置的配置应该按照消费者购买每日所需商品的顺序作出动线的规划，也就是说，要按照消费者的购买习惯和人流走向来分配各种商品在卖场中的位置。一般来说，每个人一天的消费总是从“食”开始，所以可以考虑以菜篮子为中心来设计商品位置的配置。通常消费者到超级市场购物顺序是这样进行的：蔬菜水果——畜产水产类——冷冻食品类——调味品类——糖果饼干——饮料——速食品——面包牛奶——日用杂品。

为了配置好超级市场的商品，可以将超级市场经营的商品划分为以下商品部：

第一，面包及果菜品部。这一部门常常是超级市场的高利润部门，由于顾客在购买面包时，也会购买部分蔬菜水果，所以，面包和果菜品可以采用岛式陈列，也可以沿着超级市场的内墙设置。在许多超级市场中，设有面包和其他烘烤品的制作间，刚出炉的金黄色的、热气腾腾的面包，常常让顾客爽快地掏腰包。现场制作已成为超级市场的一个卖点。

第二，肉食品部。购买肉食品是大多数顾客光顾超级市场的主要目的之一，肉食品一般应沿着超级市场的内墙摆放，方便顾客一边浏览一边选购。

第三，冷冻食品部。冷冻食品主要用冷柜进行陈列，它们的摆放既可以靠近蔬菜，也可以放置在购物通道的最后段，这样冷冻食品解冻的时间就最短，给顾客的携带提供了一定的便利性。

第四，膨化食品部。膨化食品包括各种饼干、方便面等。这类食品存放时间较长，只要在保质期内都可以销售。它们多被摆放在超级市场卖场的中央，用落地式的货架陈列。具体布局以纵向为主，突出不同的品牌，满足顾客求新求异的偏好。

第五，饮料部。饮料与膨化食品有相似之处，但消费者更加注重饮料的品牌。饮料的摆放也应该以落地式货架为主，货位要紧靠膨化食品。

第六，奶制品部。超级市场中的顾客一般在其购买过程的最后阶段才购买容易变质的奶制品，奶制品一般摆放在蔬菜水果部的对面。

第七，日用品部。日用品包括洗涤用品、卫生用品和其他日用杂品，一般摆放在超级市场卖场的最后部分，采用落地式货架，以纵向陈列为主。顾客对这些商品持有较高的品牌忠诚度，他们往往习惯于认牌购买。这类商品的各种价格方面的促销活动，会使顾客增加购买次数和购买量。

以下是日本一家大型超级市场的商品配置图，非常具有代表性，如图10-1。

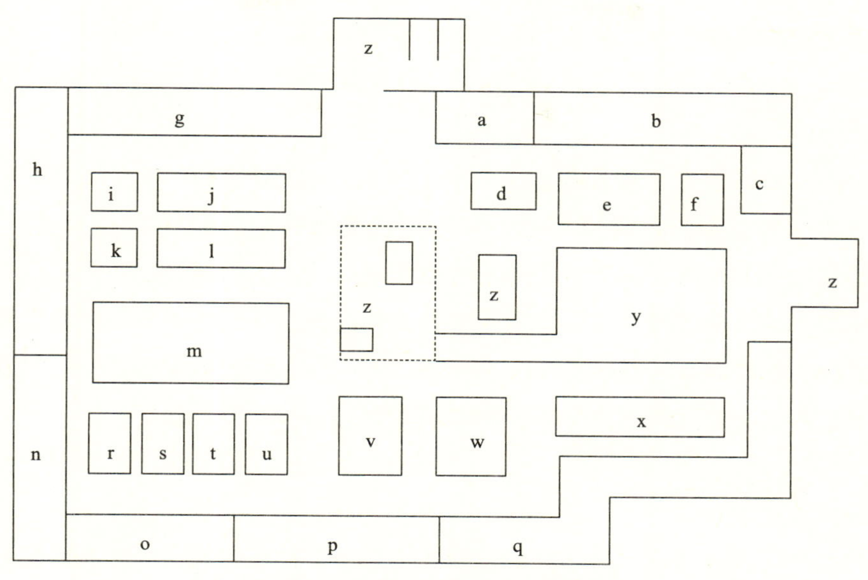

图 10-1　日本某大型超市商品配置图

a：茶叶区　b：药品区　c：快速冲印区　d：鲜花区　e：糕点区　f：烟酒区
g：面包区　h：糕点区　i：面包区　j：乳制品、水果区　k：饮料区　l：乳制品区
m：饮料、调味品、膨化食品、饼干、日式食品、酒、豆腐、泡菜区　n：鲜肉区
o：蔬菜区　p：鲜鱼区　q：家庭用品区　r：蔬菜区　s：冷冻食品区　t：冰淇淋区
u：鲜鱼冷冻区　v：推荐商品区　w：日用品区　x：厨房用品区　y：超市收银区　z：电梯区

第四节　超级市场的业态及功能划分

一般超市行业有 6 种业态，大型超市、仓储点、社区店、平价店、标超店、便利店。其中经营大型超市业态的有华润苏果、家乐福、金润发、好又多、易初莲花、欧尚、北京华联、世纪联华等。仓储店有麦德龙等。

如何理解各种业态的功能呢？我们引用了苏果 CEO 马嘉樑先生在《业态创新是连锁业永恒主题》一文中所下的定义："零售业的业态是指为满足不同的消费需求而形成的不同的店铺经营形态。零售企业目标市场、目标顾客的定位就是业态定位的核心。任何现代零售企业的经营都是从业态的选择与定位开始的，业态的定位又是以选择什么样的目标顾客为基础的，这也涵盖了现代零售业的营销组合的方方面面。因此，业态定位是一门设计消费者行为学、营销学、管理学以及美学设计等多学科交叉的专门学问。"

从以上定义中，我们可以理解不同的业态满足不同的消费者或不同的消费者之间的某种共同的需求，因而具有不同的功能。

1. 标超店

标准食品超市也称生鲜食品超市，其经营面积一般在 500 ~ 1000 平方米左右，选址多在居民区和商业区，它以经营食品类、百货类、生鲜类为主，其经营面积的 50% 左右要用来销售生鲜食品，可以说标准食品超市实际是在传统食品超市的基础上，强化了生鲜食品的经营，使超级市场对消费者基本生活品的一次性购足创造了条件。因此，其目标顾客应为购物频率高的居民、双职工和收入较高的消费群体。平均客单价 30 ~ 40 元 / 次。

2. 社区店

社区店的经营面积为 2000 至 5000 平方米，社区店的选址多在居民区和交通干道，通过经营食品、百货、生鲜等商品，突出食品和生鲜优势，实现能够替代菜市场的功能，体现餐桌文化，百货类商品针对社区商圈特点进行优化精选。社区店的目标顾客为社区内常住居民和商圈内社会团体。平均客单价 60 ~ 70 元 / 次。

3. 大型超市

大型综合超市的经营面积为 8000 至 10000 平方米以上，多在城乡接合部、大型社区、交通要道开设，是标准食品超市与大众日用品商店的综合体，俗称大卖场，衣、食、用品齐全，自由品牌有一定比例，店铺呈现出超市＋百货店的品类特点，可以全方位的满足消费者基本生活需要的一次性购足。目标顾客以居民和社会团体为主。平均客单价 100 元左右 / 次。

4. 仓储店

仓储式超市的经营面积一般在 20000 平方米以上，设有较大规模的停车场。是实行储销一体、低价销售、提供有限服务并采取自我服务销售方式的零售业态，一般选址远离市区，而在交通便利的郊区建店，仓储式超市实际上是用零售的方式来完成批发配销业务的超市。仓储式超市的目标顾客多为企事业单位的食堂、小型的零售商店、餐饮店和有车一族，大多采取会员制。平均客单价 200 ~ 300 元 / 次。

5. 便利店

便利店的营业面积在 100 平方米左右，地址的选择空间较大，只要有人流就可以开设，如车站、码头、小区、学校、医院等等采用超级市场销售方式和管理技术，以食品、饮料和提供如碗面、饮料、香烟、报刊等便利性服务为经营内容的小型商店，其目标顾客为居民和流动人员。平均客单价 10 ~ 20 元 / 次。

超市业态在诸多的零售业态中处于基础地位和主流地位，超市业态自身的创新、升级、改良与变革，都会对基础零售业态产生推动、互补、替代作用，这是超市业态的特征所决定的。它是城市商业生态循环的基础。人们的消费分成三个层次：必需型消费、享受型消费、奢侈型消费。那么超市业态是满足必需型消费的基础业态。因为超市经营的主力品类是食品、日用百货和生鲜农副商品，与老百姓日常生活紧密相连，是城市人群日常生活的生态基础。我们可以反向思考，一座城市几百个超市如果关门停业一天，那么几百万人口的日常生活就不能正常进行，社会生活的秩序就会出现紊乱，那是不可想象的，没有超市网络的保障，城市就失去了活力。这种社会意义已经超越了商业经营的概念，足以证明超市业态在现代生活中不可替代的地位。

第五节 超级市场的招商

一、确立目标

招商策划是招商过程的第一步，那么，招商策划程序的第一步又是什么呢？策划程序的第一步是确立目标。只有目标确立了，策划工作才能做到有的放矢。确定目标包括三个方面：第一，要达到的目标是什么；第二，围绕目标进行随后的一切工作；第三，目标是否得到了实现。比如，要策划一次海外的新闻发布会。在策划过程中，首先得确定这次新闻发布会的目标是什么？我们要达到一个什么目的？通过新闻发布会，我们或者是要让世界了解我们的投资环境，了解我们的优惠政策，提高我们的知名度；或者是推出多少项目。

目标确立之后，随后要围绕目标搜集各种资料，制定各类方案，最后检查目标是否得到了实现。

二、广泛搜集各方面资料

招商策划程序的第二步是广泛地、大量地收集信息，获取情报。信息收集对招商工作来说，显得尤为重要。从一定程度上来说，招商过程就是一个收集信息、寻找机遇、寻求合作伙伴的过程。一个地区、一个单位的信息流量大、信息面广，就有可能获得较多的招商机会，取得较好的招商成绩。如果信息闭塞，与外界交往甚少，要想招到较多的项目是不可想象的。因此，在招商策划中，收集资料、获取信息是非常重要的一环。收集信息时要把握如下几个要点：第一，既要注重信息的针对性，但也不要放过信息的广泛性。如策划新闻发布会时，事先理所当然要重点收集与新闻发布会相关的资料及信息，但也不要放过附带而来的一些资料及信息。因为有时稍加留心就可以获得一些意外收获。这一点在广州经济技术开发区的招商史上不乏其例。如某广场项目就是偶尔从报刊上获得的一则消息而因此引进的。第二，要注意改进收集资料、获取信息的手段。信息瞬息万变，信息交换日益频繁，信息流量不断增加，获取信息的方式也在不断更新。要尝试采用各种先进的手段来收集信息。第三，要对信息及时加以处理，并提高加工处理信息的能力。信息是有时效性的，一定期限内信息才有价值，过时的信息是一钱不值的。要提高对信息的分析、处理和加工能力，对信息进行深加工，从而使信息的价值量大增。

三、制订各类招商方案

制订方案是招商策划的一个重要程序，因为方案的优劣直接影响招商策划后几个程序的进行，直接关系到招商效果的好坏。因此，必须极为重视招商方案的制订这一环节。

招商方案的制订要考虑两个因素：一是方案的可行性，二是方案的可选择性。制定招商方案要切合实际，制定的目标要能够实现，或者说经过努力能够实现。不能不顾实际和可能凭空拍脑袋，不切实际，制订无法实现的方案。所谓方案的可选择性，就是指要同时制订各类方案，以利于决策人物能比较选择其中最优的方案。为什么要同时提出各类招商方案？这是因为方案的提出与实施之间有一个时间差，在这个时间差里，可能会由于政策、市场或政治、军事、文化等因素的变化而使整个招商环境发生改变，从而使原先制订的招商方案无法实施。如果同时制订几类招商方案，当一个方案不可行时可以实施另一个方案，这样就能化被动为主动。比如，在策划海外的新闻发布会时，可以预先提出在美国、德国或日本举行等几类方案，以利比较选择。

四、比较选择各类方案

各类招商方案提出来了，比较选择其中最合适、最理想的方案也就成为招商策划中一个带有决策意义的重要环节。如果方案选择得好，继而进行的招商工作就有可能取得好的成绩；如果方案选择不当，就会影响效果。

那么，如何比较选择各类招商方案呢？第一，要考虑招商方案是否与招商工作的长远战略目标相一致。前面已经提到，招商是一项系统工程，对本地区、本单位的招商工作要站在战略的角度进行准确的目标定位，在组织一项具体的招商活动时，首先要考虑招商方案是否与长远的招商目标相一致。第二，要选择成功率较高的一种方案。成功率的大小与方案的科学性和创造性有关，也与外方的政治、经济、宗教、文化、地理等因素有关，要选择双方有良好合作意向，把握较大的招商对象。第三，要选择成本较小，而效果又相对较好的一种方案。成本包括机会成本、货币成本和时间成本。机会成本是指在得到一个机会时而又去另一个机会所付出的代价。如决定到美国招商的同时，失去了在日本招商的可能性。在比较选择方案时，要选择机会成本和货币成本都较小，而效果又较好的一种方案。时间是具有价值的，未来的一块钱与现在的一块钱是不等值的，因此方案实施中必须考虑时间成本。

五、方案的实施

方案的实施就是将招商方案付诸实际、付诸行动的过程。一般说来，实施的方案是在各类招商方案中经过了严格筛选和充分论证的，是可行和可靠的方案。因此，实施过程中要遵守原方案中制订的程序、原则和操作办法，不得随意变更时间、地点、出席会议的人员等，在万不得已的情况下才改变议定的有关事项。方案的实施一般是一段较为集中且不太长的时间，如举办一个招商会一般只是一星期左右。在方案的实施期内，参加招商会的有关人员最好每天开个碰头会，交流当天的工作情况，明确下一天的工作任务。这样做可以避免工作的盲目性，使大家做到心中有数，有利于在工作中互相支持，加强协调。招商会有其自身的特点，招商方案也有其不同一般的特性。招商方案的实施过程中，尤其要注意信息的捕捉和资料的收集、储存、整理，这样才能保证招商会获得尽可能大的收获。因此，在整个招商活动期间内，需组织尽可能多的力量，主动出击，广交朋友，挖掘新的信息，建立新的招商渠道。

六、方案实施后的跟踪和反馈

招商方案较为集中的实施阶段结束后，并不是招商方案全部过程的完结，更不是招商策划的终止。要圆满地完成整个策划工作，还有一道必不可少的程序——方案的跟踪、反馈。跟踪得好，能巩固和扩大招商会的成果，达到事半功倍的效果；跟踪得不得力，则有可能前功尽弃。因此，策划者要极为重视方案的跟踪、反馈工作。

跟踪和反馈主要表现在以下几个方面：第一，主动征询和收集外方（他方）对整个招商方案（如招商会）的意见。在外商或他人看来，本次招商活动成功的地方在哪里？需要改进和注意的地方在哪里？通过收集这些反馈意见，对以后进行类似的招商策划和制订招商方案时能有所借鉴。第二，对在招商活动中所捕捉到的信息要继续跟踪，对新接触的外商要保持联系，不要出现招商会一结束，信息和来往就随之终止的局面。对有意向的合作项目，要在方案实施之后创造条件促其尽快签约。第三，对在招商活动中已签约的项目要加快立项和报批工作，促使项目尽早上马，促使外资尽快到位，使合作项目进入实质性的实施和建设阶段。第四，对“如何做好方案实施后的跟踪反馈工作”也应制订一个方案，分工到人，明确职责，并定期检查跟踪、反馈工作的成效。

第六节　各类超市选址要求及案例

一、超市、大卖场选址基准要求

（一）超市、大卖场

超市、大卖场的选址要求见表 10-1。

超市、大卖场选址要求　　表 10-1

要素		要求
商圈		经济发达、城市化水平30%以上； 交通便利； 商圈人口规模5万~10万人之间，人均收入大于1000元/月，人均商品性消费支出大于300元/月
物业要求	建筑	最好框架结构
	面积	5000~20000m²，单层面积5000 m²左右
	层高	楼层不超过三层，首层层高≥5.5 m，二层以上层高≥4.5m
	柱距	8m×8m为宜
	物业纵深	以30～50m为佳
	楼板承重	800kg/m²
	停车场	设有与商店营业面积相适应的停车场
合作方式		免租期1年左右　　租赁年限10~20年

（二）大型综合式超市

大型综合式超市选址要求见表 10-2。

大型综合式超市选址要求　　表 10-2

技术指标	具体要求
需求面积（m²）	10000～20000
单层面积（m²）	5000～10000

续表

技术指标	具体要求
经营楼层选择（层）	−1～3
结构层高要求（m）	≥4.5
进深	≥50
楼板承重（kg/m^2）	≥500
给排水	提供市政管道供水，日供水量≥100t；排水管道、隔油池、降温池、污水井、化粪池等
供配电	提供符合国家标准的市电和变压器，电量要求约为100~150kW/1000m^2，同时提供后备发电机
中央空调	提供与否需与开发商沟通
店内垂直交通	每层设置自动扶梯，货梯两部
电话线	提供配口
燃气管道	提供城市燃气管道配口
排污	预留排油烟竖井，为风机设置机基；其他排污系统均要建设到位
卸货/理货区（m^2）	500~1000
停车位（个）	200~500
物业交付装修标准	毛坯

（三）社区标超

社区标超选址要求见表 10-3。

社区标超选址要求 **表 10-3**

技术指标	具体要求
需求面积（m^2）	1000～3000
单层面积（m^2）	1000～3000
经营楼层选择（层）	1～2
结构层高要求（m）	≥4.5
楼板承重（kg/m^2）	≥500
给排水	接驳到位，日供水量≥100t
供配电	提供商场正常用电的高低压配电设备电量要求约为100~150kW/1000m^2，并设置备用电源
中央空调	提供与否需与开发商沟通
电话线	提供配口

续表

技术指标	具体要求
燃气管道	配备管道煤气或瓶装煤气站
排污	设置排污、排油井、隔油池及排油烟井道等设施
停车位（个）	50～150
物业交付装修标准	毛坯

（四）仓储式超市建筑要求

1. 建筑面积：10000 ～ 20000 平方米，最好一层，最高两层；建筑净高 5 米以上，进深最少 60 米；柱距 8.7 米左右；

2. 地面荷载：1500 公斤 / 平方米，面层为耐磨硬化剂地面；

3. 用电荷载：2×800 千瓦安，双回路用电；

4. 照明：照度不小于 600 勒克斯；

5. 用水：主要以生活用水和生鲜冷冻用水为主，日用水量 40 吨；

6. 冬季采暖：18 ～ 20 摄氏度；

7. 夏季制冷：24 ～ 26 摄氏度；

8. 通信：一条 DDN 数据专线积 20 门电话（应有一条中继线）；

9. 收货区：应有 8 个左右火车停车位，可满足 40 尺集装箱卸货及转弯半径的要求；

10. 进出口：顾客进出应与车辆进出分开；

11. 停车场：机动车停车位不少于 300 个，自行车位不少于 400 个。

二、大型仓储式超市的基本场地要求和建设标准

标准大致如下：

（一）面积要求

（1）占地面积：约 20000 平方米；

（2）卖场面积：单层约 10000 平方米，如达不到，单层不低于 5000 平方米，总经营面积 10000 ～ 15000 平方米均可；

（3）停车场面积：提供约 10000 平方米获 200 个地上专用免费车位；

（4）房屋：主体由钢结构或混凝土框架结构建设均可；

（5）卖场：卖场临街面与进深（即长宽）标准比例为 7：4，柱距 8 ~ 10 米，在当地消防部门及设计允许的情况下尽量减少承重墙，令营业面积最大化；

（6）层高：净高不低于 3.5 ~ 4 米；

（7）地面：铺设象牙白活浅色工业超市专用砖；

（8）内墙：白墙要如娇气；

（9）照明：配知识和大型超市及卖场要求两度的照明设施（具体参考使用方工程部施工图纸）；

（10）坡梯：卖场多于一层的，每层须配置两部自动扶梯（不超过 12 度的）；

（11）货梯和卸货区：两部 3 吨以上的货梯，地面一层不少于 500 平方米的专用卸货区，该商场周边需有环形车道以方便购物车及货车进出；

（12）标及招牌：提供该商厦正面及侧面显著位置或屋顶设置店标及招牌。

（二）房屋及场地的建筑配置要求

甲方向乙方移交的房屋和场地要满足下述的条件：

（1）按乙方设计方案要求和乙方书面确认的施工图纸反映的设计要求完成房屋和买场地的建造工程；

（2）房屋建筑主体结构坚实、防水、保温。各类电力、照明、供热、中央空调、给水排水、消防、天然气和电信系统等使用状态良好，且均符合中国和当地的建筑标准、环境保护法的规定和设计要求，施工质量达到优良；

（3）照明系统的安装、卫生间的建造等；

（4）房屋已建好变配电室并配备双路低压电力供给 1400 ~ 1600 千伏安（不含空调用电）；

（5）房屋配备给水供应 150 吨 / 日，完成全部给水排水系统及设施；

（6）配置消防系统及设施，包括：防火分区设施、喷淋、监控报警、控制室等；

（7）范围场地室内设计温度：夏季 27 摄氏度、冬季 16 ~ 18 摄氏度，完全可以独立控制的中央空调系统及设施，自控系统等；

（8）房屋已配备独立的水、电、天然气计量表；

（9）房屋中已配备可不少于 40 条电话线；

（10）完成符合设计要求的各类储水池、隔油池、化粪池等；

（11）取得当地有关主管部门颁发的建筑结构验收合格证书和各项装修、改造工程验收合格证书；

（12）按设计规划完成室外道路和停车场，并已获有关部门批准可投入使用；

（13）完成各类室外管线工程；

（14）完成路灯和绿化等室外工程；

（15）取得室外工程验收合格证书。

三、国内重点超市及卖场案例

（一）兴万家［超市］

1. 社区购物中心

商圈要求：消费者步行到达店址所需时间在 10 分钟以内的范围为核心商圈，所需 10 ~ 30 分钟的范围为边际商圈，商圈内具有固定住所的常住人口为主体的现有及潜在人口总数，要求在 15 万 ~ 20 万人，且周边人口具有一定的增长趋势。

物业要求：面积在 10000 ~ 20000 平方米之间，楼层不超过三层，层高以米为最佳，净高不低于 3.2 米，柱距以 8 米 ×8 米为宜，物业纵深以 30 ~ 50 米为佳。

2. 社区型综合超市

商圈要求：消费者步行到达店址所需时间在 20 分钟以内的商圈范围，商圈内具有固定住所的常住人口及潜在增长人口总数要求在 5 万 ~ 8 万人，且周边人口具有一定的增长趋势。

物业要求：面积在 2000 ~ 6000 平方米之间，以单层面积不少于 2000 平方米，楼层数不超过两层为最佳，层高以 5 米为宜净高不低于 3.2 米，柱间距以 8 米 ×8 米为宜，物业纵深要求以 30 ~ 40 米为佳。

（二）北京物美［超市］

1. 便利店和便利超市

（1）立地：临交通主动线，可视性佳（50 米以外易见），无进店障碍。

（2）商圈：流动人口量 4000 ~ 8000 人 / 次 / 天。

（3）物业：面积 80 ～ 500 平方米，地上一层布局方正为佳。

2. 综合超市

（1）立地：临交通主动线交汇处，把角为佳，容易发现。

（2）商圈：以半径 1.2 公里的商圈中有 2 万户居发为宜。

（3）物业：单层面积 1500 ～ 6000 平方米以上，不超过 2 层，以一层为佳，卖场以方形最好。

3. 大卖场

（1）立地：临交通主动线交汇处，客流车流量大，人流车流易进出。

（2）商圈：以 3 公里为半径，内有居民 30 万人。

（3）物业：单层面积 8000 ～ 30000 平方米以上，层高 5 米，柱距 8 米，以一层最佳，不超过二层，可停车 300 辆。

（三）沃尔玛 [超市]

1. 对商圈的要求

（1）在项目 1.5 公里范围内人口达到 10 万人以上为佳，2 公里范围内常住人口可达到 12 万～ 15 万人。

（2）须临近城市交通主干道，至少双向四车道，且无绿化带，立交桥，河流，山川等明显阻隔为佳。

（3）商圈内人口年龄结构以中青年为主，收入水平不低于当地平均水平。

（4）项目周边人口畅旺，道路与项目衔接性比较顺畅，车辆可以顺畅地进出停车场。

（5）核心商圈内（距项目 1.5 公里）无经营面积超过 5000 平方米的同类业态为佳。

2. 对物业的要求

（1）物业纵深在 50 米以上为佳，原则上不能低于 40 米，临街面不低于 70 米。

（2）层高不低于 5 米，对于期楼的层高要求不低于 6 米净高在 4.5 米以上（空调排风口至地板的距离）。

（3）楼板承重在 800 公斤 / 平方米以上，对期楼的要求在 1000 公斤 / 平方米以上。

（4）柱距间要求 9 米以上，原则上不能低于 8 米。

（5）正门至少提供 2 个主出入口，免费外立面广告至少 3 个。

（6）每层有电动扶梯相连，地下车库与商场之间有竖向交通连接。

（7）商场要求有一定面积的广场。

3. 对停车场的要求

（1）至少提供 300 个以上地上或地下的顾客免费停车位。

（2）必须为供应商提供 20 个以上的免费货车停车位。

（3）如商场在社区边缘需做到社区居民和商场客流分开，同时为商场供货车辆提供物流专用场地，40 尺货柜车转弯半径 18 米。

4. 其他

（1）市政电源为双回呼或环网供电或其他当地政府批准的供电方式，总用电量应满足商场营运及司标广告等设备的用电需求，备用电源应满足应急照明，如收银台，冷库，冷柜，监控，电脑主机等用电需求，并提供商场独立使用的高低压配电系统，如电表，变压器，备用发电机，强弱电井道及各回路独立开关箱。

（2）配备完善的给水排水系统，提供独立给水排水接驳口并安装独立水表，给水系统应满足商场及空调系统日常用水量及水压使用要求，储水满足市政府停水一天的商场用水需求。

（3）安装独立的中央空调系统，空调室内温度要求达到 24 度正负度标准。

（4）物业租赁期限一般为 20 年或 20 年以上，不低于 15 年并提供一定的免租期。

（四）家乐福

1. 大卖场选址标准

Carrefour 的法文意思就是“十字路口”，而家乐福的选址也不折不扣地体现这一个标准。

位置要求描述：交通方便（私家车、公交车、地铁、轻轨）；人口密度相对集中；两条马路交叉口，其一为主干道；具备相当面积的停车场，比如在北京至少要求 600 个以上的停车位。

2. 建筑物要求

建筑占地面积 15000 平方米以上，总建筑面积 2 万～4 万平方米，最多不超过两层，建筑物长宽比例：10 ∶ 7 或 10 ∶ 6，转租租户由家乐福负责管理。

3. 商圈内的人口消费能力

（1）商圈片区覆盖：

工具：GIS 人口地理系统（注：中国目前并没有现有的资料 GIS 可资利用，所以店家不得不借助市场调研公司的力量来收集这方面的数据）。

方法一：以某个原点出发，测算 5 分钟的步行距离会到什么地方，然后是 10 分钟步行会到什么地方，最后是 15 分钟会到什么地方。

方法二：根据中国的本地特色，还需要测算以自行车出发的小片、中片和大片半径，最后是以车行速度来测算小片、中片和大片各覆盖了什么区域。

计量参数：计算这片区域内各个居住小区详尽的人口规模和特征的调查，计算不同区域内人口的数量和密度、年龄分布、文化水平、职业分布、人均可支配收入等等许多指标。家乐福的做法还会更细致一些，根据这些小区的远近程度和居民可支配收入，再划定重要销售区域和普通销售区域。

注意事项：如果有自然的分隔线，如一条铁路线，或是另一个街区有一个竞争对手，商圈的覆盖就需要依据这种边界进行调整。

（2）区域内商业环境（包括城市交通和周边商圈的竞争情况）：

指导原则一：如果一个未来的店址周围有许多的公交车，或是道路宽敞，交通方便。那么销售辐射的半径就可以大为放大。

实例：例如家乐福上海大卖场古北店周围的公交线路不多，家乐福就干脆自己租用公交车定点在一些固定的小区间穿行，方便这些离得较远的小区居民上门一次性购齐一周的生活用品。

指导原则二：未来潜在销售区域会受到很多竞争对手的挤压，所以需要将未来所有的竞争对手计算进去。

实例：传统的商圈分析中，需要计算所有竞争对手的销售情况，产品线组成和单位面积销售额等情况，然后将这些估计的数字从总的区域潜力中减去，未来的销售潜力就产生了。但是这样做并没有考虑到不同对手的竞争实力，所以有些商店在开业前索性把其他商店的短板摸个透彻，以打分的方法发现它们的不足之处，比如环境是否清洁，哪类产品的价格比较高，生鲜产品的新鲜程度如何等，然后依据这种精确制导的调研结果进行具有杀伤力的打击。

（3）持续性商圈微调：依据目标顾客的信息来微调自己的商品线。

实例一：家乐福自己的一份资料指出，顾客中有 60%年龄在 34 岁以下，

70%是女性，然后有28%的人走路，45%通过公共汽车而来。

实例二：家乐福在上海的每家店都有一些的不同。在虹桥门店，因为周围的高收入群体和外国侨民比较多，其中外国侨民占到了家乐福消费群体的40%，所以虹桥店里的外国商品特别多，如各类葡萄酒，各类泥肠，奶酪和橄榄油等，而这都是家乐福为了这些特殊的消费群体特意从国外进口的。

实例三：南方商场的家乐福因为周围的居住小区比较分散，干脆开了一个迷你Shopping Mall，在商场里开了一家电影院和麦当劳，增加自己吸引较远处人群的力度。青岛的家乐福做得更到位，因为有15%的顾客是韩国人，干脆就做了许多韩文招牌。

4. 停车场要求

至少600个机动车停车位，非机动车停车位2000平方米以上，免费提供家乐福公司及顾客使用。

5. 大卖场设计

卖场设计具体见表10-4。

（1）家乐福的顾客群：60%的顾客是34岁以下，70%是女性，54%是已婚。

（2）家乐福的主要理念：低价、一次购足、免费停车、高周转、新鲜程度、品质。

（3）现代化的商店就是：卫生、舒适、店内通道进出方便、国际标准。

卖场设计具体要求 **表10-4**

物业结构指标	具体要求	物业配备指标	具体要求	物业配备指标	具体要求
需求面积（m^2）	8000~30000	物业交付装修标准	毛坯	新风量	3个500mm×500mm的新风口和2个500mm×500mm的排风口
单层面积（m^2）	5000~12000	空调要求	中央空调提供与否需与开发商沟通	排烟散热	烟管500mm×700mm，约$6m^2$可放置两台排油烟机
经营楼层选择（层）	−1~3	电梯（部）	货梯卖场为两层时3台，卖场内设两台自动坡道	隔油池	有中央隔油池
结构层高要求（m）	≥5.2	步梯	员工步行梯	排污	预留排油烟竖井，为风机设置机基
开间要求（m）	20m以上，门宽8m	供电	供电4200kVA双电源	消防	包括消防卷帘门、消火栓、喷淋头、烟感等

续表

物业结构指标	具体要求	物业配备指标	具体要求	物业配备指标	具体要求
柱间要求（m）	≥ 8m	供水	$200m^2$/天	其他	进深≥50m 卸货/理货区需要$500\sim1000m^2$
楼板承重（kg/m^2）	卖场$750kg/m^2$；仓库$1000kg/m^2$；收货区外停车区$3000kg/m^2$；收货区内堆物区$1500kg/m^2$；酒水饮料区$1000kg/m^2$	燃气管道	$200m^2$/天		
		通信要求	提供电话线配口		
		洗手间	配有		
		停车位数量（个）	300~500		

（五）大润发

土地及地点的位置确定，具体如下：

（1）土地：面积在30亩以上（约20000平方米）为佳。（覆盖率50%）。

（2）交通动线：最好以土地为界两边临路，要求在城市的主干道上。

（3）商圈人口：以土地为中心半径3公里人口约30万～40万人左右，县、地、省会城市均可，购买力高的城市3公里商圈内的人口20万人也可以开。

（4）建筑物以一层20000平方米为最佳，如二层即单层建筑面积均在10000平方米以上，总建筑面积20000～22000平方米，楼层最好不要超过二层。

（5）停车面积至少：机动车10000平方米（室内外均可）约300个停车位，自行车2500～3500平方米（室、内外均可）。

（6）建筑物室内层高：楼板至楼板在5.4米以上（使用净高3.8米），柱与柱距离8米或11米。商场的楼板荷载600千克/平方米，收货区、库存区需要1000千克/平方米。

（7）建筑面积在20000平方米以上，大厅面积超过3000平方米，两路供电且同时使用，每路为1600千伏安，总容量3200千伏安，或一用一备，常供电3200千伏安，备用电1600千伏安。建筑面积在20000平方米以下，大厅在3000平方米以下，两路同时使用，每路为1250千伏安，则总用电的容量为2500千伏安，或一用一备，常供电为2500千伏安，备用电1250千伏安。

生活用水日供量 200 千伏安，空调用水日供量 200 千伏安，煤气每小时为 50 立方米。

（六）居然之家超市公司

1. 选址原则

北京市所辖行政区域内，硬件设施较为完善，地面交通及轨道交通相对发达的大型中高档成熟社区周边或主干道旁边。

2. 店面标准

（1）产权

店面产权清晰，出租方自有或拥有长期租赁权（租赁期不低于 20 年），无法律诉讼、产权纠纷、担保抵押或不良债权等事项。

（2）店面建筑要求

所选店址的经营楼层不能超过两层，建筑面积 8000 ~ 10000 平方米。楼层净高不低于 6 米（不含设备层）；楼板荷载不低于 500 公斤 / 平方米；柱间距不小于 8 米。

（3）物业配套设施

消防达到国家验收标准；市政自来水入户，水量与水压满足经营活动和消防安全管理需要；电源为双路供电并且电容量每万平方米不低于 1000 千伏安；必须能够提供中央空调，且中央空调冷源和热源不低于国家关于大型商业设施的正常水平；必须有电动扶梯；电话容量不低于 50 门。

保安、保洁、水电维修、电梯维修等物业服务原则上由项目出租方负责，如出租方不具备相应资质或无法提供相应服务，可由超市自行配备，但出租方应在租金上给予一定优惠作为补偿。

（4）租金

四环以内，控制在 2 ~ 4 元 / 天 • 平方米。

四环以外，控制在 2 元 / 天 • 平方米以下。

如位置确很理想，且卖场的建设标准较高、物业配套设施条件较好，租金标准可以根据实际情况略有调整。

（5）停车场

拥有 100 个以上地上停车位且出入方便，特殊情况下地下停车场也可以考虑。

（6）所选店址除具有明显出入口外，还应设有独立的收货区域，方便超市进货。

（七）水果超市（叶氏兄弟果业）

水果超市具体要求见表 10-5。

水果超市具体要求 **表 10-5**

物业结构指标	具体要求	物业配备指标	具体要求	物业配备指标	具体要求
需求面积（m^2）	200～500	物业交付装修标准	毛坯	新风量	—
单层面积（m^2）	≥ 200	空调要求	提供中央空调或空调按照位置	排烟散热	—
经营楼层选择（层）	1层	电梯（部）	不要求	隔油池	—
结构层高要求（m）	≥4	步梯	—	排污	—
开间要求（m）	12m入口门面宽4m	供电	提供一般商业要求用电（三厢电）并设置备用电源	消防	包括消防卷帘门、消火栓、喷淋头、烟感等
柱间要求（m）	≥4	供水	接驳到位	其他	—
楼板承重（kg/m^2）	≥450	燃气管道	不要求		
		通信要求	提供电话线配口		
		洗手间	—		
		停车位数量（个）	10个		

第十一章

社区底商策划

第一节　社区商铺的规模与形式

一、社区商铺概述

社区商铺，指位于住宅社区内的商用铺位，其经营对象主要是住宅社区的居民。社区商铺的表现形式主要是 1 ~ 3 层商业楼或建筑底层，或者商业用途房。现在的社区商铺已经打破原来以铺位为主要形式的特点，铺面形式逐渐成为社区商铺的主流。

按照消费者的消费行为，将商业房地产分为物品业态、服务业态和体验业态，结合社区商铺的特点，社区商铺可以按照商铺的功能形式分类，分为零售型社区商铺和服务型社区商铺两类。其中似乎少了体验业态，这实际上是比较符合社区商铺的经营特点的。

社区商铺主要用作人们生活密切相关的生活用品销售和生活服务设施等。零售型社区商铺的商业形态为：便利店、中小型超市、药店、小卖部、书报厅，及少量服装店等；服务型社区商铺的商业形态主要为：餐厅、健身设施、美容美发店、银行、干洗店、彩扩店、花店、咖啡店、酒吧、房屋中介公司、装饰公司、幼儿园等。

从以上社区商铺可能的商业形态可以看出，社区商铺具有广泛的功能特点，而且商铺大多数投资小，容易出租、转让，无疑社区商铺属于商铺投资中的“小盘活跃股”。

二、社区商铺规模与形式

社区商铺作为与人们的生活密切相关的商业房地产形式，其市场极为成熟，只要商铺投资者保持理性的投资思维，不是以过度透支的价格购买商铺，就不会面临大的投资风险。下面按照零售型社区商铺和服务型社区商铺两个类型对社区商铺的特点进行分析介绍。

（一）零售型社区商铺

1. 规模特点

零售型社区商铺的规模有大有小。其中，用作便利店、中小型超市的社区商铺规模较大，面积大的约 1000 平方米，小的约 100 平方米，药店一般面积在 100 平方米左右，小卖部面积甚至仅 7、8 平方米，书报厅面积可能更小，一般的社区很少有服装店，有的话，面积也会比较小，通常 20 ～ 30 平方米。

2. 规划设计特点

零售型社区商铺的规划设计通常没有特殊的要求：3.5 米的层高是基本要求；如果是做中型超市，规划设计时应考虑合理的柱距，避免柱网太密，影响使用效率。

3. 经营特点

第一是商铺的形式。社区商铺的主要形式为主要为铺面形式。第二是投资回收形式。社区商铺的投资回收方式包括出租和出售两种，从市场发展趋势来看，出售方式越来越吸引市场的关注，而且社区商铺的买家将从散户时代逐渐向商业投资机构转化。

（二）服务型社区商铺

1. 规模特点

服务型社区商铺随着人们生活水平的提高，规模有逐渐增大的趋势。过去社区商铺比较多的是小型餐厅、小型美容美发店、彩扩店、花店等，如今，餐厅的规模越来越大，大型专业美容美发院成为大型社区的重要配套，健身设施从无到有，并不断有知名品牌健身机构进入市场，包括幼儿园在内的其他服务设施都对商铺的规模有较高要求，1000 平方米左右的商铺具有良好的市场空间。

2. 规划设计特点

服务型社区商铺的层高也不能低于 3.5 米，柱网设计过程中要在设计安全可靠的前提下，最大限度实现柱子数量最少化，因为餐厅、美容美发、健身等设施对水、电、暖、天然气、排污、消防等有相关要求，规划设计过程中要对以上内容加以考虑。商铺投资者在做商铺投资时需要对此加以考虑，上述设施越完善，今后越容易出租。

3. 经营特点

（1）商铺的形式

商铺的形式主要是铺面商铺和铺位商铺。

铺面商铺不可能进行统一管理，尤其当采取出售投资形式的时候，开发商不可能在经营阶段，干预商铺投资者的投资形式或经营类型，在此情况下，如果社区商铺的规模太大，这种没有统一定位、统一经营理念的社区商铺项目将有可能面临经营困局。

有些社区建设专门的社区商业楼，里面的商铺主要是铺位形式，这些铺位商铺的“可视性”肯定不如铺面形式，但其优点在于这种铺位商铺有可能在统一定位、统一经营理念下，竞争力得到提升，换言之，当社区商铺的开发商专业化水平很高时，铺位型社区商铺的价值未必不如铺面社区商铺。

（2）投资回收形式

目前，不少从事服务类商铺经营的经营商，已经逐渐在改变租用商铺的方式，原因是多方面的：一方面，过去的餐饮业经营商、美容美发店经营商等因为财力不足，所以只能租用商铺，但现在就不同了，很多从事服务类经营的企业、个人已经具备了投资购买商铺的实力；另一方面，这些经营商不得不面对商铺房东一再涨租金的现实，所以这些经营商会转而选择购买商铺。

从上面的分析可以得出结论，服务型社区商铺会逐渐成为商铺销售市场的重要品种。

第二节　社区商铺的业态确定

社区商业的功能主要是购物、休闲、餐饮以及综合服务，它的作用主要是提供当地和周边人群日常生活需要的商品和服务，同时根据社会经济的发展和人们生活水平的提高，增加现代服务业的门类，发挥“家的延伸”作用，满足现代人个性发展，创造自由生存空间的需求。社区商业主要配置超市、便利店、专业店、菜市场、餐饮网点、生活服务等网点；适当设置大型综合超市、文化娱乐网点和专卖店；一般不配置百货店、仓储商店、集贸市场等商业。商业的规模和结构会由于不同的社区类型有很大的差异性。

一、社区商业配套总体需求

社区商业的核心消费群体应该是相关项目的入住业主，部分业态会辐射周边的社区外消费群体，即非业主。按照潜在业主对不同配套设施的需求强度差异，可以把不同的商业配套设施分为 3 个层次，见表 11-1。

1. 强度需求商业设施

强度需求商业设施需求的比重超过 50%；此类商业设施主要包括“综合超市”、“菜市场”、“购物中心”、“银行”；潜在业主对“强需求商业配套设施”的需求还是存在一定的差异，对“综合超市”的需求占 85.3%，对“菜市场”的需求占 66.1%，对“购物中心”的需求达到 56.9%，对“银行”的需求达到 53.7%，都超过 50%，见图 11-1。

社区商业配套设施总体需求 表 11-1

商业配套设施——强度需求	总体	普通住宅	公寓	townhouse/别墅
综合超市	85.3	85.1	91.3	100
菜市场	66.1	66.4	56.5	50
购物中心	56.9	57.1	56.5	50
银行	53.7	53.6	69.6	0

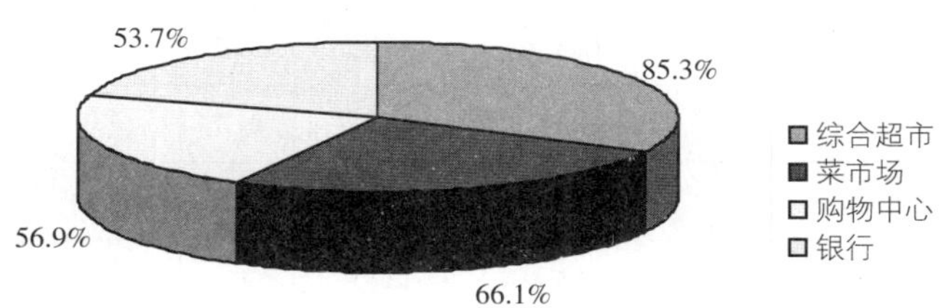

图 11-1 强需求商业配套设施

2. 中度需求商业设施

中度需求商业设施需求比重在 10% ~ 50% 之间，主要有“药房”、“诊所”、“餐馆”、“邮局”、“幼儿园”、“24 小时便店”、“书店”、“洗衣店”、“健身中心”、“运动场馆”、“游泳池”、“娱乐中心”、“美容美发店”、“老年活动中心”等。

潜在业主对“中度需求”的商业设施需求也存在一定差异，公寓需求群体对“药房”(43.5%)、“健身中心”(34.8%)、“书店”(21.7%)、“洗衣店”(21.7%)、“游泳池”(21.7%)等设施的需求程度明显高于普通住宅群体；而普通住宅群体对“诊所”(37%)、“餐馆”(35%)、“公园”(26.8%)、“幼儿园”(20.4%)、“运动场馆”(19.6%)、“美容美发店”(12.6%)、“老年活动中心”(12.4%)等商业设施的需求强度明显高于公寓群体，见表11-2。

社区商业配套设施总体需求 **表11-2**

商业配套设施——中度需求	总体	普通住宅	公寓	townhouse/别墅
药房	38.2	38.3	43.5	0
诊所	37	37.5	26.1	50
餐馆	35	35.7	17.4	0
邮局	30.3	30.6	30.4	0
公园	26.8	26.8	26.1	50
健身中心	20.6	20.1	34.8	100
幼儿园	20.4	20.4	13	50
运动场馆	19.6	20	4.3	50
24小时便店	18.7	18.7	17.4	0
书店	16.3	16	21.7	100
洗衣店	15.3	14.9	21.7	50
游泳池	14.5	14.3	21.7	50
娱乐中心	13.5	13.5	13	50
美容美发店	12.6	12.8	8.7	0
老年活动中心	12.4	12.6	8.7	0

3. 弱需求商业设施

这类商业设施比重在10%以下，主要包括“修理店”、“彩扩冲洗店”、“茶馆”、“花店”、“宠物店”、“高尔夫球场”，见表11-3和图11-2。

社区商业配套设施总体需求 表 11-3

商业配套设施——弱度需求	总体	普通住宅	公寓	townhouse/别墅
修理店	8.1	8	8.7	0
彩扩冲洗店	7.8	7.8	8.7	0
茶馆	7.2	7.4	4.3	0
花店	6.3	6.3	8.7	0
宠物店	5.9	5.7	13	0
高尔夫球场	3.3	3.2	8．7	0

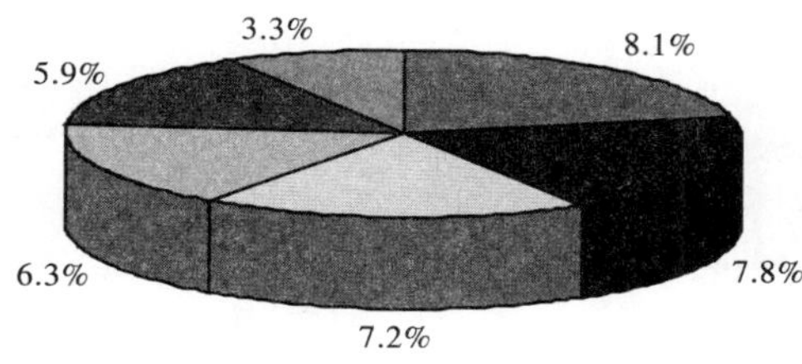

图 11-2 弱需求商业设施

二、社区休闲娱乐设施需求

从目前社区商业形态上看，休闲娱乐的设施主要包括“茶馆”、“咖啡厅”、“健身场所”等，那么不同档次住宅业主在社区休闲娱乐设施需求上到底存在哪些差异呢?

潜在购房群体经常光顾的休闲娱乐场所 表 11-4

经常光顾的休闲娱乐场所	总体	普通住宅	公寓	townhouse/别墅
健身场所	40.8	38.5	53.8	63.6
西式快餐厅	36.1	34.4	44.2	51.5
电影院	30	31.1	26	18.2
游泳馆	29.8	28.7	32.7	51.5
KTV	27.8	27.4	32.7	27.3
球类运动场馆	25.1	22.6	36.5	51.5

续表

经常光顾的休闲娱乐场所	总体	普通住宅	公寓	townhouse/别墅
咖啡厅	22.4	20.1	33.7	45.5
茶馆	18.1	16.3	26	36.4
酒吧	17.7	16.1	26	33.3
迪厅	11	10.4	15.4	12.1
歌舞厅/夜总会	7.6	6.2	15.4	18.2

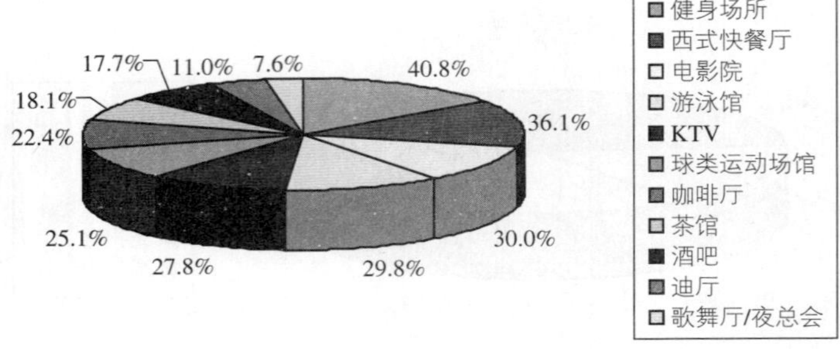

图 11-3　休闲娱乐场所

从表 11-4 的数据，可以发现，随着住宅档次的上升，潜在业主对“健身场所”、“西式快餐厅”、“游泳馆”、“球类运动场馆”、“咖啡厅”、“茶馆”、“酒吧”的需求呈现明显的上升趋势，见图 11-3。这也表明这些休闲娱乐设施和高档住宅社区的相关性明显高于普通住宅，开发商在开发高档住宅产品时，应该着重考虑此类配套设施，但是否配置所有业态，规模多大，还需要考虑各个项目的具体情况，包括入住业主的数量、消费能力、消费习惯、年龄等因素。

第三节　社区底商的招商与运营

一个成功的社区商业，集合了多方面的有利因素。它是开发商胆识和智慧的结晶，是设计、施工和运营团队多方整合的成果。评判社区商业是否成功往往是从招商状态和运营状态两方面来衡量的。下面单从社区商业的招商状态入手，简单谈谈社区商业的招商策略。

一、社区底商的招商

1. 先行定位，再行招商

社区商业具有较强的地域性，它以住宅住户为依附载体，消费人群的目的指向性非常明确。这就在一定程度上限制了商家的经营方向需要以便民、利民为主要内容。便利店、餐饮、美容、美发、医疗、洗衣、银行等都成为社区商业的首选商家。

当社区商业的规模较大时，商业业态的选择可以适当放开，不局限于上述内容。添加一些具有文化内涵的商业元素，像乐器、舞蹈、绘画、棋类的培训，风情酒吧等等，它们不仅可以调节社区商业的单调形象，也能起到留住消费人群的作用。通过这种力量，能够带动其他商家接连获益。

有了明确的定位再进行后续的招商，能够避免工作中的盲目，从而思路清晰、效率提高。

2. 集中优势，攻下主力

有了对社区商业的定位还需确定该商业项目的主力商家，通过主力店的带动能力，促使其他商家跟风入驻。

由于项目招商刚刚开始，招商处于空白阶段，这时与主力商家的洽谈带有一定的难度。主力商家通常看重的是该处商业项目的市场潜在能力、开发商的知名度和招商团队的管理能力等等。如若能在上述方面让主力商家产生信服，后续谈判才有可能。同时，也正是由于该处项目入驻商家的空白，主力店在项目区位选择上有更大的余地，也才更易于双方的牵手。一个项目主力店的引进情况，对项目招商和日后运营状态都有着极大的影响。主力店往往由富有管理经验的大商家掌控，它往往具有强大的品牌号召力、强大的聚客能力，并且能够极大地提升项目的整体形象和所在物业的租金水平，对后续的招商运营均能起到一定的带动作用。但是，主力店往往租期较长、租金收益较低、对竞争品牌具有极强的排他性、在所洽谈的合同文本上也带有一定的苛刻性。这就导致社区商业项目物业租售状态调整困难、投资回报率偏低、不利引进与主力店相竞争的其他商家、合同洽谈需要综合考虑慎之又慎等等。所以，主力店的引进是一把双刃剑，需要综合考量、分析对比后才能决定如何引进主力店、引进哪种类别的主力店和引进何种品牌的主力店。

3. 同业差异，异业互补

在对商家的选择上强调“同业差异，异业互补”的原则。也就是说，针对相同业态，寻求具体经营内容的差异化；在对不同商家的选择上，侧重考量商家与商家之间在业态设定、装修风格、运营理念等方面的互补，使社区商业项目能够做得内容丰富、有滋有味。举例来说，同为餐饮业态的商家，有中餐、西餐的差异，中餐中又有地方菜系和一些特色小吃的区别。因为社区商业体量普遍较小，需要加入很多满足社区居民生活需求的商家业态，如若不是纯粹的“食街”，就不建议选择同一菜系的几家商户同时入驻，要确保商家经营内容的差异化。在这种情况下，租金考量已退居其次，主要是要让入驻的商家有存活的空间，使开发商能够有稳定的租金来源。在不同商家之间寻求商家与商家在社区商业项目中的互补，以此互相带动，形成合力。

4. 放眼整体，宁缺毋滥

在招商的过程中要有整体意识，不能因短时内的招商情况不理想而自乱阵脚。面对不符合社区商业定位的商家，要有原则性，一票否决。不能单纯为了提升项目的招商率而草率签约，破坏项目的整体形象。同时，招商归根结底是在与人打交道，衡量好“人”的因素也是十分必要的。社区商业并不要求所有的商家都是大品牌、都要连锁经营，衡量小商户的营运能力、个人信誉、综合素质也大有裨益。否则，在后续的运营管理中，该商家的经营状况和经营方式很有可能对临近商家带来不利影响，从而给其他商家和商业运营带来困扰。

5. 稳抓核心，重视租期

当与商户的洽谈过渡到签约层面，招商人员需要从合同框架上予以全面衡量。具体说来需要对租期、租金、业态和位置这四个要素进行深入研究。

在社区商业初始运营阶段，首先入驻的商家可以适当给予租金优惠和其他方面的扶持。但是到了后续旺场期，如若租金水平一直得不到实质性的提高，那将难以体现社区商业项目的价值所在。若想改变这一点，就需要招商团队在前期招商的过程中充分考虑“租期”与“租金”之间的相互关系，从而使社区商业的营运状态发挥应有的魅力。

举例来说，对于意向承租期较长的商家建议招商团队在合同中适当压缩租赁年限，且租金较低。合同期满后当社区商业的状态发生转变时，再根据当时的状态调整租金水平。在商家初次开业之时，给予前期的租金扶持，待旺场后商家又回报给开发商较高的租金收益。这样，商家在创业之初存活下来，有了一个良好的生存土壤，在发展时期又不断支持开发商的运营管理，双方之间形成了一个良好的平衡。

同时，“租期”对“业态”和“位置”也有一定的制约作用。通过“租期”可以适时调整商家的“业态”和所处的“位置”。可以说，“租期”是调整商业状态的灵丹妙手，需要特别重视。

6. 控制节奏，集中签约

社区商业需要一个统一的时间节点集中开业，这样商业容易做旺。集中签约恰恰可以大体控制项目整体开业的时间范围。同时，集中签约还具有一定的带动作用，先签约的商家会给未签约商家以心理压力，加之签约现场的气氛营造，都会促使商家迅速签约。

在社区商业的招商过程中还会遇到这种情况，商户选择的铺位总是处于不断的调整当中。如若集中签约，则商家调整自身商铺位置的选择性几近为零，也易于招商人员对项目的整体把控。

7. 宣传造势，服务至上

当一切开业准备都做好后，招商工作告一段落。这时还要注意对社区商业项目进行宣传造势，使入驻的商家有信心在此经营。同时，招商人员要做好此阶段的服务工作，充分展示公司形象与企业内涵，不要因个人原因使入驻商家产生负面情绪。

以上是以时间为序对社区商业招商策略进行的简要介绍，在实际的操作过程中还需结合不同商家的生存能力做统一思考，切莫因一时的租金收益破坏了整体的运营目标。

二、社区底商的运营

1. 集中管理 谋求品牌

从目前整个市场来看，通过社区商业自行持有来进行长期投资的开发商还是凤毛麟角的。基于这个原因，社区商业失败的案例也是非常多的。政府部门也考虑到这个现象，规定开发商必须要持有相应比例的社区商业，这是作为土地转让的必要条件。

而关于商铺业态杂乱的问题，不少业内人士认为，是因为店铺分割出售的模式导致。因为购买商铺的小业主多数并非商业经营者，其购买的目的无非是伺机高价抛售或追求租金回报。因此，在短期投机心态下，就会使得社区商业容易在低品质且无序的状态下发展。

实际上有些开发商觉得自己比较有实力，想通过只租不售的形式做大做强，但是因为增量的缺失，导致不得不重新进行商铺的划分，一小块一小块的销售。但是，这样也导致了商铺的更换率非常高。这是开发商对于整个项目的定位，以及整体思路的问题。

已初具规模的商铺投资者称，他的社区商业也经历了 3 ～ 5 年的培育期，而且是在小区入住率保持稳定的前提下，商业价值才开始成熟。商业与住宅最大不同在于,前者需要更多市场培育时间,是市场真实选择的结果。有人气、有消费习惯，自然就催热了商业价值。有资料显示，社区商业目前在中国尚处于起步阶段。随着房地产业的发展，特别是商业房地产的逐渐成熟，社区商业得到了巨大的进步。国内出现了一大批“购物中心”、“生活广场”、“娱乐休闲一条街”等众多社区商业形态。国内的社区商业设施也正朝建筑、景观、空间、声音的综合性发展。

在如此背景下，社区商业未来又该如何运营？目前已经有越来越多的开发商意识到社区商业不能放任自流，不但要经营出特色，还要靠其提升社区品质，谋求更长久的商业价值和品牌形象。统一规划、集中管理是必要条件，先租后售或只租不售是充分条件。

商铺投资不是买了租出去这么简单，需要开发商对前期招商和后期的规划推广、商户调整等做很多工作。若后期经营不好，风险比投资住宅还要大。

2. 因地制宜，个性化运营

如果在一个商场里面开一个精品超市，往往不及周边的易初莲花等，因为它面临着一个尴尬的位置，高不成低不就。它的思路定位错在对于整个社区并不了解，贸然草率行事。在一些老式的居民小区里面，最好的是类似于小型菜场的地方，生意会比隔了几步路的鸡排店生意要好。如果开在学校边上，这个菜场的生意肯定不会比鸡排店生意好。所以首先要对客户群进行了解，这是必须要搞清楚的。一些自己开小型连锁的人往往采取观察几个时段内，从早高峰和晚高峰看店铺走过去多少人，走过去的人是什么样的定位，再考虑是否在这里开一个什么样的店铺。所以社区商业是一个个性化或者是一个非常细的东西，要用更加细心的办法去做才会成功。

3. 要看风险承受能力

投资社区商业，关键还是风险自我承受能力的考量问题。实际上对于个人投资者来讲，社区商铺仍然不是非常成熟的投资标地项目。提到大盘社区的问题，大盘社区有它的优点也有缺点，优点是人流量比较大，但是缺点就是面对人群的细分和负责程度较低。所以一方面判断整个社区现状以及未来的发展前景，另一方面要注意开发商的定位和相应的后续发展思路。

第四节 社区底商销售

在商业地产中，社区型商业规模、区域的划分相对有限，但发展前景相当可观，是未来商业地产发展的方向，是整个商业地产板块中极其重要的组成部分，是将居住与商业融合为一体的新领域和新市场。商业地产时代已经来临，其营销策划战略战术也将面临新的创新和挑战，商业地产的营销策略、方式有很多种，但归结到大的面上就是三类：

一、全部出售

很多商业广场就采用全部出售办法，出售后由小业主自主经营。如北京的建外 SOHO 商业街，上海的金桥 • 罗马假日等。这种商业街的店铺出售后会带来很多后遗症，如业态混乱，物业管理难，缺乏统一模式，不能组成有效的商业系统、业态分类难以差异化组合，整个商业项目缺乏品位。

开发商一次性收回投资摆脱了风险，但以后投资者的风险增大了，该商业的价值就很难提升，还有可能成为死铺。如南京路，福州路旁的中福城一条街，内街商铺全部出售给温州人，二、三年过去了，一条商业街开门的商铺只有几家，几十家商铺都关着门，门上出租告示一张，都等待升值转让。这种商铺产权已全部出售，管理公司很难在经营权上加以制约。更有炒铺人把门一锁，二、三年不来，管理公司拿他没辙。这样的“商铺”很容易变成“伤铺”。

全部出售模式一般只适应临街的，或少量社区内街面商铺，而且是底铺、小面积。而内街式大型社区商铺不宜推广，如确需出售，应事先在合同条款中对经营权，经营业态，规模、期限加以制约，只有如此才能较有效地保证整体商业街的完整性。

二、全部出租

这是一种现在比较推崇的销售方案，这样开发商可保证商业模式的统一性，统一经营、统一管理、统一招商，在经营过程中不断调整完善，达到开发商、商家、消费者三者三赢。如某休闲广场，三年经营下来，业态稳定成熟，人气越发旺盛，以前到“一茶一坐”吃饭随到随吃，现在必须排队十分钟。还有某一社区商业，刚开始时每年租金 164 万元，现在是每年租金 600 万元。其商业模式已成为上海的一个亮点、大都市标志性的旅游景点。

这种模式被不断地拷贝，模仿。成为一种新的商业模式，如杭州新天地、重庆新天地、北京新天地、上海玫瑰坊等。这种商业操作需要开发商有较强的资金实力，有良好的经营管理队伍，如某地的小商品贸易市场管理队伍，工商管理、税务、警所到现场联合办公，组成了一支有效的管理队伍。

全部出租的缺点是开发商资金一时难以回收，但以后的增值前景非常可观。“养铺”是商业地产增值的必然途径，一万平方米左右的商业广场，“养铺”时间一般为二到三年。对企业来说，每年保证有正常的现金流，二、三年后经营比较成熟的商业，就有较稳定的回报和超值的价格。

三、部分出售或出租

这是一种介于以上两者之间的方案，这是一个二分法的问题。当开发商为保证企业有适当现金流，同时又不愿降低商业广场的品质，可将部分商铺出售套现，并与投资者签订包租返利方案，以保证整体业态的统一性，这样商业广场在运作策略操作上可进可退，企业有较大的灵活性。

企业在选择哪些铺位宜出售，哪些铺位应保留时，应将项目作仔细分析，一般操作法：开发商将临街、商铺入口处，有升值潜力的黄金地段铺位保留下来，或将大商场保留下来，将小商铺出售。因为大商场出售不易，特别是在商场还没起色时就更难了，大商场定位好了，小商铺仅起到差异化商业配套作用。在出售商铺时，开发商就要选择好商家，应先咨询好对方经营何种业态，经营规模、装修标准，然后对该商家进行评定，决定是否卖给他。如果觉得该商家经营业态与该小区相符，在签约时就要将经营业态、经营规模、装修标准协商确认，写进合同作为制约的条件。

四、出售包租

出售包租方案主要是针对投资客。最简单操作是将三权分立：有所有权没有经营权，有经营权没有所有权，有管理权没有所有权。开发商将投资者购买的商铺全部签约包租下来，包租时间一般 2 ～ 5 年，时间太短，投资人有风险；时间太长，开发商有风险。由开发商统一招商引店，统一经营管理，年终统一给投资者一个固定回报，回报率将根据不同的地区，不同的板块而定，同时也参考银行利率，现在低的回报率是 5% ～ 6%，高的回报率是 10% ～ 12%。过高的回报率也是一种风险。

还有经营利润留成与投资者分成方案，包括开发商提供物业，经营者出资经营，双方根据经营利润分成获得收益。开发商选择这个策略时，一定要选择一支有丰富商业经营管理经验的队伍，最好是既有国外管理商业经验，又有深厚本土文化，熟悉当地政策法规的企业，有经验的队伍完全可以把商业广场培育成超值利润的品牌。如大连万达所投资的全国连锁商业广场，都采用部分出售策略，而且做成全国品牌规模效应。

第五节　社区会所招商

会所是康体、休闲、联谊的场所，它自20世纪90年代初从香港引进内地，目前已成为高档房地产项目必需的社区规划内容之一。买房人考察楼盘时，在注重房屋价格、位置、交通、户型的同时，会所已经成为一个不可忽视的硬件标准。业主在选择会所时应注意哪些因素?

一、会所定位

一般会所是针对特定的消费群体的内向型商业形态，主要定位为休闲，健身，保健，餐饮娱乐等业态，相对于区域的商业零售配套更强调社区生活功能的完善。

如果楼盘体量大，强调楼盘品质，社区商业与社区会所在功能与布局上严格划分开，会所可引入健身保健等业态的知名商家，而餐饮娱乐等业态放在社区商业部分；如果楼盘体量不大，土地利用集约化，社区商业与会所功能布局互补组合，通过餐饮娱乐及商业零售的人气互动给会所业态增加关注度与共享客流。

开在小区里面的会所首先要看这个小区的定位如何，如果是高端楼盘，使用封闭式对内的会所就好，业主可免费使用，用提高物业费的方法就可以，当然要透露信息给业主，交较高的物业费来享受会所的服务比在外面会所办卡要更实惠和便捷，这样的会所功能不需要很全面，但功能要很实用，实用频次高的那种；中高档的楼盘就可采取半封闭式的方法，业主还是可以参考上述方法，非业主的以会员卡来约束，当然功能就要比较齐全一些，根据潜在的客户人群决定会所的规模和功能较为合理，最好实用再加特色，还要根据这个城市的人文环境作为参考。

会所经营有着如下特点：

1. 不是单纯的高档产品

当今的会所一般具备以下软硬件条件：康体设施包括泳池、网球或羽毛球场、健身房等健身场所；中西餐厅、酒吧、咖啡厅等餐饮场所；有的还配有网吧、阅览室等服务设施。

据了解，大部分购房者在选择会所时都将医疗保健项目列入会所项目中。在生活水平蒸蒸日上的今天，人们已经把健康问题摆到了最重要的位置。其次，因为老百姓的健康消费旺盛，一部分购房者在选择商品房时十分看重小区的体育设施，如乒乓室、游泳池等。他们表示虽然工作和学习非常繁忙，但也应该每天安排体育锻炼。另外小型超市、咖啡厅、图书馆等设施也越来越成为业主衡量会所的重要标准。

大多数高档社区的业主都认为，社区会所不应只是高档产品，只有适合群体大众的会所才更有市场。开发商不能将社区会所作为幌子，要真正在会所的建设和管理上花点心思，才能满足业主们的需要。

2. 封闭式会所最受欢迎

既要保证小区的环境安宁、住户的人身安全，又要保证物业的品质，什么样的会所最受业主欢迎呢？一些居民表示，他们会选择只对社区内部开放的封闭式会所。目前会所大多采用封闭式管理，该类会所一般采用“会员制”，按照服务项目的差异以及不同费用标准，将会员分成若干种类别，形成差异化消费。

另外，会所还包括半开放式和开放式。半开放会所是指在对内部住户开放的同时，也对社会公众开放的会所。由于外部社会公众的进入，会给小区的安全管理带来一定的困难。有些会所采用分流管理的方式，确保外部消费群体不对社区住户安全构成威胁。同时，在收费上针对住户采用优惠政策或者会员制度。开放式会所就是完全的社会商业性设施，开发商采用向社会招商的形式，面向社区及社会经营。

二、会所经营模式

根据建筑物所有权和经营权确定经营模式。一是产权人自营；二是产权人委托物业公司经营。产权人自营自不必说，物业公司只要按物业管理服务原则收取物业费即可。

委托物业公司经营的（当然，受托的物业公司可自营亦可委托专业公司经营），须先与产权人商定相关经营期、经营投入、利益分配等，其次须结合当初相关会所项目内容等约定，才能确定相关切实可行的经营方案。

如产权属开发商所有，可将会所所有功能进行整合，经营方式可由开发商自行成立专门管理公司统一经营，也可委托专业的管理公司进行经营。从长远考虑，建议是由开发商成立专门管理公司进行经营，既可控制成本，保持操控力度，又可成为开发商体现品牌服务的一种表现。因为从可持续性发展方面看，开发商在不断的开发楼盘过程中，慢慢就会把以前已经开发过的楼盘资源加以利用，挖掘除单纯开发建筑以外的隐性资源，为自己品牌的增加号召力和社会传播力。因此，把已开发过的小区的会所进行整合包装，然后提炼出一种品牌所独有的服务及生活理念，将对开发商往后的楼盘开发和品牌提升作出强有力的支撑。现在一些品牌地产卖得不仅是楼，而且是在卖生活方式，卖社区服务。

至于会所经营盈利方面，应重新对会所的配套设施进行一次盘点，清楚各会所的设施设备情况，然后确定整合经营思路：首先保障小部分设施仍可免费为业主提供；其次，涉及有易损耗设备和器材的配套设施，可在保证运营成本的基础上，按微薄利润原则继续经营，以减低小区业主的抵触情绪；第三，对于亏损严重，无法后续经营的配套设施，予以取消；第四，开辟闲置地方，在会所内增加营利性的经营项目，如特色餐饮、休闲娱乐、生活超市等，如属无法自营，可在统一管理、保证服务标准的前提下进行招商；第五，为社区业主开办会员卡，订立不同的会员制收费标准，并确定所有会员在所有连锁式会所均可使用，增强联动性；第六，根据各小区业主情况，开设不同的培训班，如瑜伽班、少年才艺培训班等，增加收入渠道；第七，在管理经营上，实行项目经理负责制，各社区会所经营由项目经理负责，订立各会所的经营思路与盈利目标，实行盈利提成制度；第八，财务管理归开发商统一统筹控制及审查，确保成本控制；第九，所有的筹备工作完成后，对整个会所经营进行形象包装，以开发商名义订立一个形象定位语，并进行适当的媒体宣传，为会所经营扩大社会宣传。

三、会所归属问题

在会所产权的归属和提供服务的问题上，业主和开发商经常会争得不可开交，所以业主在购房前应注意以下几点：

首先，开发商应该依照合同内容提供会所服务项目所需的硬件条件。如果会所的产权人是开发商，那么开发商将必须依据与业主签订的合同提供该服务项目，否则就是违约。如今很多此类纠纷的根源就是开发商认为房屋买卖合同在交房以后就结束了。其实，该合同中的一切承诺都应继续延续。

如果会所没有独立产权，也没有任何人能够主张产权，则会所的产权人就是全体业主。业主大会有权利决定、变更会所的用途，也必须由全体业主支付会所的管理费用。

因此，对于没有独立产权的社区会所，要么政府明确收回这部分资产，自行委托专业公司管理和运作，要么就按照有关法律，允许社区业主自主治理。

第六节 社区便利店和服务型商业选址要求

一、便利店选址标准和要求

连锁便利店的发展战略与百货公司和大型连锁超市不同，它在进入某个目标市场之前先划分商圈，再根据既定的原则，在商圈范围内选择合适的店址，见表 11-5 和表 11-6。

便利店选址要素表 **表 11-5**

要素		要求
商圈		以商店所在点为中心，半径300m左右（中小城市为500m左右），目标人口在2600~3000人； 选择居民区附近，该地区固定顾客较多； 选择地铁或车站附近，流动顾客较多； 选择写字楼、影剧场、医院、学校等客流较大场所； 一般300m内无相同性质竞争者
物业要求	产权	产权清晰且至少可使（租）用6年
	楼层	独立商铺或楼房底层，门面展开宽度不少于6m
	面积	60~120m^2
	配套设施	同时配备上水和下水； 一般可的、快客等需要25~30kW的总电量，而全家、罗森等需要要有35kW以上的电量。在选铺时一定要搞清楚可扩容电量的上限
	其他	无台阶、无遮拦、有店招、最好有两面以上的开面（橱窗展）
合作方式		租金：3~8元/m^2·天；租期：一般5年以上

便利店选址技术指标 **表 11-6**

技术指标	具体要求
需求面积（m^2）	100~500
单层面积（m^2）	100~500
经营楼层选择（层）	1
结构层高要求（m）	≥4.5
楼板承重（kg/m^2）	≥500
给排水	接驳到位
供配电	提供商场正常用电的高低压配店设备并设置备用电源
电话线	提供配口
物业交付装修标准	毛坯

（一）商圈划分

商圈的划分不是以服务半径为原则，而是以便利性为原则，即以住宅小区为商圈的重心，根据街区和主干道的自然走向确定商圈范围。商圈确定后，便要根据既定的选址原则，在商圈范围内寻找合适的铺面，然后再根据已确定的铺面位置和面积，决定该商圈内的便利店数量。

（二）选址原则

（1）居民区入口处或主要交通道路。便利店的目标顾客为稳定的居民，应考虑居民出入小区的路线。

（2）面积限制在 50 ~ 200 平方米以内。这个面积限制是便利店的最佳面积范围，既不会因面积太大而导致投入（例如便利店的设备和装修等）和费用（例如租金与人工费用等）太高，又可以保证有足够的商品陈列面摆放所需的商品。

（3）便利店应保证在建设物的底层开设店铺，一般不要设在夹层或二层，楼层间高度保证在 3 米以上。

（4）足够的配电功率，完善的水电和消防设施等。1150 米半径内居民不少于 1 万人，其中 200 米半径内不少于 2000 户。

（5）位于社区商业中心街道（动线上）。东西走向街道最好坐北朝南；南北走向街道最好坐西朝东，尽可能位于十字路口的西北拐角。

（6）与超市、商厦、饭店、24 小时药店、咖啡店、茶艺馆、酒吧、学校、银行、邮局、洗衣店、冲印店、社区服务中心、社区文化体育活动中心等集客力较强的品牌门店和公共场所相邻。

（7）独立商铺或楼房底层，门面展开宽度不少于 6 米。

（8）门窗可改装为落地式大玻璃结构。

（9）店铺产权清晰且至少可使（租）用 6 年。

（10）有正常排水、排污、通信、五台空调主机位。

（11）店前空地不少于店内经营面积，可停放 20 辆以上自行车及摩托车。店前或附近 50 米内可停放 2 辆以上小汽车。

（12）店面、店侧及店前可发布（安装）30 平方米以上的广告牌。

（13）社区居民文明素质较高，治安状况良好。

（14）社区交通方便、通畅，与过街天桥、过街地下通道、公共汽车站、地铁站口、轻轨站口等人流量较大的公共交通设施相邻。

（15）社区地方政府执法文明，注重社区文化建设。

从上述条件可以看出，连锁店的选址不但考虑到了人流数量，比如规定半径内的居民数量，还考虑到了有效人流，比如，规定最好在超市、学校等音像文化消费者集中的地方开店。它还考虑到了交通、治安、宣传、朝向等各个细节，这些规定尽可能地保证了店铺的选址科学化、正规化。

开店地点周围住户的情形，亦即所谓的居民居住条件，其范围有以下几类：

1. 住宅的种类

分为单身住宅，普通小区住宅（分大、中型），公寓（分电梯大楼、普通公寓），高级住宅区。以上的住宅种类都适于开设便利店，但贫民区、老人住宅区则不太适合。

2. 住户的构成

便利店的客户群以 10 至 30 岁的青壮年为主，单身男女尤其重要。如以职业类别来看，司机、工厂上班者等蓝领及白领阶层以及服务业人员，都是比较理想的对象。

商圈内有助于便利店设立的设施有下列几种：中小型企业（内部没有

餐厅)，中大型医院，大学、专科院校及高中职校，24 小时工作的大、中型工厂(三班制)，消防队、警察局、市政府，公园及广场，车站附近，大型集中住宅区。

商圈未来发展的具体考虑如下：地区内人口及户数的增加，新设车站的计划，学校的建设计划，马路新设、增设及拓宽计划，小区住宅的兴建计划，商圈内的竞争性。商圈内的竞争性，指的是城区内有大型店、同类店或商户聚集较多时，要先确定是否还有设店的空间。

(三)案例(快客)

快客案例分析见表 11-7。

快客案例分析 表 11-7

物业结构指标	具体要求	物业配备指标	具体要求	物业配备指标	具体要求
需求面积(m^2)	50~60	装修标准	简单装修	新风量	—
单层面积(m^2)	50~60	空调要求	预留空调安装位置	排烟散热	—
经营楼层选择(层)	1	电梯(部)	—	隔油池	—
结构层高(m)	≥4	步梯	—	排污	提供接口
开间要求(m)	4~9	供电	一般商业标准(三厢电)	消防	符合国家消费安全标准
柱间要求(m)	—	供水	一般商业标准	其他	进深≤15m，店前走道宽1.5m以上，要裸露且没有绿化带
楼板承重(kg/m^2)	≥250	燃气管道	—		
		通信要求	提供电话线配口		
		洗手间	—		
		停车数量(个)	—		

二、社区服务型商业选择要求

1. 电信营业厅

电信营业厅选择要求见表 11-8。

电信营业厅选择要求 **表 11-8**

物业结构指标	具体要求	物业配备指标	具体要求	物业配备指标	具体要求
需求面积（m^2）	60～100	装修标准	毛坯	新风量	—
单层面积（m^2）	—	空调要求	预留空调安装位置	排烟散热	—
经营楼层（层）	1层	电梯（部）	—	隔油池	—
层高要求（m）	≥4	步梯	—	排污	—
开间要求（m）	4m以上	供电	提供备用电源	消防	符合消防标准
柱间要求（m）	≥4	供水	—	其他	
楼板承重（kg/m^2）	—	燃气管道	—		
		通信要求	电话、宽带		
		洗手间	—		
		停车位数量	—		

2. 洗衣（卡柏）

卡柏洗衣案例见表 11-9。

卡柏洗衣选择要求 **表 11-9**

物业结构指标	具体要求	物业配备指标	具体要求	物业配备指标	具体要求
面积（m^2）	50～100	装修标准	毛坯	新风量	—
单层面积（m^2）	—	空调要求	预留空调位置	排烟散热	—
经营楼层选择（层）	1层	电梯（部）	—	隔油池	—
结构层高要求（m）	≥4	步梯	—	排污	—
开间要求（m）	4m以上	供电	一般商业用电（三厢电）	消防	符合消防安全标准
柱间要求（m）	≥4	供水	提供接口	其他	
楼板承重（kg/m^2）	—	燃气管道	—		
		通信要求	—		
		洗手间	—		
		停车位数量（个）	—		

3. 保健品、药品、化妆品物业标准要求

保健品、药品、化妆品物业标准要求见表 11-10。

保健品、药品、化妆品物业标准要求 表 11-10

物业结构指标	具体要求	物业配备指标	具体要求	物业配备指标	具体要求
需求面积（m^2）	30～80	装修标准	简单装修	新风量	—
单层面积（m^2）	30～80	空调要求	预留空调位置	排烟散热	—
经营楼层选择（层）	1	电梯（部）	—	隔油池	—
结构层高要求（m）	≥4	步梯	—	排污	—
开间要求（m）	4～8	供电	一般商业标准（三厢电）	消防	符合国家消防安全标准
柱间要求（m）	6	供水	一般商业标准	其他	—
楼板承重（kg/m^2）	—	燃气管道	—		
		通信要求	提供电话线配口		
		洗手间	—		
		停车位数量	—		

4. 文具、书店等的选择要求

文具、书店等的选择要求见表 11-11。

文具、书店等的选择要求 表 11-11

物业结构指标	具体要求	物业配备指标	具体要求	物业配备指标	具体要求
需求面积（m^2）	50～200	装修标准	简单装修	新风量	—
单层面积（m^2）	—	空调要求	预留空调安装位置	排烟散热	—
楼层选择（层）	≤3	电梯（部）	—	隔油池	—
层高要求（m）	≥4	步梯	—	排污	—
开间要求（m）	4~8	供电	一般商业标准（三厢电）	消防	符合国家消防安全标准
柱间要求（m）	≥ 4	供水	一般商业标准	其他	—
楼板承重（kg/m^2）	—	燃气管道	—		
		通信要求	提供电话线配口		
		洗手间	—		
		停车位数量	—		

5. 服装服饰等的选择要求

服装、服饰等的选择要求见表 11-12。

服装、服饰等的选择要求 **表 11-12**

物业结构指标	具体要求	物业配备指标	具体要求	物业配备指标	具体要求
需求面积（m^2）	50～200	装修标准	简单装修	新风量	—
单层面积（m^2）	—	空调要求	预留空调安装位置	排烟散热	—
楼层选择（层）	≤2	电梯（部）	—	隔油池	—
层高要求（m）	≥4	步梯	—	排污	—
开间要求（m）	≥ 4	供电	生活用电标准以上	消防	符合消防安全标准
柱间要求（m）	≥ 4	供水	一般商业标准	其他	进深10~15
楼板承重（kg/m^2）	—	燃气管道	—		
		通信要求	提供电话线配口		
		洗手间	—		
		停车位数量（个）	—		

6. 眼镜店的选择要求

眼镜店的选择要求见表 11-13。

眼镜店的选择要求 **表 11-13**

物业结构指标	具体要求	物业配备指标	具体要求	物业配备指标	具体要求
需求面积（m^2）	50～400	装修标准	简单装修	新风量	—
单层面积（m^2）	—	空调要求	预留空调安装位置	排烟散热	—
楼层选择（层）	≤2	电梯（部）	—	隔油池	—
层高要求（m）	≥3	步梯	—	排污	—
开间要求（m）	4～8	供电	一般商业标准	消防	符合消防安全标准
柱间要求（m）	≥ 4	供水	一般商业标准	其他	
楼板承重（kg/m^2）	—	燃气管道	—		
		通信要求	提供电话线配口		

7. 文印店等的选择要求

文印店等的选择要求见表 11-14。

文印店等的选择要求 **表 11-14**

物业结构指标	具体要求	物业配备指标	具体要求	物业配备指标	具体要求
需求面积（m^2）	20～40	装修标准	毛坯	新风量	—
单层面积（m^2）	—	空调要求	预留空调安装位置	排烟散热	—
楼层选择（层）	1层	电梯（部）	—	隔油池	—
层高要求（m）	≥4	步梯	—	排污	—
开间要求（m）	4m以上	供电	—	消防	符合消防安全标准
柱间要求（m）	≥4	供水	—	其他	

第十二章

城市综合体策划

第一节　城市综合体的概述

一、概念及特点

伴随着我国城镇化进程的加快和人民生活水平的提高，居民的生活方式和消费观念都在发生巨大的变化。一方面，除了以自住为主的住房需求持续增长外，改善型和投资型需求更是飞速增长，商品住宅市场呈现一派欣欣向荣的景象。在满足了居民物质文化需求的同时，越来越多的人正在寻求精神层面的提升。以购物、休闲、娱乐、餐饮等为主，提供一站式、体验式生活服务的商业地产项目也迅猛发展起来，诸多大型商业地产项目于城市核心地段孕育而生。另一方面，自改革开放以来，商品房住宅市场云集了数以万计的开发商，市场竞争极其惨烈。尤其随着我国加入世贸组织，众多零售商相继进入我国，新的零售类型大大填补了我国这一领域的空白。期间，商业地产开发商、运营商、咨询机构、顾问公司得以壮大。另外，各类商业地产项目的成功运营，确立了其城市名片的地位，契合了"城市经营"的理念，使得政府决策者有着引进商业地产项目的巨大动力。而作为商业地产的高级形式，近年来城市综合体成为新的开发产品和模式，得到了各方广泛关注。

"城市综合体"起源于法国巴黎的拉德芳斯区，并在该区建成了"拉德芳斯"城市综合体。此后，美国洛克菲勒中心以及东京六本木人们津津乐道的典范。而在我国，万达、中粮以及华润成为较早涉足并且成功运营城市综合体项目的专业商业地产运营商，分别开发了以万达广场、中粮大悦城以及华润万象城为系列的产品。除此之外，北京国贸中心、上海新天地以及深圳华润中心也是我国目前运营最成功的综合性高档城市综合体。所谓城市综合体，西方称为 HOPSCA，是酒店（Hotel）、办公室（Office）、停车场（Parking）、购物中心（ Shopping Mall）、会所（Congress）、公寓（Apartment）等物业英文首字母的组合，是将城市中的商业、办公、居住、旅店、展览、会议、娱乐等城市生活空间的功能进行组合，并在各部分间建立起一种共生、互补的能动关系，从而形成一个多元化、多功能、高效益的优质综合体。

二、分类

城市综合体基本具备了现代城市的全部功能，所以也被称为“城中之城”。大型城市综合体适合经济发达的大都会和经济发达城市，在功能选择上要根据城市经济特点有所侧重，一般来说，酒店功能或者写字楼跟购物中心功能是最基本的组合。

城市综合体与多功能建筑的差别在于，多功能建筑是数量与种类上的积累综合，这种综合不构成新系统的产生，局部增减无关整体大局。而城市综合体则是各组成部分之间的优化组合，并共同存在于一个有机系统之中。

大型城市综合体是经济发展的必然要求，根据特点可以划分为：

城市 CBD 中心的城市综合体，如北京万达广场。

交通枢纽型城市综合体，如北京国瑞城。

城市副中心城市综合体，城市副中心是城市经济新增长点。如上海五角场、重庆南坪商圈、无锡滨湖区、沈阳铁西城市副中心等。

城郊接合部城市综合体，如世茂•蝶湖湾。

由于很多的大城市市区已经没有能够找出占地 5 万平方米以上的地块，因此很多城市综合体最大的选址可能是在城郊接合部。

三、典型特征

1. 超大空间尺度

城市综合体是与城市规模相匹配，与现代化城市主干道相联系的，因此室外空间尺度巨大，一般均具有容纳超大建筑群体和众多的生活空间。由于建筑规模和尺度的扩张，建筑的室内空间也相对较大，一方面与室外的巨形空间和尺度协调，另一方面则与功能的多样相匹配，成为多功能的聚集焦点。

2. 通道树型体系

通过地下层、地下夹层、天桥层的有机规划，将建筑群体的地下或地上的交通和公共空间贯穿起来，同时又与城市街道、地铁、停车场、市内交通等设施以及建筑内部的交通系统有机联系，组成一套完善的“通道树型”（Access Tree）体系。这种交通系统形态打破了传统街道单一层面的概念，形成丰富多变的立体街道交通空间。

3. 现代城市设计

应用现代城市设计、环境与行为理论进行景观与环境设计是城市综合体的重要特征。运用对建筑群体的深度表现打破传统建筑立面概念，通过标志物、小品、街道家具、植栽、铺装、照明等手段形成丰富的景观与宜人的环境。使建筑群体成为景观的主体，同时又承载着城市文明与经济发展的历史责任。

4. 高科技集成设施

城市综合体既有大众化的一面，同时又是高科技、高智能的集合。其先进的设施充分反映出的科学技术进步是这种建筑形式产生的重要因素。室内交通以垂直高速电梯、步行电梯、自动扶梯、露明电梯为主；通信由电话、电报、电传、电视、传真联网电脑等组成；安全系统通过电视系统、监听系统、紧急呼叫系统、传呼系统的设置和分区得以保证。

5. 地标式建筑

城市综合体一个显著特点就是均在所在城市矗立了地标式建筑。如超高层酒店：济南万达广场 180 米高超白金五星级酒店；又如高层地标式双塔：无锡万达广场白金五星级酒店及酒店式公寓组成的玻璃雕塑双塔等。

第二节　城市综合体不同物业比例的确定

城市综合体业态组合的成效很大程度上决定了项目前期工作的开展，与开发商、投资者、经营者及消费者的利益息息相关，甚至关系到项目的成败，进而影响到城市的形象。在对城市综合体发展现状、业态特点、影响业态组合的因素以及成功运营的城市综合体进行数据采集和分析的基础上，提出适合城市发展的项目体量、业态类型、业态组合比例等相关建议。城市综合体各业态比例存在于一定的范围，但并没有固定不变的黄金比例，需要根据项目所在城市经济发展水平、投资环境、开发商自身实力、商户数量和质量以及企业差异化经营等多方面因素进行决策。

一、各业态自身特点及相互关系

首先，购物中心是集购物、休闲、娱乐为一体的一站式消费场所，通过其强大的辐射作用成为聚集人气的保障。同时，依靠承租收益获取长期稳定的现金流，在达到一定条件后，进行资产打包上市融资，作为缓解企业资金压力的手段。其次，酒店是城市综合体重要的赢利物业，其增加了流动居住人口的贡献，且通过夜间服务，延续城市活力。而写字楼作为高端商务人群的工作场所，则为购物中心和公寓供应了众多潜在客户。另外，住宅是城市综合体中最基础的成分，在实现项目的快速变现的同时，为购物中心提供最稳定的消费群体。最终利用城市广场将各组成部分联系起来。各业态自身的特点决定了其在城市综合体中扮演的角色，而各业态间相互关系成为影响城市综合体业态组合的重要因素。

二、城市经济发展水平

我们用地区生产总值、工业生产率、CPI 指数、PP I 指数、人口预期寿命、新生婴儿死亡率、识字率等指标来衡量一个城市的经济发展水平，城市综合体的选址和规划必须与城市经济、产业结构、消费能力等因素相协调。而“城市人均 GDP”和“城市产业结构”这两个指标对城市综合体业态组合具有最为重要的作用。

根据对国内外城市综合体的研究发现，城市人均 GDP 的高低决定了城市综合体的发展阶段。比如，当城市人均 GDP 在 4000 美元左右时，城市综合体为初始发展阶段，以传统的购物中心为主，写字楼、公寓的比例较小。当城市人均 GDP 在 5000 ～ 8000 美元之间时，城市综合体有一定的抗风险能力，随着城市的发展，新的业态不断丰富，城市综合体步入发展阶段。当城市人均 GDP 突破 10000 美元时，城市综合体进入高速发展期，所包含的商业业态也最为齐全，城市综合体有郊区化趋势，各种主题型项目增多。当城市二、三产业比例较高，尤其是第三产业比例较高者，所在城市的城市综合体数量也相应较多，市场容量大，所涵盖的服务性功能越强，业态也更为多样。例如，上海城市综合体中商务办公、酒店所占比例较大；北京的写字楼、大型商业以及零售物业相对较多；成都则以休闲娱乐为主。另外，该因素除了主要影响城市综合体规模外，城市投资环境以及对外开放的水平也会影响到城市综合体中写字楼和酒店的比例。

三、休闲娱乐氛围

随着人们生活水平的提高，各种新的消费观念也层出不穷，一种以吸引消费者参与、互动式的消费方式逐步成为关注的焦点并将成为未来的发展趋势。体验式城市综合体从客人的生活与情感出发，通过规划设计、情景打造、业态组合等手段，营造一种新颖的、有特色的、符合当地人文情怀的消费氛围，来发掘顾客内心的渴望和认同。在这样一个消费过程中，体验后的记忆将得以长久地保存，消费者的精神感受因此得到极大的愉悦。因此，体验式城市综合体不以消费者购物为最终目标，而是让消费者在不知不觉中增加停留时间和来往频率，提升项目认同感和美誉度。

自古以来，成都和杭州都被誉为我国的休闲之都，其独特的休闲娱乐文化更是吸引无数游客慕名而来。因此，对于类似城市的城市综合体项目，可以考虑增加休闲、娱乐、餐饮的产品和服务的数量，降低写字楼和公寓的比例的方式来定位其业态组合。休闲娱乐氛围是确定城市综合体中服装、餐馆、游乐、运动健身、教育培训等业态体量的重要影响因素。各地应根据自身的发展条件开发和引进符合当地特色的城市综合体。

四、开发商实力

一般而言，开发商的实力包括开发资质、盈利能力、品牌价值、土地储备、融资能力、政商关系在内的诸多方面。而招商能力、融资水平、后期运营能力的高低往往决定了城市综合体的成败。通过对大量成功运营的城市综合体的研究表明，当开发商拥有充沛的现金流保障，同时有强大的融资能力为后盾时，可增加持有型物业的比例，例如购物中心和酒店等；相反，当开发商现金流较为紧张，且融资能力有限时，为了及时变现，可相应地增加销售型物业的比例，例如住宅、写字楼以及公寓等。另外，由于主力店品牌吸引力强，具有较强的人流聚合力，因而经营较为稳定，抗风险能力强。但这也就意味着开发商在同主力店商家的议价能力上处于被动位置，主力店租金也相对较低。这也就决定了一个城市综合体主力店不宜过多，数量和类型根据当地的情况而定，一般 5 个左右。如果项目位于市区，布设百货、电影城、数码城比较稳妥，如果地段差一点，可以考虑超市；到了郊区，家居、建材可以加入其中。因此，如何平衡主力店和次主力店以及销售和持有的比例关系是摆在开发商面前的一大难题，而这往往又决定了商业业态的组合。

五、差异化经营

城市综合体一味盲目追求大规模，追求高端定位的做法并不可取，大量的相同产品和定位带来的是同质化的恶性竞争，并不利于单个项目的盈利以及企业的长久发展。差异化经营就是寻求一个切入点或者卖点，在特定的地段量身定做个性化、稀缺但又与整个周边环境相协调的产品与服务。在此从以下几个方面进行阐述：当项目竞争区域内某业态的产品基本达到饱和时，那么对该业态的供应要谨慎，应尽量避免强势进入该领域；当项目竞争区域内某业态的产品还没有达到饱和，存在一定的市场需求空间时，可以通过提供差异化产品或者树立标杆产品的方式参与竞争，进而推动区域价值的升级；当项目竞争区域内某业态产品稀缺而又具有强大的市场需求时，可以考虑适当加大加快该产品的供应。总之，对于城市综合体项目，将所有鸡蛋都放置于一个篮子或者产品完全均衡的做法都是值得商榷的。一个成功的项目必须有所侧重，有所为有所不为，而这都需要企业根据具体情况而定。

一般根据产品特点以及项目客户群来进行产品类型、档次等方面的定位并为决策服务。具体到单个项目，业态配比却大相径庭。例如，北京地区的城市综合体中写字楼的比例高，显然这与首都驻外机构、企业多有关，总部经济明显。而在无锡、天津、重庆等二线城市，住宅、公寓的比例较高，写字楼比例则相对较低。一方面，住宅和公寓多为可售型物业，能保证资金及时回笼，且两类物业业主为购物中心提供了一定的人流保障，依托完备的配套设施以及升值潜力，项目抗风险能力强；另一方面，国际跨国企业以及国内大型企业还没有能完成企业战略的梯度转移，仍需经历时间的考验。因此，仅靠本土以及少量的国内需求，多数二线城市写字楼市场基本满足，但考虑到城市的未来发展，升级改造潜力巨大。

综合以上对各影响因素及成功案例的分析，可得出我国城市综合体业态组合量化指标：购物中心所占比例建议位于20% ~ 30%之间，若所属商圈辐射范围广、购买力强，则购物中心比例就应越接近甚至略高于30%，反之当商圈辐射面窄、购买力有限时，该比例更接近或略低于20%；拥有居住功能的住宅和公寓比例差异较大，集中于20% ~ 50%间，其中一线城市经济更发达、城市中心地带价值越高，住宅和公寓比例应相对低一些，但一般不应少于20%，而二、三线城市对应的比例则可以相对提高，但不宜超过50%；除北京、上海外，写字楼所占比例一般在10%上下浮动；酒店比例基本最低，约为5% ~ 10%，最高也不过15%。总之，面对不同的项目，城市综合体并非要涵盖所有的业态，开发商应结合项目所在区域的产品结构及竞争状况，根据实际情况综合分析影响城市综合体业态组合的主要和次要因素，合理恰当地确定所需的业态以及各业态之间的比例，以求获得项目和城市建设效益的最大化。

第三节　城市综合体的商业定位

定位是项目开发中最重要的环节，尤其是城市综合体项目，它决定项目的发展方向、开发节奏、营销策略、效益水平，为项目的规划设计、开发策略、资源整合、营销规划工作提供依据。城市商业综合体的定位与单体项目不同。主要包括整体项目的定位与各功能物业的分项定位两大部分。因为综合体项目的功能复合，也就造成了综合体的定位工作变得复杂而复合。

一、项目整体定位

项目的整体定位是一项系统工程，涉及项目发展面临的城市背景、区域背景、行业背景、文化背景、项目本身先天条件等多方面因素，其结果与项目团队整体管理运作水平密切相关。在城市商业综合体的整体定位时需要重点强调项目的主题理念，独特的主题理念是其灵魂，城市综合体主题策划是一个系统工程。在信息化社会，消费者的消费方式发生了很大变化，商务、休闲、购物的多元化，个性化与情感化的倾向越来越明显。因此，根据不同物业消费者的不同需要、消费心理特点、区域文化，参考不同功能的不同特质，确定城市综合体的主题定位，而后在空间处理、环境塑造、形象定位，与城市综合体内外的有机联系方式等方面对城市综合体进行一致性表现，使其真正起到城市文化中心的作用。

二、各物业分项定位

城市综合体的分项定位主要是研究不同物业的业态、业种、功能和经营主题等。其主要物业通常包括：商务物业、零售商业、娱乐休闲、居住物业及公共设施的建筑面积和用地面积。城市商业综合体开发从规划到完成一般需要 5 ~ 10 年，甚至更长。因此，城市商业综合体中各物业的规模是动态的。

根据城市综合体所在城市的城市定位和所在片区的片区定位，通过市场分析和城市综合体所应承担的城市功能，先行确定其整体定位，确定该城市综合体是以商务为主，还是商业为主，或是居住为其主导功能。然后在整体定位的基础上再开展综合体各类物业的定位。

例如，英国伦敦码头区再造项目所处城市伦敦，是国际大城市，在国际金融业具有巨大影响力，因此，码头区再造项目定位为国际金融、商务商业区。在城市综合体整体定位的前提下，开展综合体各类物业的定位。零售业态是指零售企业为满足不同的消费需求而形成的不同的经营形态。

按照国家商务部发布的零售业的业态划分，零售业主要有百货店、超级市场、大型综合超市、便利店、仓储式商场、专业市场、专卖店、购物中心等 17 个类别。零售业态的分类依据主要是零售业的选址、规模、目标顾客、商品结构、店堂设施、经营方式、服务功能等。商业业态需要对城市综合体商业地产有定性的判断，才能确定终端市场可测量、经济效益可支撑、差异化的竞争策略。

按照国际通行的中心商业区结构和业态、业种分布规律，商业占 30% ~ 35%，餐饮企业占 20% ~ 25%，休闲、娱乐、酒店、服务等占 30% ~ 40%，此种商业业态和业种的分配比例较为合理、后期经营较易获利。但是根据具体项目的不同情况和运作时期，需要做相应调整。例如，华润万象城一般在刚开业初期，将餐饮的比例提高，以吸引人气。

另外，参考国外成功的综合体布局，通常围绕峰值地价交叉点的内部区一般是商店、银行及商务办公区，而商业部分主要业种是：百货店、服装店、银行、药店、餐馆、专门商店。城市综合体商业部分定位要充分考虑日后的共享和互动空间，从项目整体定位角度，考虑商业的经营需求，为扩充商业经营对城市文化、时尚的影响力，留足空间，使综合体一定成为全年 24 小时的城市心脏和时尚基地。例如：新天地在经营管理上，注重文化活动引导，通过人气聚积财富。国际模特儿大赛、时装表演、日本鬼太鼓座表演、著名影星的电影新闻发布会等时尚文化活动，纷纷选择在上海新天地登场亮相。

第四节　城市综合体商业的功能布局与业态定位

近年来，随着我国社会主义市场经济的不断发展，在华南、东南沿海地区的大城市中央商务区或区域性中心内，逐渐形成了以大型购物中心为主体，集餐饮、娱乐为一体的城市商业中心，此类商业中心的规模一般都比较大，一般以 10 万平方米为起点，有的还结合了星级酒店、写字楼以及高级公寓，形成体量庞大、功能多元的综合体建筑，我们称之为城市商业综合体。在国外，城市商业综合体已经有了几十年的发展历史，而来到中国只有十多年的时间，但其中一些项目经过开发商、商业策划与建筑师三方的精心打造，在实践中积累了宝贵的经验，已经达到了比较高的水平，其业态设计也出现了一些新的趋势。

城市商业综合体的业态具有多元性、多变性的特征，所谓多元性是指业态的种类包罗万象，诸如零售、餐饮、娱乐、酒店、办公和居住等主要功能，多变性是指商业空间的设计要能适应未来商业业态变化的需求，做到与时俱进。不同地域的城市商业综合体还具有地域性的特征，如不同的气候、文化形成的不同类型。

一、零售类

零售包括超市、百货、卖场、品牌店等主要类型，根据招商的情况，安排各自的面积大小、所处楼层以及平面位置。通常，超市、百货和卖场这样的大型店（也称为主力店）是首先安排的，大型店的共同特点是具有较强的号召力和较低的租金。把大型店分散布置于各个楼层有利于吸引人流到达商场每个楼层。集中布置于主要出入口附近的适用于条形购物路线的前后拉动（如深圳的华润万象城）。面积特别大的卖场适合与其他业态明确分区，设置独立出入口和外墙标识（如近来新建的以家具产业为龙头的项目）。

二、餐饮类

餐饮店包括中餐、西餐、快餐、食街、美食城、露天美食平台等主要类型。餐饮的平面布置也没有固定的模式，集中布置于某一楼层，优点是可以拉动该楼层商业的人流，顾客行走目标明确，适合于区域商业气氛暂时不够成熟的项目（如国内很多新建的城市商业综合体）。分散于各楼层是一种比较理想的状态，优点是自由招商，顾客走到哪里都能找到食肆，但对消防设计、后勤设计的要求则比较高。餐饮场所是城市商业综合体内对环境质量要求比较高的部位，应尽量争取直接采光和良好的景观，有条件的甚至可带有户外平台，没条件的纳入中庭景观也不错，这样对留住顾客有很大的帮助（如香港很多新建的购物中心）。

三、娱乐类

娱乐包括歌舞、影视、康体、休闲等主要类型。娱乐业态一般占的比重较零售和餐饮要少，但很多城市商业综合体以娱乐作为特色产品来经营，避免了与竞争对手同质化，使单纯的购物消费又增加了体验的成分。受营业时间相错和噪声的影响，娱乐性质的商业一般集中且与其他商业分区布置比较好。位于顶部，入口设于首层而出口设于娱乐楼层，能较好地解决拉动人流和大空间的问题。当然，这样会带来消防成本增加的问题，要通过技术方法加以解决。分散于各层且布置于共享空间各重要节点的，有利于形成商场的体验式氛围，可以提升整体的商业价值（如广州的正佳广场）。

四、酒店类

酒店包括星级酒店、公寓式酒店、产权式酒店等主要类型，根据项目所在区域的市场实际情况而定。酒店和商业体量完全分离或通过连廊相连的，能较好地形成酒店完整的形象，但这种做法较少采用的原因是浪费了用地的商业价值。近来新建的城市商业综合体以紧密结合的比较多（如香港的四季酒店）。城市商业地段寸金寸土，酒店配套功能面积可观占地大，这就出现了酒店配套功能连大堂一起放到酒店塔楼顶部的做法，仅以小型的接待厅设置在首层，通过专用穿梭电梯与顶部的大堂联系（如在建的广州珠江新城 F2-4 地块项目）。

五、办公类

办公和居住包括了纯商业办公、公寓式办公、办公式公寓、酒店式公寓等主要类型。纯商业办公楼或公寓式办公楼的主要区别在于卫生间的布置，纯商业办公楼采用的是集中式布置，而公寓式办公楼则按已划分好的单元分散布置，档次稍低于纯商业办公楼。居住方面，纯住宅的形式较少出现，主要是因为生活方式和商业建筑有一定的冲突，大量的外飘阳台和随之而来的管理困难影响了立面景观。办公式或酒店式公寓可以一定程度地解决这一问题。另外，公寓只是一种商业概念，办公楼和住宅的产权相对比较明确，区别在于是否销售。

另外，城市商业综合体业态在城市中的定位非常关键；其本身业态之间的关系以及与周围社区、写字楼、商业、会展等外部业态之间的关系也非常重要，其理想的状态是依据互补、共生的原则来安排的，同时把其间便捷的交通系统建立起来，形成一个和谐统一的整体。

总之，在城市商业蓬勃发展，商业业态不断创新、不断细分的今天，城市商业综合体囊括了所有高档次的商业内容，把这些各不相同的业态作为一个整体来设计，是一个共同的趋势。首先，它能为顾客提供一站式的购物、餐饮、休闲、娱乐、居住服务，男女老少都可以在其中找到乐趣，成为城市的商业文化中心；其次，它把商业内外部流线加以整合，节约了能源，提高了效率，美化了城市空间；还有，整体风格的加强使个性更加鲜明化，大大提高了建筑的地标性。

第五节　综合体商业销售原则

从全国范围的城市综合体开发情况来看，大多采用的是“HOPSCA”模式。H 是 Hotel 的缩写，代表这个城市综合体中的酒店业，往往是五星级或超五星级的豪华酒店，是一个城市最繁荣的标志；O 是 Office 的缩写，代表其中的写字间，往往也是 5A 级或超 5A 级的办公楼，金融、贸易、创意、教育、物流等业态交汇其中，是一个城市最繁忙的总部基地；P 是 Parking 的缩写，代表其中的停车场，是睥睨老城区交通的一个时代象征；S 是 Shopping Mall 的缩写，代表其中的购物中心，是现代体验式商业的走秀舞台；C 是 Convention 的缩写，代表其中的会议中心，是一个城市会展经济的载体；A 是 Apartment 的缩写，代表其中的公寓建筑，是 O 和 S 的重要配套。从这些品类组合上可以看到，形象化、集约化、时尚化是城市综合体的重要特征。而且在品类之间形成了一条相互依托、相互促进的价值链。写字楼——酒店——商业——停车场——公寓形成了一条正相关的消费价值链。而在综合体的房地产开发上，往往是一个反向运作的现金流线。比方说，写字楼一般是一个城市综合体的标志性建筑和最高价值点，是一个区域的经济中心，其入驻企业的档次和人流，保证了酒店的成功运营和商业购物中心的繁荣，亦保障了停车场的满负荷使用，当然也为公寓住宅提供了相关的客户和业主。但是，在房地产开发中，往往是先由公寓住宅挖下第一桶金，然后通过车位销售和商业招商保证资金流的顺畅流动，最后才是写字楼的销售或招租，以及酒店的运营。当然根据各地域、各品类的发展不同，开发的顺序会有相应的调整，但开发商大致都遵循这一思路，操作施行。

城市综合体的营销是城市综合体开发的关键。在销售过程中所经历的纠结和兴奋，是销售任一单一品类项目所无法想象的。

一、建立价值高地

首先，要根据项目自身的规划特点、所在区域环境的生态条件，以及城市发展的递进演变，形成项目的核心价值概念。城市综合体的营销要综合做，一定要吃透了每个品类的客群需要和消费观念，找出最具影响力的价值点，强力传播，贯穿整体营销过程，方能建立项目的价值高地，实现开发的最终利益。

二、形成互动关系

一站式办公、一站式消费、一站式生活往往是城市综合体宣传当中常用的一个营销理念。但是在营销操作中，要处理好各品类之间的互动关系。反操作、正相关的城市综合体操作规律，要求一定要在各营销阶段在争取实现阶段性任务的同时，保证整体形象的递延。

三、传播商业文明

城市综合体规划和建筑形式的时尚感，是吸引客户追捧的“戏眼”。新的地标形象，新的办公空间，新的商业组合，新的居停体验……传达的是新的商业文明和新的生活方式。醒目、开放、融通、狂欢，是城市综合体为现代办公、现代商业、现代居住所赋予的时代标签。在营销推广上一定要把这个基调充分体现。

四、厘清推盘顺序

城市综合体销售，公寓先行，而商场和写字楼的招商、招租、销售等，将融汇到各阶段的营销操作中。在编制和执行营销计划的过程中，要在一个概念的引领下，有所侧重地实现分阶段的目标。一波未平，一波又起，往往资源去化与资源积累同步进行，因此，一定要注意各品类营销节点的重合和互动。

五、整合营销模式

公寓、车位的销售往往遵循的是传统的房产销售模式，而写字楼和商场则需要非常规的招商、招租和销售模式，在实际操盘过程中，还有一个各种模式统一宣传口径、资源互补的问题。而传统推广和非典招商的激情互动，是城市综合体营销成功的关键。

城市综合体不单是一种节约土地、整合资源、提高城市形象的新的开发模式，同时其建成后对于所在区域的经济和文化产业发展，将起到重要的引擎作用。其各品类成功经营所带来的大量的就业机会，以及巨大而稳定的税源，亦是各地政府之所以引导和支持城市综合体开发的一个重要原因。但是，房地产开发的脚步既不能落后，更不能超前。向前半步是人生，向前一步是黄昏。城市综合体是考验开发商在融资、规划、施工、营销和管理等综合实力的高水平问卷。

第六节 百货店、购物中心和宾馆选址要求

一、百货店选址标准：

（1）地理位置：城市的核心商圈——商业中心内或商业新区，附近又超市、饮食、娱乐等商业项目配套，交通便利；

（2）面积：20000 平方米～ 45000 平方米以上；

（3）单层面积：6000 平方米以上；

（4）合作期限：18 ～ 25 年；

（5）标准层高：首层层高不低于 5.5 米，二层以上层高不低于 5 米；

（6）楼板承重：不低于 450 公斤 / 平方米；

（7）柱距：不小于 8 米 ×8 米；

（8）配套设施：扶梯、货梯、中央空调、防火分区、卸货区等；

（9）停车为：200 个以上。

二、大型主力店的选址要求及开店计划——流行百货展店标准

（一）城市规模

（1）省会城市或中心城市；

（2）城区常住人口 500 万人以上，年人均消费支出 5000 元以上。

（二）商圈条件

（1）商圈：城市中心或繁华商业街，可以辐射全市人口，紧邻城市主干道，有 12 条以上公交线，店面日均人流量 20 万人以上；

（2）竞争对手 5 公里内竞争对手不超过 4 家。

（三）物业条件

（1）使用寿命：结构使用年限＞租赁期限；

（2）结构改造：在国家规范许可范围内，满足经营需求；

（3）建筑物结构：框架结构；

（4）层高：5.1 米；

（5）柱距：8 米 ×8 米；

（6）楼面载荷：超市卖场 4 千牛顿 / 平方米，百货卖场 3.5 千牛顿 / 平方米，库房 5 千牛顿 / 平方米；

（7）总建筑面积：30000 平方米；

（8）百货建筑面积：5000 平方米 / 层，以 4 层为宜；

（9）超市建筑面积：10000 平方米；

（10）地面停车场面积：3000 平方米；

（11）地下停车场面积：10000 平方米；

（12）库房面积：5000 平方米；

（13）办公区面积：800 平方米；

（14）卸货区面积：300 平方米；

（15）卸货平台：高度 0.8 米，面宽：15 米，进深：20 米；

（16）卸货通道（消防通道）宽幅：5 米；

（17）地下室防水：混凝土刚性自防水加卷材柔性防水；

（18）能源供应：经营方独立开户，用电量 0.2 千伏安 / 平方米，其他根据规范可满足经营需要；

（19）合作方式：租赁，期限 20 年。

三、相关案例

（一）王府井百货

经营宗旨："一切从顾客出发，一切让顾客满意"。

经营范围：化妆品、黄金珠宝、钟表眼镜、工艺礼品、男女服装、运动装、配装配饰、针织内衣、儿童用品、男女鞋、箱包皮具、家居用品、办公用品、音像器材，通信器材、生活电器、大型超市、中西快餐、休闲水吧、美容美发、电玩娱乐、婚纱摄影、银行、药店、便民服务项目等。

连锁战略：构建以北京为中心，遍布华南、西南、华中、华东地区四大经济区域中心城市黄金地段的一级连锁销售网络，把王府井字号引出北京，走向全国，再以这些中心城市的网络为基础，向周边地区进行第二级网络辐射。

1. 选址板块

业态模式：1、现代综合百货；2、主题百货；3、城市购物中心；4、生活超市。

合作形式：独资、合资、租赁、重组。

2. 项目要求

（1）经营区面积要求：3 万平方米以上，单层面积 4 千平方米以上；

（2）停车场位数量：200 ~ 500 个；

（3）楼层首层层高不低于 5.2 米，其他不低于 4.8 米；

（4）柱距 7 米以上。

（二）铜锣湾广场（CMALL 摩尔）

选址标准：

（1）一、二、三类城市；

（2）城市人口 60 万人以上；

（3）城市年 GDP 在 500 亿元人民币以上；

（4）项目建筑面积：65000 平方米以上；

（5）合作期限：20 ~ 25 年；

（6）交通便利，在交通要道交汇处，有大量停车位；

（7）技术制表另行提供。

（三）西单商场 [百货店]

选址标准：

（1）单层面积 4000 平方米左右，百货有中庭，城市一类商圈内；

（2）大卖场单层 4000 平方米以上，社区居民密集区，交通便利。

（四）广东吉之岛 [百货店]

地块面积要求：

（1）按建筑密度40%计算：净用地面积为39600平方米（220米×180米）或以上；

（2）按建筑密度40%计算：净用地面积为63000平方米（350米×180米）或以上。

工程建筑要求指标：

（1）商场建筑面积：8000-10000 m²/层，共二层或三层。

（2）楼层净高：6.5米。

（3）支柱跨度：12米×12米或9米×9米。

（4）楼层活负荷：每层5牛顿/平方米。

（5）卸货场所：吉之岛专用场所1处（11吨车×4辆）。

（6）商业停车场：800台或以上。

（五）伊藤洋华堂[百货店]

选址标准：

（1）单层面积4000平方米以上，有足够的停车场；

（2）居民密集，交通便利，有一定的消费能力开店。

（六）铜锣湾百货店

选址标准：

（1）地理位置：城市的核心商圈——商业中心内或商业新区，附近有超市、饮食、娱乐等商业项目配套，交通便利；

（2）面积：20000～45000平方米以上；

（3）单层面积：6000平方米以上；

（4）合作期限：18～25年；

（5）标准层高：首层层高不低于5.5米，二层以上层高不低于5米；

（6）楼板承重：不低于450公斤/平方米；

（7）柱距：不小于8米×8米；

（8）配套设施：扶梯、货梯、中央空调、防火分区、卸货区等；

（9）停车为：200个以上。

四、酒店

（一）7天连锁酒店：

选址要求：

（1）3公里范围内企业、工厂、机关单位密集，有较充足的商旅住宿需求；

（2）1.5公里范围内有4星级以上酒店及甲级写字楼为佳；

（3）临街为佳，商业繁华区也可内进，但距路口最好不超过50米，不可有过多迂回及分岔，需有车道直达门前，同时路口及沿途需能提供路标；

（4）1公里范围内有较完备的生活配套，餐饮、购物、娱乐便利；

（5）治安秩序良好。

建筑物要求：

（1）利用招待所、宾馆、办公楼、厂房等旧物业进行改造。

①建筑物为长方体，建筑面积在3000～6000平方米的范围内，宽度或进深以14米左右为最佳；旧招待所、宾馆客房间数在80间以上；

②建筑物结构为框架结构，外观整齐，允许进行改造；

③红线范围内有一定回旋余地，可以合理划分对客服务区域与员工区；

④周边有一定的空地，出路通畅并可停车，车道一般为5.5～6米宽，要考虑通向停车场的流向，有回车路线，停车位在20个左右；

⑤基础设施情况（最佳）；

⑥房屋使用性质最好是商业服务业或者具备变更为前者的可能；

⑦房产产权清晰，尽量回避银行抵押物业。

（2）水——进水管径75毫米以上。

（3）电——用电不低于350千伏安。

（4）排污——纳入市政排污管网，有化粪池。

（5）通信——最好留有总机或一定的直线电话，有线电视。

（6）供暖（北方地区）——设施到位。

（7）消防——两个以上消防楼梯，楼层消防疏散间距不超过20米，70立方米消防水池容量。如不符标准，需具备修建的空间。

第十三章

商业步行街策划

第一节　商业街选址

商业步行街的建设，必须从客观环境出发，因地制宜，而不能盲目建设，想建就建。客观环境成熟与否是商业步行街建设成功与否的最基本的前提条件，可以说，商业步行街的选址是城市区域环境条件下相互作用、相互影响的结果。城市区域环境包括交通、经济、文化等诸多方面，都对商业街的选址起到非常重要的作用。

一、交通环境

交通环境是影响步行街选址的一个最为重要的因素。分析许多国内外早期开发的商业步行街的失败原因，大多数都是由于周围没有足够的停车用地。汽车交通与行人、货运与行人的关系处理得不好。这几个问题不解决好，商业步行街建设的初衷是不能实现的。

1. 客流通达的便捷性

客流通达的便捷性对于人是主体的步行街来说十分重要，它直接影响到步行街的人流量，从而影响步行街商家的经济效益和步行街的生命力，为提高客流通达的便捷性，同时避免现代交通与人流活动的相互干扰。通常商业步行街应布置在接近城市交通枢纽的位置，或位于其中心附近的次要道路和街区内，和主要道路联系方便，以满足客流通达的便捷度。

2. 原有交通功能的替代

对于改建的步行街来说，除了要解决好客流通达的便捷性，原有交通功能的替换也是一个非常关键的问题。商业步行街最好选择车流量不是很大的城市道路来进行改建，这样才不会对附近城市道路带来很大的影响，所以选址要在交通条件非常优越的地点，以使客流通达、便捷。

如果选择城市干道特别是交通主干道来改建步行街，原有交通功能的替换问题将会非常突出。由于城市干道一般都承担着非常重要的交通功能，车流量很大，如果要改建成步行街，周边地区必须存在能承担原先的交通量的城市干道，而且城市道路最好能形成环状和步行街的起止位置相接，这样才能有效合理的分摊原来街道的车流量。此外，应该使车行流线尽可能的简单通畅，或者采用地上地下立体的交通方式来解决。

3. 像样的停车场

步行街的交通组织成功与否直接与其周围停车问题的解决有关。如果停车问题得不到很好的解决，将造成人们进出步行街的不便，对步行街的良好运行也产生影响。例如，武汉的江汉路步行街就是值得吸取教训的例子。以自行车代步的人，主要是附近的居民，他们的出行由于江汉路的阻隔变得很不方便，江汉路东西两边的来往需绕道而行。同时，江汉路附近没有一个像样的停车场，这在无形中赶走了一些顾客，特别是有车一族的大客户。所以，有很多世界知名品牌和精品不得不撤走，这不仅影响了商家的经济效益，还有损于商业街的地位和品质的提高。

二、经济环境

商业步行街的几大功能中最基本的还是商业功能。建设商业步行街的主要目的是获得更多更大的经济效益，而步行街所在区域的经济环境直接影响步行街的经济效益。良好的经济格局、具有发展潜力的区域优势必会强化商业步行街的商业功能，给步行街带来滚滚商机；反之，商业步行街的商业功能会逐渐弱化。

近20年来城市越圈越大，一些老的商业中心变成了众多圈层中的小点心。商业中心已逐步向城市外围推进，城市“金边银角”和众多新兴小区更成为商家必争之地。城市中心“商业空洞化”趋势越来越明显，所以一些老的商业中心地位今非昔比了。

三、文化环境

一定区域的文化环境是城市中历史文化的积淀，是城市的精神象征，是珍贵的财富，将它们纳入步行街的系统加以保持与创新，赋予了商业步行街深层次的文化内涵。文化氛围是商业步行街的一个重要组成部分，在建设中应尊重它所处区域的城市情境空间，力求体现场所文脉，创造商业步行街的生机与活力，而步行街也会成为所处区域环境中的一个文化亮点，所以区域文化环境和商业步行街在一定程度上是相辅相成的。

随着社会的发展，人们游览商业街不仅是为了满足购物的需要，或经济的需要，也是为了享受，体现品味。商业街包含丰富多彩的饮食文化、建筑文化、雕塑文化等，以及文化设施和文化活动也都是文化的体现。文化活动越丰富，就有可能带来更旺的人气，以更好地促进商业的繁荣。

例如，对于拥有百年历史的武汉江汉路来说，这里聚集了“老通城”、“四季美汤包”近十家老字号；深厚的文化底蕴正是江汉路商业街有别于现代商业街的地方，是其特色，是其优势，更是其在武汉商场中占有一席之地的重要依托。

1. 休闲、娱乐功能

中国城市居民已经由温饱型向小康型发展，有的城市居民开始步入富裕型。消费结构的层次化，文化水平的提高，人们的购物不仅是单单购得几件商品，而是要求良好的购物环境，集购物、休闲、娱乐和旅游于一体，要求一个复合环境。因此，游览商业街与一般购物的不同是，一般购物其目的性很明确，是任务性的，在许多情况下是个体完成的，一次性的活动。而游览商业街的复合型，是相互诱发的，既是多目的性，又是无目的性的。或者说是购物中给予休闲，或休闲中给予购物；有人以休闲为主，又有人以购物为主。同时，步行街的购物或者休闲行为通常以家庭为单位，是一种群体消费和活动。

商业步行街应该设置现代娱乐设施，有既适合年轻一代的需要，又有适合老年人休息和活动的设施。人们通过商业步行街可以得到充分的消费和享受。现代城市中人们的生活繁忙而高效，娱乐之余，信息的获得对于现代人也显得尤为重要，所以信息设施的重要性得到更大的体现。

2. 保护功能

中国的商业步行街不同于许多发达国家的商业，中国许多城市特别是大城市都具有悠久的发展历史，而商业街是通过对旧的更新而建设的。实际上，商业步行街保持本城市特有文化的同时，就是对城市历史的保护，包括具有悠久历史的商店、字号、街区的保护。其次，购物者是商业步行街的另一保护对象。当商业街改造成全步行或者半步行，对购物者的安全是一种无行的保护。

总之，商业步行街的选址应在城市总体规划与控制规划的指导下，根据开发意向与民众需求，综合考虑公共交通、文化价值、经济格局等多方面因素，这些因素并不是相互独立的，而是相互作用、相互影响，他们共同构成了对商业步行街选址的制约因素。在将来的步行街建设之初，一定要对各种因素进行全面分析，综合考虑，吸取以前步行街选址的经验教训。只有这样，商业步行街的开发建设才能避免盲目性和投资重复等现实弊端，充分发挥商业步行街的优势。

第二节 商业街定位

商业街是最有活力的商业地产项目之一，是城镇化进程的产物，是市容市貌中最繁华最绚丽的景观，是一个城市最引人注目的写真。一个商业街要成功，依赖什么？很简单，人，也就是消费者；很复杂，消费者愿不愿意来。开发商辛辛苦苦搞建设，小心翼翼招商，投资者满怀欣喜的进驻，结果人去街空，让人心寒。其实消费者是精明的，是有思想的，开发商知天知地，却忽略人和。人和即人心，古人打仗要安抚民心，要体恤民情。所以说到定位，那还得先了解项目的资源状况，包括自身优势、周边环境、消费能力、竞争状况、商业网点规划等等，这些做好定位的前提。而研究消费者消费文化与习惯可以说是一个商业街的定位的关键点。

一、文化对商业街定位的影响

中国城市的发展有悠久的历史，每个城市都有自身发展特色，在这些城市的角落里有着人们熟悉或不熟悉的消费文化，它们透着古朴的气息在城市的发展中保持着自己一席之地。这种文化悄无声息地渗透入老百姓生活的方方面面：衣食住行……

开发商投资一个商业街项目，毫无疑问，了解项目的资源状况是首要的，但项目该如何定位？如何将项目所在区域的文化资源优势变成市场优势？

从文化的角度分析，首先一点是要尊重文化，要做到尊重文化就必须了解项目区域所具备的明显或含蓄的消费文化。这就要求开发商、策划人员、设计人员融入当地生活，在生活中体现其与众不同的特色。只有尊重了解了当地的文化，项目的宣传、招商才能更容易被接受，其目的性才能更加明确。

其次，开发商需要在了解这种文化的基础上，打造具备自身特色文化的商业街。其实，识别商业街特色的密码就是文化。这种文化不是开发商炒作出来的，不是无中生有的，而是在原先本来就存在的文化基础上所演绎出来的。这样的文化是当地消费者所认可的，青睐的。这种演绎可以把原先明显的消费文化升华为更高的一个档次，也可以把原先隐性的文化更为张扬的表现出来。

最后，对于商业街来说，文化是广义的文化，首先是人文景观文脉化，其后依次是环境生态化，功能休闲化，管理现代化。因此，一系列的规划设计、建筑元素与商业街的经营管理都不能与之相悖。

开发商尊重文化，挖掘文化，是项目准确定位的前提条件。其实很多开发商在做商业街项目过程中并没有尊重街区文化，而是人为的任意转移和阻隔这种文化，这种文化的消失就会直接导致项目难以被当地消费者认同，商业街在其目标顾客群心中原有的文脉即场所归属感也就断了，这将为商业街继起文化的再生制造障碍，而影响商街在人们心目中的认同感。比如西单，在商业街改造中，基本上将原有的老字号全部赶尽杀绝了。商业街的形成是老字号的功劳，没有这些老字号，是很难撑起这条街的，把这条街的根断掉了，这条街的文脉也就断了。把老字号改为时尚的定位也就彻底失败了。

二、人群消费心理的分析

人们常说物以类聚，人以群分，不同的消费群体其消费心理与消费习惯有非常明显的差异。人的消费心理受两大最主要的因素影响：一是地域，二是所在社会阶层（年龄、性别也算入其中）。

对于社会阶层来说，生活方式、消费方式之所以与身份认同联系在一起，形成身份区隔的作用，主要是因为商品通过象征的方式被赋予了社会关系、社会地位的意义。道格拉斯与伊舍伍德认为：我们对于商品的享用，只是部分地与其物质消费有关，关键的还是人们将其用作一种标签，通过商品的使用来划分社会关系。也就是说，消费方式是“社会性结构方式”的反映，“当人们消费商品的时候，社会关系也就显露出来”。日益扩大的符号/文化生产，对于前现代社会身份等级系统的确形成了强有力的冲击，但结果是，当代社会的身份系统越来越趋向于建立在消费方式而不是其他差异（比如家庭出身、亲属关系等）上。

这里有个例子：烟台市最大的商业步行街——东方巴黎步行街全面开放之前。这条步行街不但是烟台市首条商业步行街，还是山东省首条风情商业步行街。负责开发招商的有关负责人说，为了能让这条商业步行街一炮打响，他们在招商时处心积虑地要大规模引入烟台人比较陌生的知名品牌，为的是能吸引整个烟台市区的消费人群，而这些首次来烟台的品牌店也有意在烟台根深叶茂。从此商业街的定位来看，山东省部分地区如济南、青岛、烟台的年轻阶层比较赶时髦，新事物接受得快。因此，开发商也有意在针对此类人群的消费心理做文章。对于他们来说，风情街，时尚的东西都符合此阶层人群的生活方式与消费方式。他们有这样的心理：希望通过自己的生活、消费方式来显示自己的社会关系、社会阶层差异。因此，充分了解不同阶层人群的消费心理、生活习惯对商业街定位来说显得极其重要，“女人街”，“时尚韩流街”等也就因此产生。

最后要说的是，人的需求是可以被激发的，这种需求也是动态的，比如，某消费者在闲暇时刻去逛街，也许此刻他并无任何商品的需求，但在某种气氛或感官的引导下，他潜在的需求是可以被激发的。再比如，某消费者逛街是为了满足其对服饰的需求，但在某一时刻，他会有饮食、游玩的需求，这其实是一个连续的动态需求点，当达到了这个点，其需求也就产生。因此，商业街在定位、规划、经营管理过程中，要充分迎合消费者的这种需求点，合理的安排业态，有意识的引导消费。我们要知道，购物不仅仅是一种以纯粹的理性计算为动机的经济交易，而且也是一种闲暇时间的休闲活动。在设计得宏大、奢侈、浮华的商业场所中，人们的购物活动成为一种商业与艺术难以分辨的特殊体验。

第三节　商业街规划

一、建筑设计

1. 空间与功能

建设商业街，空间应有个性，仅做街道和建筑远远不够，空间感觉应是人站在中间，知道自己所在位置，路程有多远，要让消费者充满安全感，感觉自己所处的环境充满人情味。

另外，空间与功能互相配合就能使购物和非购物完美结合。

2. 尺度把握

一个商业街的尺度，应该以人的步行为尺度，而不是以机动车为尺度。以人为尺度建设商业街要考虑两个方面：一是人走的愿望。比如 10 米宽的马路人们愿意过，20 米宽的就不愿意过了，宽到一定程度后，人就感觉疲劳不愿意走；再有就是人的惰性。一个两层的商场，一层销售可能很好，二层就不尽如人意。

商业街的细部处理，例如，通过灯饰、广告牌、地面砖、店铺外装修等细节来体现商业街的独特个性；商业街的魅力在于繁杂的多样性的共生。

要打破建筑与景观的界限，人们来不来逛街，还取决于一些非建筑元素，如茶座、广告牌、铺地面砖、栏杆、电话亭等，应该把景观园林和建筑设计结合起来做。建筑设计不应该简单地满足一个商业项目的流量、规模、流程这些技术指标，人的心理指标也要满足，非建筑语言的运用，要注重室外、半室外空间的合理运用，装饰材料的软化更能体现充满人情味的购物空间。

3. 细节把握

商业街改造必须考虑配套设施的建设，如停车场、公共厕所、垃圾收集点、休闲广场、演出舞台、绿化景观、街头小品、广告设施等，如果配套设施跟不上，势必造成难以弥补的遗憾，也给商业街管理带来相当大的麻烦。从垃圾桶、座椅、花盆、电话亭到休闲广场，所有细节都要经过精心设计，强调整体风格的一致性，同时，又要通过这种“一致性”展现出“个性”，即该商业街的独特卖点。

二、主题营造

主题性商业地产属于物业类型的一种，归属于商业地产，即项目在立项之初即有明确定位，如餐饮地产、通信地产、家居地产，其明显特点是，专为某一行业量身定做。主题商业地产当中分为两大类，一个是专业性的街区，另外一个是购物中心。专业性商业街区是指经营商品类型或相同和属性相似的商店会集在一起形成的商业街区。

三、景观规划

步行商业街景观是街道路面，街道设施和周围环境的组合体，也就是人们从步行商业街上看到的一切东西，包括铺地，标志性景观（如雕塑、喷泉），建筑立面，橱窗，广告店招，游乐设施（空间足够时设置），街道小品，街道照明，植物配置和特殊的街头艺术表演等景观要素。步行商业街景观设计就是将所有的景观要素巧妙和谐地组织起来的一种艺术。

景观是自然和人类社会过程在土地上的烙印，它不是纯粹的自然空间，而是复合的。步行商业街景观别于其他的景观，它是动态的四维空间景观，具有时空连续性的韵律感和美感。步行商业街把街内外不同的景点组成了连续的序列，同时本身又成为景观的“视线走廊”和“生态走廊”。景观设计人员必须具有丰富的专业技巧、充足的市场信息及跨学科知识，研究人的视觉、触觉、听觉、味觉及心理等要求，从形式美感、空间美感、时空美感和意境创造中去进行步行商业街景观设计。

1. 人性化

步行商业街具有积极的空间性质，它们为城市空间的特殊要素，不仅是表现它的物理形态，而且普遍地被看成是人们公共交往的场所，它的服务对象终究是人。街道的尺度、路面的铺装、小品的设备都应具有人情味。

2. 生态化

生态化倾向是21世纪的一个主流。步行商业街中注重绿色环境的营造，通过对绿化的重视，有效地降低噪声和废气污染。

3. 保护传统

许多步行商业街都规划在有历史传统的街道中，那些久负盛名的老店，古色古香的传统建筑，犹如历史的画卷，会使步行商业街增色生辉。在这些地段设计步行商业街时，要注意保护原有风貌，不进行大规模的改造。如：南京夫子庙商业街、天津古文化街等都属于这种性质。

4. 可识别性

构成并识别环境是人和动物的本能。可识别的环境可使人们增强对环境体验的深度，也给人心理上产生安全感。通过步行商业街空间的收放，界面的变化和标志的点缀可加强可识别性。

5. 轻松、宜人、舒适

步行商业街是人流相对集中的地方，人们进出于商场，忙于购物和娱乐，很容易产生心理上的紧张情绪，通过自然环境的介入，可以大大缓解这种紧张情绪，创造轻松、宜人、舒适的环境氛围。

6. 尊重历史

最大限度保持自然形态，避免大填大挖，因为自然形态具有促进人类美满生存与发展美学特征。

7. 视觉连续性

步行商业街线形和空间设计具有从步行者步行的角度来看四维空间外观，且应当是顺畅连续的、可预知的线形和空间。

四、商铺设计

沿街两侧布置商铺，单层建筑居多；商业街可以是一条街，也可以是一条主街，多条副街；商业街的长度不能太长，超过600米，消费者就可能产生疲劳、厌倦的感觉。

商业街商铺的分类可以多种多样：可以按照经营商品的复合程度划分，可以按照铺面商铺和商业建筑里面铺位划分，也可以按照商业街建筑的单层或多层建筑形式进行划分，按照商业街经营的商品是专业类别，还是不加确定的复合形式，将商业街商铺分为专业商业街商铺和复合商业街商铺。专业商业街商铺往往集中经营某一类（种）商品，如建材商业街、汽车配件商业街、酒吧街、休闲娱乐街等；复合商业街商铺对经营的商品不加确定，经营者可以按照自己的设想去随意经营，如北京西单商业街，北京西城区的大都市街等。

需要指出的是，专业商业街商铺鉴于整个商业街经营商品的统一性特点，整个商业街的市场成本比较低，只要商业街的开发商对整个商业街恰当进行包装，那么所有的商铺就可以享受开发商统一市场宣传所带来的市场效果。从此特点可以得出结论：专业商业街从运营成本的角度符合市场规律和竞争规律。另外，因为专业商业街经营商品的品种简单化特点，其规划设计的复杂程度较低，开发商不太容易发生因为商业街的规划设计不合理，最终对整个项目的运营发生负面影响的情况。

就复合商业街来讲，因为经营商品没有统一性、协调性，所以开发商对项目的市场宣传所能带给经营者的利益相对较少，这一点并不符合竞争规则。除此因素以外，复合商业街的规划设计难度较高，开发商操作不当，就会发生因投资者、经营者不认同项目的规划设计方案而导致的项目失败，也会发生因项目市场成本太高，引起的竞争力降低的情况。

复合商业街在国内成功的案例很多，但基本上都属于经过几十年市场长期锤炼的品牌化商业房地产综合形式。北京的王府井商业街，西单商业街，前门大栅栏商业街，上海南京路都属于典型的复合商业街形式，另外，它们都经过了长期的市场培育，在国内已经成为耳熟能详的商业品牌，所以它们的成功是自然的，必然的，也是值得借鉴的。

五、店铺内部设计

1. 店内装潢

需要装潢的店堂内部主要有三个方面，即天花板、墙壁和地面，因为这些是构成店铺内部环境的主要因素。如果这些因素没有发挥其作用，并与外部装饰相协调，那么就无法达到店铺形象的整体效果，从而会影响经营效率和销售效率。

2. 店内装饰的材料

装饰材料质地的不同会使店铺装饰产生不同的效果。材料质地的不同还会给人高贵或简陋的感觉。在质感处理上也要考虑质感的均衡。一般来说，光滑的材料能反射光线、粗糙的材料可以吸收光线；空间大的卖场应以质感粗一点的材料为主，而空间小的则宜采用光滑质感材料；大面积的墙面可以粗一些，重点装修的墙面则要精细一些，以取得对比的效果。

一般情况下，建筑空间是由各个面围合而成的。一般店铺内部空间大多呈六面体，由天棚、地面与墙面组成，处理好这三部分有助于加强店内空间的完整与统一。

3. 店内装饰技巧

在具体的店铺装饰上，至少应从以下两点进行设计：

第一，装饰要有广告效应，要给消费者以尽量强烈的视觉刺激。比如把店铺门面装饰成独特或怪异的形状，别出心裁，吸引“眼球”。

第二，装饰要结合商品特点加以联想。因为再新颖独特的装饰，其目的不仅只是吸引消费者的“眼球”，更重要的是使消费者没进店就知道里面可能有什么东西，并想进去看看。

六、功能区划分与业态分布

1. 国际经验

目前国际通行的商业区结构和业态分布为，购物占 30% ~ 35%，餐饮企业占 20% ~ 25%，休闲、娱乐、酒店、服务等占 30% ~ 40%。

2. 我国经验

根据中国步行商业街工作委员会对全国二十多条著名商业街的调查，从国际国内著名商业街的商业结构和业态分布来看，店铺比例大致为购物占50%左右，餐饮业占20%左右，休闲、娱乐、酒店、服务等占30%左右。从趋势来看，城市中心区和城市区域中心的商业步行街，购物比例呈下降趋势，旅游、餐饮、娱乐、休闲比例呈上升趋势。

3. 日本经验

据在东京地区所做的调查，银座商业中心总占地面积为39.5公顷，南北长1200米，东西宽500～600米。银座商业区内不同业态分布比例，见表13-1。

银座商业区内不同业态分布 **表13-1**

名称	数量	比例
零售商店	876家	42.8%
餐厅、茶馆、咖啡厅	534家	26.1%
画廊、展览馆、博物馆等文化交流设施	454家	22.2%
酒吧、歌舞厅	82家	8.9%
合计	2046家	

4. 北京经验

与该项目定位和功能相似的北京金泉广场商业步行街的餐饮、娱乐休闲比例就高达70%，金泉广场商业步行街位于亚运村核心位置，总体商业面积约6.5万平方米，由南北两条商业街组成，设有四个主力店（夜总会、洗浴、卡拉OK、迪厅）。商业业态设置为包含餐饮、服务、娱乐、购物等多种业态的特色复合型商业街。其营业面积比例的设置大致为：餐饮50%、服务20%、娱乐20%、购物10%。

5. 上海经验

根据麦肯锡公司的调查，上海的南京路、淮海路、徐家汇、南京西路等上海市四大商业街区商业功能结构收入比较，见表13-2。

上海四大商业街区商业功能结构收入比较　　表13-2

名称	南京路	淮海路	徐家汇	南京西路
零售	62%	60%	81%	32%
餐厅、娱乐、酒店、服务	11%	23%	12%	66%
其他	27%	17%	7%	2%
合计	100%	100%	100%	100%

连锁超市、百货、电器等成为零售商业生力军的今天，步行街必须大力引进主力店为经营的核心和龙头，要借助于品牌大商家的知名度和超强的聚客能力，为步行街的经营提供助推。由于龙头商家租赁面积大、租金要求低、位置要求好，一些开发商往往追求销售面积最大化，不少步行街项目或未引进主力店，或引进主力店不足。

其次，要注重业态的互补性。据相关资料统计，目前各地步行街二层以上的商铺空置率达七成，其原因主要在于二层以上物业在业态选择上雷同于首层的定位。如果对二层以上进行餐饮、休闲、文化、娱乐类定位，就会扭转这一局面。如惠州的数码街三层引进了游戏厅、特色饮食街，在定位方面与一、二层的服饰、鞋包形成互补，其经营状况并非惨淡，反而较火爆。

七、交通人流规划

交通因素是产生商业街，应先期规划设计立体交通网络，如上海南京路商业街，既有24条地面公交线路，又有地下一号线、二号线地铁交通线，还有市内环线高架路和市内铁路线，以及黄浦江的水运线。除此之外，对横空南京路商业街的五条街采取有组织、有计划地限量疏导通过方式。从而保障了南京路商业街的客流吞吐需求。北京王府井商业街，不具备上海南京路那样横贯商业街疏导型的路网条件，于是在东长安街地铁开通后，主动拓宽商业街周边路线，并打通连接王府井商业街和东二环路的边接线——金宝路。同时设定在王府井商业区内，只810米的步行街是限制车辆通行，而其余1340米的商业区属于半步行商业区域。

中、小型商业街，在不具备立体交通网状的情况下，可采取平面互动交通网设计。条件再差，也要具备一侧、一面、两端交通疏导型交通网络条件。

中国的城市商业街多数是借市成街模式，即自然形成市场，政府借市场气氛修路，进而完善市场，形成商业街。福州台江路商业街，借原有的榕城食品一条街，改造环境，巧借闽江自然风光，扩大元洪城购物中心的商圈，形成购物、休闲餐饮、旅游一体化繁华的产业街。这里要明确一点，商业街是借市成街，不可借店成街。因为一个店的商圈远远低于商业街的商圈，如北京东直门内餐饮一条街，是由 223 家不同风味、不同流派、不同规模的餐饮店，在 1500 米长的地段内有序排列组合而成的非一个店所能作为的。

与商业街的客流量、流速直接相关联的还有停车场问题。西方国家城市商业街，也同样存在停车场问题，但多数城市都已改造到位。如日本东京的银座，不但全部启用各大写字楼内的停车场所，而还建有专用停车楼。在 20 世纪 70 年代投资开发建设新宿商业中心区时，把停车场列入城市开发工程的前期项目开工。美国加州南岸广场(South Coast Plaza)步行商业街，有一万辆免费停车位。圣安那市第 17 街（ Main Pcace ）步行商业街，商业设施建设面积 60 万平方米，而建有 4000 辆汽车的停车场，可容纳 1025 辆机动车；12 个非机动车停车场，可停放 5750 辆自行车；5 个出租车停车场和 60 个三轮车停车场。如此规模的停车场所，在全国居首位，但与日均 50 万人次的客流量，尚有一定需求差距。从而可以看出，交通因素是决定商业街能否出现的前提。

第四节 步行街的招商与运营

总体看来，商业步行街的产生有三种模式：一是政府引导投资建设，如烟台海滨风情步行街、朝阳街。二是市场自发形成步行街，如上芥美食一条街、北大西街。三是专业运营商或地产商出资建设。如东方巴黎步行街，齐鲁古玩城一条街。不同模式产生的步行街，虽然具有各自的特点，但又都存在着更多的共性问题，二者同时决定着步行街能否成功运作，只有兼顾个性和共性两方面因素，找出并妥善解决这些问题，才能让一条街长期繁荣、昌盛下去。

一、招商容易出现的问题

1. 开发与招商脱节，留下诸多“后遗症”

开发与招商脱节，会导致项目定位失败，后期招商也会出现租赁不力、项目定位与招商业态冲突等致命问题，导致项目开发失败。例如，某一商业步行街属于某房地产开发公司投资建设。这种特定模式给它带来了自身的个性问题。在整个步行街建设前期，开发商急于回笼周转资金，以优厚的条件出售商铺产权，分隔出售小产权的大型商业物业。而这种开发与招商的不同步，直接导致了后期产权人拥有空网点房的后果，实际上是开发商的趋利性使得他们将风险转嫁到产权人身上。对于此种模式产生的步行街，前期开发与后期招商同步进行是关键，也是步行街发展的共性问题。

2. 步行街定位不准，商家濒临“死铺”

准确定位是成功开发商业街的必备要素之一，对步行商业街准确定位，要根据当地的实际状况和消费习惯、消费能力，做到因地制宜至关重要。步行街原先的定位是购物、休闲、餐饮，而目前诸多商家濒临“死铺”的经营状况让我们不得不思考这种定位，首先，这条街是新建的，不具有历史渊源；其次，所处的商圈状况复杂；再次，作为一条住宅区里的商业街，缺少自己的特色，所以很难将消费者吸引过来。

3. 龙头没有选好，缺乏专业规范的经营管理

培育商业市场一定要请专门的商业经营管理公司来做，因为市场经济就是一个分工的经济，隔行如隔山，对整个街道进行统一营销，必须有专门的经营公司操作。步行街在启动前虽有明确的商业发展规划，但启动后缺乏专业规范的经营管理，造成东方巴黎步行街目前经营惨淡的现状。由于在售前没有明确的市场定位，售后缺乏专业规范的经营管理，直接导致该类商业物业的经营业绩惨淡，其实际经营业绩回报远远低于市场预期，更远远低于开发商承诺的返租回报。从而出现在开发商返租合同到期后所购买的小产权商业物业无法出租，甚至零回报。

4. 整体形象塑造不够，未能形成独特品牌

每条商业街区，必须有自己独特的品牌形象，这样才能吸引人。首先，街道品牌形象的塑造与其定位有着密切关系。而东方巴黎步行街虽有定位，但在招商过程中，却没有制定严格的市场准入制度，商户入驻没有有效规范和控制，导致自身形象没有塑造好，缺少独特的品牌形象，人迹罕至也就理所当然。

其他两种模式的步行街，也有各自面临的问题，政府主张建设的步行街存在资金运转问题，市场自发形成的步行街存在统一规范管理的问题。类似的个性问题具体到每条街可能存在一定的差异性，这就需要特殊街道特殊对待，找准穴位，标本兼治。

二、运营发展建议

1. 政府、运营者、经营者要有机结合

政府主导步行街宣传和商业氛围平台的搭建。不管是什么街，没有政府支持，发展也就失去了依托。在步行街的发展中，政府应搞好各种宣传和商业氛围的平台的搭建。上海卢湾区政府在步行街发展过程中，始终在为淮海路、为新天地搭建商业的氛围和平台，跟企业一起唱戏。比如，卢湾区每年在淮海路和新天地举行新年的倒计时活动，有几万人聚到那里，是政府搭建平台，企业出资凝聚年轻人氛围。三、四月的时候，把上海国际时装周开幕式放在新天地，这样不仅展示了新天地，同时也为新天地发展打造了平台。众多政府支持主导的活动已经将上海淮海路推向世界，又把世界引回上海。这些活动丰富了淮海路，丰富了企业的繁荣。

2. 统一运营、统一管理

专业运营公司统一运营、统一管理，分离所有权和经营权。一条步行街的发展，关键是解决好管理和运营的问题。商业地产有个“一三五”法则：一年开发期，三年培养期，五年≠成长期。市场的培育需要很长的时间，短期内的市场培养不足以带动整条街的长期繁荣。没有专业运营公司对市场的统一运营、策划和推广，市场很难培育好。所以面对众多分散的产权人，首先要做的就是，想方设法让众多产权人达成“统一招标选择专业运营机构、

统一委托经营”的共识，由专业的商业经营管理公司对步行街进行全面的商业发展规划。在解决产权分散的问题，常州商业街的成功运作，为我们提供良好的经验。基本做法是:产权人达成共识,通过聘请专业运营机构统一运营。运营公司与业主之间签订《商业物业管理协议》和《商业经营管理公约》，在两份条约中明确彼此的权利和义务，从而很好的解决由于产权分散而引发的一系列经营管理问题。在这其中，政府可全力配合做好产权人思想工作，逐一解决这些制约步行街发展的障碍，实现所有权和经营权的分离。

3. 组建商务，发挥整体优势

组建商会组织连接各商户，发挥整体优势、自律经营。如何发挥商会或者协会的作用是步行街发展过程中需要探索的方向。政府已就步行街提供了优惠政策和措施，并取得了明显效果。但服务水平的提高、错位经营、诚信经营、诚信自律的工作，应由商会去做。比如诚信经营，商会签订一个公约，每个有影响的商家都签字承诺不搞欺诈性的打折，商会比政府做得更好。这就要求必须引导步行街经营的企业组织起来成立商会，把权利真正还给企业，由他们自己把事情做好。

4. 设立“门槛”、打造特色

特色出效益，因此必须树立自己的品牌形象。首先，在步行街启动和招商环节，必须设立“门槛”，制定严格市场准入制度，有选择的招商，显现出步行街的特色。从整个烟台市来看，目前还没有婚纱摄影特别集中的区域。而北京西单步行街，已成为北京婚纱摄影最为集中的特色街，聚集了33家婚纱摄影店。例如可以将情中情、郎郎等较有名气的婚纱摄影店以及贵族宝贝、小阿华等儿童摄影店聚集在一条街上，打造成一条婚纱摄影街，既能让顾客“货比三家”，又能降低顾客的时间成本，为消费提供便利。

5. 错位经营、互为补充

任何一条商业街区都肩负着一个城市名片、城市形象的功能。比如说东方巴黎步行街北面紧靠三站批发市场，东面毗邻百盛、振华商厦，附近已经拥有了很发达的服装业、零售业等商业点，这种优越的地理位置既给步行街的发展带了便利，同时也带来了压力。在这种布局下，一般消费者的购物地点为三站市场，高消费者则选择百盛、振华商厦，而且这种观念已经在消费者脑中潜移默化。但由于东方巴黎步行街毗邻长途汽车站、火车站、烟台港客运站，交通便利，其他地方的消费者来往比较方便。便利的交通、繁华的地段又为我们选择消费对象提供了商机。所以我们要避开锋芒，寻找新的市场，做到错位经营。如何与附近"五大电器"、三站酒水批发市场、小商品城实现商业链接，为年轻人结婚置办家电、购买婚宴所需的烟酒糖茶等物品实现"一站满足"。与三站儿童玩具、服装商场的有效链接成为儿童的"天堂"。所以，步行街的发展一定要做到错位经营和相互补充相结合，与周边经济地带经营范围既不交叉又相互连接，这样，才能做到共赢，才能繁荣区域经济、提升区域商业价值。

6. 以人为本，营造人气

不同的商业街从发展过程中都要经历几个阶段：第一，单纯以购物消费为主；第二，适当考虑一些对人的关怀；第三，是以人为本的原则。如果想长远发展步行街，必须从开始就贯彻以人为本的理念。比如说现在东方巴黎步行街商业空间的入口问题，停车问题，包括绿化和休闲空间问题，都是应该着重考虑和解决的。可以在正门入口处树立步行街标志牌，改造步行街北面停车场，在步行街中间放置一些休闲椅和夏日用的休闲伞，引进各种小吃点，修建公共厕所，打造良好的商业空间，以增加步行街逛的享受、食的美味、乐的休闲。所有步行街都是如此，只有让消费者感觉到人文的关怀，他们才会愿意来、乐意停留，才能为步行街带来人气和市场。

第五节 社区商业街休闲、娱乐业态选址要求

一、健身会所

（一）物业选址要求

1. 物业硬件

层高、柱距、荷载是否框架结构等物业问题。健身会所的层高至少应该

在 3.7 ~ 4 米，柱间距不应该小于 7 米，楼板的载荷在 300 ~ 350 公斤 / 平方米之间，这些标准都有一定的依据。比如，对于楼板载荷的要求，因为跑步机每台平均在 220 公斤左右，一个人体重平均在 60 公斤，再加上跑步时产生的冲力，所以楼板载荷应该在 300 ~ 350 公斤 / 平方米。

2. 热水

部分物业无热水设计，而健身客户需要有热水，这样就需要加锅炉，而使用锅炉最好要有低谷电，以便降低能耗，还要有相应的适合摆放锅炉的位置。

3. 新风量

一般物业设计的新风量不能满足大运动量时人体的需求，在此情况下需要对新风量设备加以改造；如果开发商在一开始就要引入健身客户，那就要把新风量问题考虑进去。一般要求新风量要达到 30 立方米 / 人 / 平方米。

4. 广告位

物业要为健身客户提供足够的广告位，以达到指引和宣传的目的；健身场所在开业前需要有一个预售卡的时间段，这样就需要物业方提供相应的预售卡位置。

5. 停车位

健身的消费人群一般是驾车的，这样，物业就要提供足够的停车位。

6. 租金

因为健身客户租金的承受能力都是比较低的，一般在 1.5 元左右，他们也表示，如果位置好最高租金可以承受在 3 元 / 天 / 平方米。这也是物业同健身客户之间最大的矛盾，如果物业想要通过健身客户来提高人气的话，就要以降低租金为代价。

7. 出入口

也是由于健身客户承受的租金较低，所以物业方提供给健身客户的位置一般都在地下一层或者三层以上的位置，这样就需要有独立并且方便的出入口。

8. 泳池趋势

目前的健身客户都希望选择的物业有泳池设计，所以开发商在前期规划时如果有意向引进健身客户，就要考虑到这方面的设计。

此外，健身会所都喜欢单层面积大的物业，因为不能把一个 5000 平方米的会所分布在 5 层楼上：一层刷卡，二层跑步，三层跳操，四层洗澡。这样会给会员带来极大的不便；同时每层都必须有管理、服务人员，也会增加人员成本。

（二）案例

青鸟健身选址要求见表 13-3。

青鸟健身选址要求 表 13-3

物业结构指标	具体要求	物业配备指标	具体要求	物业配备指标	具体要求
面积（m^2）	800~3000	装修标准	毛坯	新风量	3个500×500mm的新风口和2个500×500mm的排风口
单层面积（m^2）	≥800	空调要求	≥400卡/平方米/小时	排烟散热	—
楼层选择	1～3	电梯（部）	—	隔油池	—
结构层高要求（m）	≥5.2	步梯	根据楼层需要情况提供	排污	提供市政接口
开间要求（m）	—	供电	供电3000KVA以上	消防	符合消防安全标准
柱间要求（m）	9	供水	供水200吨/天	其他	
楼板承重（kg/m^2）	器械集中区域750kg/m^2;	燃气管道	需要		
		通信要求	提供2路电话线以上		
		洗手间	配有		
		停车位数量	30个以上		

二、健美服务会所

（一）业态成因

进入新世纪以后，我国经济发达地区，如上海等地的恩格尔系数将下降到 40% 以下，人们对生活的要求已不再满足一般的饱暖问题，而是对生活质量有了新的追求。一些健美会所（包括：保健、美容、减肥、康复、心理咨询等）会得到迅速发展。该业态在为人们提供无形商品（服务）的同时，又向人们销售有形商品，如保健、健美、美容、康复、减肥器具和用品。

（二）商圈选择

社区型、便利型商圈，可泊车。

（三）建筑形式

框架结构或无柱宽跨结构建筑，层高 4 米，周边有绿化布置的建筑，也可以选择其他服务种类可以使用的一般商铺或楼层商铺。

（四）面积

200 ~ 300 平方米。

三、美容SPA类

（一）选址要求

美容 SPA 类选址要求见表 13-4。

美容 SPA 类选址要求　　表 13-4

技术指标	具体要求
需求面积（m^2）	80~500
经营楼层选择（层）	≤3
结构层高要求（m）	≥4
给水排水	提供接口
燃气管道	不需要
排污	提供接口，排污水管直径要宽
物业交付装修标准	简单装修/毛坯

（二）案例

克丽缇娜选址要求见表 13-5。

克丽缇娜选址要求　　表 13-5

物业结构指标	具体要求	物业配备指标	具体要求	物业配备指标	具体要求
需求面积（m^2）	80~200	装修标准	简单装修/毛坯	新风量	—
单层面积（m^2）	—	空调要求	预留空调安装位置	排烟散热	—

续表

物业结构指标	具体要求	物业配备指标	具体要求	物业配备指标	具体要求
经营楼层选择	≤3	电梯（部）	—	隔油池	—
结构层高要（m）	≥4	步梯	—	排污	提供接口
开间要求（m）	8	供电	商业用电标准（三厢电）	消防	符合国家消费安全标准
柱间要求（m）	≥4	供水	提供接口	其他	—
楼板承重（kg/m^2）	—	燃气管道	不需要		
		通信要求	提供电话线配口		
		洗手间	需要		
		停车位数量（个）	5个以上		

四、美发类

（一）选址要求

美发类选址要求见表 13-6。

美发类选址要求 **表 13-6**

技术指标	具体要求
需求面积（m^2）	80~150
经营楼层选择（层）	1
结构层高要求（m）	≥4
开间（m）	4~8
进深（m）	10~20
给水排水	提供接口，能保持稳定正常
店前走道	裸露，最好不要有绿化带
燃气管道	不需要
排污	提供接口，排污水管直径要宽
物业交付装修标准	简单装修/毛坯

（二）案例

聚星选址要求见表13-7。

聚星选址要求 表13-7

物业结构指标	具体要求	物业配备指标	具体要求	物业配备指标	具体要求
需求面积（m^2）	120~300	装修标准	简单装修/毛坯	新风量	—
单层面积（m^2）	≥120	空调要求	预留空调安装位置	排烟散热	—
经营楼层选择（层）	≤3	电梯（部）	—	隔油池	—
结构层高要求（m）	≥4	步梯	—	排污	提供接口
开间要求（m）	8	供电	一般商业用电（三厢电）	消防	符合消防安全标准
柱间要求（m）	≥4	供水	一般商业用电	其他	—
楼板承重（kg/m^2）	—	燃气管道	不需要		
		通信要求	提供电话线配口		
		洗手间	需要		
		停车位数量（个）	1~5		

五、棋牌类

皇朝棋牌选址要求见表13-8。

皇朝棋牌选址要求 表13-8

物业结构指标	具体要求	物业配备指标	具体要求	物业配备指标	具体要求
需求面积（m^2）	150~300	装修标准	毛坯	新风量	
单层面积（m^2）	150（二层起）	空调要求	各包厢预留空调安装位置	排烟散热	
经营楼层选择（层）	2~3	电梯（部）		隔油池	
结构层高要求（m）	≥4	步梯	提供楼梯	排污	提供接口

续表

物业结构指标	具体要求	物业配备指标	具体要求	物业配备指标	具体要求
开间要求（m）	4	供电	一般商业用电（三厢电）	消防	符合消防安全标准
柱间要求（m）	≥4	供水	提供接口	其他	
楼板承重（kg/m²）		燃气管道	需要		
		通信要求	提供一路电话线以上		
		洗手间	有		
		停车位数量（个）	10左右		

六、影院

大地影院、金逸影院选址要求见表 13-9。

大地影院、金逸影院选址要求 **表** 13-9

		大地影院	金逸影视
商圈区位		二、三级城区中主要商圈； 3公里内不少于20万人城市商圈； 有独立的垂直交通	成熟商圈或有潜力的商圈； 购物中心内
物业要求	面积、楼层	1500m²； 项目顶层不高于6层	3000~6000m²（底层面积、不含夹层）3～5层
	层高、柱距	净高不低于6m； 柱距不低于10m	层高9m以上（可2层打通）
	物业形状	影厅内中空	
	楼板承重	400kg/m²	450kg/m²
	配套设施	给水排水/排油/排污/烟道： 消防安全到位； 供配电负荷：300KVA；	给水排水/排油/排污/烟道： 供配电负荷：250~380KVA 有相对独立的垂直电梯
	装修	毛坯	毛坯
	交通及停车		与商场主通道相连，门面12~20m，
合作方式		自营 租期15年、免租6个月 租金面议	自营 租期20年 保底租金和票房提成

七、KTV

KTV 选址要求见表 13-10。

KTV 选址要求　　表 13-10

要素		要求
区位/商圈		大型商业区底层或高密度居住区附近，公交线密集，使得消费者易达；但要求与居民区保持一定距离
物业要求	面积	3000~4000m^2，通常两层，不排斥地下面积
	层高	不小于2.8m
	楼板承重	350kg/m^2
	配套设施	供电500KVA、可接220V民用电及380V工业用电； 供水200t/d； 化油池通常3~5t、烟道1~2个规格为80~100cm
	广告位	要求3~15m的门头广告位
	停车位	一个拥有200个包房的KTV应需要200个停车位，以4.5m^2一个车位计；算停车场面积应在900m^2以上
	装修	要求做墙体隔音及内部小面积分割改造
合作方式		租期5年以上 租金2~3元/天·m^2

第十四章

商业地产策划实务

第一节 商业地产策划合同

商业地产招商策划代理合同书

甲方：×××××× （开发商）

乙方：×××××× （运营商）

根据有关法律法规，甲、乙双方本着平等、互利、长期合作的原则，双方经充分沟通和友好协商，就甲方在开发建设的 项目，委托乙方负责招商定位、招商代理、全案策划及营运管理等服务事宜，签订本合同，以资共同遵守。

一、项目简介

甲方开发的 项目，位于 ，甲方委托乙方提供本合同约定服务内容所涉范围为： ，（以下简称“项目”）。

二、乙方提供的服务

根据本合同约定，乙方应向甲方提供的服务应分为项目前期调研定位，招商策划代理和营运管理三个阶段。

（一）第一阶段：项目前期调研及定位

1. 该阶段服务期限

自______年____月____日起至______年____月____日止。

2. 该阶段乙方的工作目标及内容

3. 该阶段服务进度计划

（1）项目组进驻现场：乙方应在本合同签订的同时，向甲方提供该阶段服务项目专案组的成员名单，经甲方审核无异议后三日内，甲方依据本合同约定向乙方支付第一笔服务费，在乙方收到甲方支付的第一笔服务费之日起三个工作日内，乙方项目专案组成员进驻项目现场开展工作。

（2）全面实地调研：乙方专案组人员进驻项目现场后，应立即开展全面实地分析调研工作，了解项目前期进展、对项目所处区域商业市场进行调研分析、目标市场分析，并在自收到甲方支付的第一笔服务费之日起四周内，向甲方提出不少于两个的开发方案，供甲方选择使用。

（3）开发方案的研讨：甲方确认开发方案后两周内，乙方应开展消费者、目标客户市场调查，测试调研工作，并向甲方提交该项目的调研定位终期报告初稿，就定位概念向甲方作以充分汇报并与甲方共同研究。

（4）商业策划与定位报告的最终完成：乙方提交终期报告初稿后，专案组人员应就该终期初稿报告与甲方进行讨论并听取甲方的修改意见，并在五个工作日内按甲方意见修改完成并将最终稿提交甲方确认。

4. 该阶段服务费的支付

（1）该阶段服务费总额为人民币　　　　　　万元整。

（2）本合同签订后，且甲方确认乙方专案组人员名单之日起三个工作日内，甲方支付给乙方酬金人民币　　　　　　万元，作为预付款。

（3）在完成项目该阶段服务后，如甲方委托乙方继续提供第二阶段服务，负责项目的策划及招商代理的，则该阶段剩余的　　　　　　万元服务费甲方无须再向乙方支付，如甲方不委托乙方继续提供第二阶段服务，则甲方向乙方支付　　　　　　万元，本合同自动终止。

（二）第二阶段：项目招商策划及代理

1. 该阶段服务期限

如甲方对乙方提供的第一阶段服务满意，同意乙方继续提供第二阶段服务，则该阶段服务期限为：自甲方确认乙方提交的该项目《商业调研定位终期报告》之次日起至该项目正式开业满 6 个月之日止。

2. 该阶段乙方的工作目标及服务内容

3. 该阶段服务的实施方案和进度表：

（1）在本阶段服务开始前五日，乙方须向甲方提供该阶段服务内容的具体实施方案和《工作进度表》，甲方应在收到后十日内确认或提出异议。甲方确认后，该实施方案及《工作进度表》，即作为本合同附件予以履行。

（2）如甲方提出异议的，乙方应当根据甲方的意见在三日内提交修改后的方案和计划，如乙方不同意甲方意见或逾期未提交经修改的方案和计划的或修改二次后甲方仍不满意的，甲方有权解除合同，双方互不承担违约责任，甲方无须为此支付费用。

（3）该实施方案及《工作进度表》所确定的日期，甲方有权在合同履行期间根据实际情况予以调整，乙方应当无条件予以服从，甲方无须对该调整增加费用。

（4）乙方应当根据经甲方确认的《工作进度表》中的阶段期限计划或甲方调整后的期限计划履行服务项目，各项完成的日期以乙方提交该项目服务成果的书面报告之日为实际完成之日。

4. 该阶段招商租金的价格条件

（1）租金的标准不低于人民币　　　元 / 日 / 平方米。

（2）乙方应当严格遵守双方确定的租金底价及浮动幅度开展工作。非经甲方的书面同意，乙方不得擅自低于底价价格。

（3）若因市场因素必须调低价格时，经甲方同意后可以调整。同时，乙方应对市场进行预测性分析，以书面报告形式向甲方提报，以其针对价格进行综合性商议。

5. 该阶段工作模式

（1）专案小组：乙方按甲方确认的专案组名单成立该阶段服务专案组，专案小组人员应不少于 5 人。

（2）该阶段服务期限内，除常驻项目现场人员外，乙方应按每月不少于两次、每次不少于 2 人、每次不少于 7 天的标准向项目现场派驻资深工作人员到项目现场配合执行及指导。

（3）现场工作人员：乙方须于该阶段服务开始之日起三日内委派两名专业策划招商人员常驻项目现场（驻场人员须具备 5 年以上房地产策划及招商代理管理经验，并至少具备 3 个以上高档项目服务经历），具体负责该阶段服务的实施、执行和监控工作，以确保项目招商的质量。

（4）该阶段服务期间，常驻人员应全职负责甲方业务，乙方同意甲方将乙方常驻工作人员纳入甲方统一管理，作息时间按甲方工作人员执行。未经甲方同意，乙方不得随意更换、抽调或减少项目专项服务人员（长驻人员名单及个人履历详见附件）；如常驻人员不能胜任甲方工作要求，乙方有义务调换常驻人员至甲方认可；常驻人员的交通食宿等工作费用由乙方自行负责并承担费用。

（5）月例会制度：甲方每月召开一次例会，乙方项目负责人必须参加，并须按甲方具体要求，沟通项目情况及汇报工作成果，乙方参加例会所需费用由乙方自行承担。每月一次例会的具体召开日期和地点以甲方通知为准。

6. 乙方招商基本进度指标

（1）在______年____月____日前，招商面积应达到总招商面积的50%，在项目正式开业之日前应达到总招商面积的80%。具体指标以甲方与乙方负责招商的客户实际签订的正式合约，并甲方收到前三月租金为准。

（2）项目正式开业前，如乙方招商面积未达到项目总招商面积的80%或乙方未达到上述招商进度指标，则甲方有权解除合同，乙方的服务费减半。

7. 该阶段服务费的计取

该阶段服务费根据甲方与乙方招商的客户所签合约约定的租赁期限分别确定，乙方的招商客户与甲方签订合约的租赁期限不得少于1年，见表14-1。

租赁合同期限与佣金 **表14-1**

合约期限	佣金
1年~2年〔含2年〕	1.4个月租金
2年~4年（含4年）	1.6个月租金
4年以上	1.8个月租金

注：月租金指合约期限内之平均月租金

8. 该阶段服务费的支付方式

（1）该阶段服务费结算以乙方招商之客户与甲方签订正式的合约并交纳相当于三个月租金，且正式进场为前提条件。

（2）若乙方招商的客户在签订合约后悔约，甲方无须向乙方支付佣金，乙方应将已收取的服务费自甲方书面通知之日起三日内全额退还甲方，甲方也有权直接从应支付给乙方的服务费中扣除。

（3）该阶段服务期间，如果乙方招商客户退租、退场，乙方应负责立即招进新的客户进场。

（4）甲、乙双方以月作为该阶段服务费的结算周期。双方应于次月五日前对乙方上个月的服务费进行结算，甲方于确认结算值后的七日内向乙方支付服务费的50%，剩余50%在该阶段服务期满双方结算完毕后支付。

9. 该阶段服务成果的形式和要求

（1）该阶段服务期限内，乙方为甲方提供的服务应当以文字、图纸、图片或其他形式的载体体现，各服务成果具体载体均应当为至少书面文本二套以及至少电子文本一套（本合同另有约定的除外）。

（2）乙方提交的相应书面文件，应当满足科学性、合理性、可操作性和最大限度满足甲方利益，对报告内容应当进行充分说明，达到甲方工作人员可以充分理解。如甲方工作人员有异议，乙方应当负责给予充分解释。

（3）对于属于文案、设计内容的服务项目，乙方应当按期向甲方提交书面报告。

（4）其他服务项目如公关活动等，乙方应当向甲方提交相应的方案及建议，并配合甲方检查具体执行情况，随时提出修正意见，并在活动结束后三日内向甲方提交执行情况报告。

（5）乙方应当每月五日前，向甲方提交服务月报，其中应当包括当月计划、当月已完成的项目、计划履行情况、下月计划以及对已履行情况的分析、建议。前述文件，均须经甲方签字同意后方可执行，如甲方对其内容提出异议的，乙方应当按甲方意见限期修改，直至满足甲方要求。对于紧急事项，甲方可通过电话、传真通知确认，并在确认后24小时内以特快专递的方式发出书面确认。经甲方确认的营销计划、方案、样稿、报告等，乙方对其文件承担责任并应严格执行，不得更改，但可在履行中向甲方提出建议。

10. 广告策划、设计、发布服务

（1）甲方聘任乙方进行该项目的广告创意、设计，具体服务内容以每次甲方下发的《广告工作任务书》为准。

（2）乙方完成的设计应当清楚明晰，并注明其适用的媒体，相应的电子版本可以直接被广告公司、媒体或印刷企业等用于制作菲林（底片）；如甲方委托乙方办理实体的制作、印刷及广告的发布代理、具体活动的承办和拍摄、租片诸事宜时，须经甲、乙双方或甲方与第三方另行签订合同。

（3）如甲方需要，甲方可委托乙方负责广告发布、印刷品制作服务，具体以甲方工作任务书为准。因此所涉及的各项手续如广告发布审批手续，均由乙方负责办理，办理手续所需费用如人工费用等由乙方承担。广告发布的媒介，应当事先通知甲方并按甲方意见执行。

（4）本合同项下的广告设计工作，甲方有权选择具体广告另行选聘他人完成。

（5）该项目广告费预算为招商总金额的20%，合计约￥×× 万元。具体使用方式及额度由乙方另行制定计划报甲方审核，双方确定后按计划执行，内容包括发布内容、发布时间、发布媒体及设计文稿制作。

（6）对于乙方所设计出的广告设计，甲方应及时进行确认签字或提出书面意见，乙方则进行及时性的调整和修改。甲方负责广告发布的对外发包、发布等工作。

（7）对于该项目广告企划的设计和文案的撰写，乙方应根据甲方的书面意见和要求进行调整和修改并至完稿，制定媒体计划和时间进度，交甲方审定，并协助甲方进行相关活动的策划和建议。

（8）乙方有义务推荐媒体和供应商，甲方拥有最终决策权。

11. 其他要求

（1）对于每一项设计，包括广告设计等，乙方应当按期向甲方至少提供二套不同的设计（包括方案、说明和草图），各项设计应当明确其制作所需的材质、颜色等要求。由甲方选择其一或甲方根据乙方所提供的全部设计提出意见，乙方应当根据甲方意见修改，经甲方确认一套设计后出具图纸。甲方有权要求乙方对其设计方案进行修改或重新设计。

（2）乙方向甲方提交的各种策划、方案、设计、创意、报告等文件，均应加盖乙方公章及设计人员、起草人员以及审定人员的名称，并应当通过直接提交或特快专递邮寄的方式送达甲方，甲方不接受其他任何形式的送达。

（3）对于包括项目招商所需的事物用品设计、宣传品设计，乙方在每月的服务月报中应当明确下月计划设计项目，甲方可根据需要予以增减或要求推迟、提前设计。

（三）第三阶段：营运管理服务阶段

1. 该阶段服务期限

如甲方对乙方提供的第二阶段服务质量满意，同意乙方继续提供本阶段服务内容的，该阶段服务期限为：自该项目正式开业之日起一年。

2. 该阶段乙方的服务目标及工作内容（详见附件 3）

3. 该阶段服务费计取及支付方式

（1）乙方应在该阶段服务开始前成立专案组，专案组组成人员不少于 5 人。

（2）服务费用：每月服务费标准为人民币　　　　万元，按 12 个月计算，该阶段服务费总额为人民币　　　　万元整。

（3）支付方式：

该阶段服务期开始后 3 个工作日内甲方支付该阶段费用总额的 20%，即人民币　　　　万元整；剩余服务费　　　　万元，分 12 期支付，乙方该阶段服务每满一个月之日起 7 个工作日内，甲方向乙方支付人民币　　　万元。

三、服务费及其他费用

（1）甲方依据本合同约定向乙方支付的各阶段服务费，包括勘察、调查、走访、市场问卷调查、策划、设计、创意、材料、编制、监控、建议、培训、翻译、人工、出片、交通、邮寄、项目执行、制作、实施及广告作品的图片租赁、图片摄影、胶片、音乐、歌曲、输出、电脑完稿、税费、乙方专案组人员的差旅、食宿费等完成各阶段服务所需一切费用，除本合同另有约定外，甲方无需向乙方支付其他任何费用。

（2）甲方在向乙方支付各阶段服务费前，乙方应向甲方提交请款报告及各阶段服务成果报告，甲方审核无异议后七日内，向乙方支付服务费。

（3）乙方专案组人员的食宿费用由乙方自行承担，甲方向乙方支付的各阶段服务费包含前述费用，除本合同另有约定外，甲方无须另行支付。

（4）甲方支付费用的同时，乙方须向甲方相应出具正式合法发票，否则，甲方有权拒绝支付。

（5）其他费用

①媒介发布费：如甲方委托乙方发布广告的，在事先得到甲方认可的情况下，按媒介发布实际收费向甲方收取有关广告发布费用或由甲方直接支付予第三方。

②广告物料制作费：乙方应本着尽力为甲方节省费用、互惠互利的原则，努力寻求最低成本、最优制作向甲方报价，在经得甲方同意确认后，甲、乙

双方负责具体操作，并由甲方直接支付第三方费用。

③促销和公关活动执行费用：在费用预算得到甲方认可的前提下，按实际发生费用由甲方直接支付第三方费用。

④委托专业公司的服务费用，包括：劳务费、制作费、悬挂费、场地租赁费、政府部门管理费、各项税费、电费、清洁费、维修费按实际发生费用由甲方直接支付予第三方。

⑤以上各项费用的发生，乙方应事先取得甲方的认可，否则由乙方自行承担。

四、乙方各阶段服务的专案小组

（1）乙方应按本合同约定，成立各阶段服务专案组。乙方应在本合同签订同时，向甲方提供各阶段服务项目专案组的成员名单，由甲方审核确认。

（2）乙方成立的各阶段服务专案组人员应当由从事过3个以上与该项目相应阶段服务内容同规模、同类型项目的市场调研、招商策划、客户服务、市场营销、广告创作、设计制作、媒介、市场推广及营运管理等工作的专业人员组成。乙方所提交的名单，应当附有各成员的履历。

（3）在乙方提交名单及乙方提供各阶段服务期间，甲方有权对该具体工作人员的工作表现或业务水平提出意见，有权要求乙方更换。乙方应在接到甲方通知之日起三日内予以更换。乙方保证其所提供的工作人员名单及简历的真实性，否则因此而产生的责任、纠纷均由乙方承担。

五、甲方责任

（1）在各阶段服务期间，甲方应真实地向乙方提供企业及项目的相关资料，如背景资料、本项目相关的建筑图纸和规划等。

（2）甲方指定××代表甲方具体执行本合同，向乙方提供及时、准确的信息咨询；但该甲方代表所作出的任何承诺、保证、函件、签字、确认等，均须加盖甲方公章方为有效。

（3）按照双方商定的工作进度及时做好乙方所提交方案的审核工作，乙方提交的方案、建议和作品，甲方应于七个工作日予以书面回复（另有约定的除外）；对于乙方提交的文件、报告、申请等，甲方应及时作出答复，但甲方的未答复，并不视为甲方认可。

（4）按照合同规定的付款方式和付款期限向乙方支付服务费等相关费用。

（5）甲方有权监督评估乙方及乙方专案组人员的工作业绩和服务质量的权利。

（6）如乙方不执行本合同所规定的义务，使甲方利益受到严重损失，则甲方有权单方面终止合同，并向乙方索取相应的赔偿。

（7）甲方除享有上述权利外，甲方在乙方提供的各服务阶段，分别享有如下权利：

1）第一阶段：

甲方有权得到乙方提交的有关该项目的调研定位资料及报告。

2）第二阶段：

①甲方有权审查并修改乙方所提交的书面报告或工作建议等文件。

②甲方有权参加、监督乙方与招商客户的招商谈判工作。

③甲方享有乙方负责项目过程中的广告企划、广告设计及策划过程中所有涉及对外宣传、商业协议的签订及招商策略的最终决策权。

④甲方负责与乙方招商客户签订合约等与该项目有关的任何文件。

⑤甲方负责统一收取招商客户交纳的订金（定金）、押金及租金等款项。乙方不得向招商客户收取任何费用，否则一切责任由乙方自行承担。

3）第三阶段

甲方有权审查修改乙方提交的有关管理制度、工作流程、计划等文件并有权监督乙方的实际执行及考察乙方的服务质量。

甲方有权审定乙方提出的运营管理服务年度计划、财务预算及决算等文件。

六、乙方责任

（1）乙方应向甲方提供能够证明其所有合法证照之副本及复印件（复印件须加盖公章），经甲方确认后留复印件存查。

（2）乙方应在项目范围内进行服务工作，不得以违反商业道德与欺诈、瞒骗的行为从事商业活动，不得违背甲方意愿做任何有损甲方声誉或经济利益的行为，否则所造成甲方之损失或法律纠纷由乙方全部负责。

（3）本合同项下的工作，乙方应当全部自行完成，未经甲方书面同意，不得转托他人完成。

（4）乙方现指定 ××× 为该项目的负责人，负责整个服务项目的安排、执行和与甲方的沟通、联络。该负责人向甲方所作出的任何承诺、保证、函件、签字、确认等均视为乙方的行为，均由乙方承担责任。

（5）因任何原因合同解除或终止的，乙方应当在三日内立即返还甲方所有有关文件、资料，并向甲方妥善交接一切有关工作。在合同履行期间和合同终止后，乙方均应对甲方的文档资料和一切未授权乙方公开的信息保密，不得向任何人吐露在合同中获知的甲方秘密。

（6）合同中由乙方负责的所有工作均应事先以书面形式交予甲方确认，该书面提案交予甲方前均应由乙方项目负责人审阅同意并签字确认；甲方一经确认，乙方应严格执行，不得随意更改经由甲方审定的方案。

（7）在本合同履行过程中，乙方除承担上述责任外，在各阶段服务期间，乙方还负有下述责任：

1）第一阶段：

乙方现场工作人员应及时将甲方的意见传达公司总部，乙方应配备相关项目经理及业务执行人员，负责执行已拟订好的市场计划并监控市场反馈。

2）第二阶段：

①乙方负责项目招商的总体策划及工作进度，以及广告策划、媒体广告设计、促销活动计划等全部内容。

②乙方应负责起草该项目招商所需相关合同文件，并提交甲方审查。相关合同文件内容的最终决定权由甲方确定，并以甲方与客户最终签订的为准。

③乙方应协助甲方同招商客户洽谈合同中的相关条款，保证甲方获得良好经济利益和社会利益。所有招商过程中，需与客户签订的文件，包括租赁合同等文件，乙方必须提交甲方，由甲方签订。未经甲方书面同意，乙方不得以甲方名义或与项目有关事宜对外签署任何文件或作出任何承诺、保证。否则，一切责任均由乙方承担。

④乙方向甲方提供之设计、方案等，必须符合国家法律之规定，并经甲方审核同意后方可执行。乙方应按甲方要求提供方案（电子文档形式），并负

责制作过程中的监督、看样及质量验收。如果乙方设计、方案引起法律纠纷，法律责任由乙方承担，甲方不因审核同意而承担任何责任。如因此影响甲方商誉或给甲方造成损失的，乙方应当予以赔偿。

⑤乙方必须严格按本合同要求和相关工作进度表或甲方调整后的进度要求分阶段完成甲方委托的各有关具体工作，并应积极处理甲方交办的各项工作，并保证在约定时间内按计划完成招商任务。

⑥乙方有义务在甲方要求的合理工作时间内依据甲方意见完成任何策划、营销、设计等工作方案的修改，并在未征得甲方同意及授权下，不得擅自发布和执行任何计划和方案。

⑦作为专业公司，乙方必须以严谨、专业的态度和方法为甲方提供专业的策划、招商代理及设计等各项服务，并具体负责甲方委托项目的监控、实施和执行，以确保项目招商客户的质量。由于乙方的工作失误而导致甲方的损失，由乙方承担。

⑧乙方在宣传、介绍过程中，必须做到如实陈述，不得做不符合实际的虚假宣传甚至欺诈，相关宣传材料必须经甲方事先审定后方可使用。

⑨乙方必须以明示的方式，不使公众误解乙方为甲方的代理人，不使公众误解乙方的行为由甲方承担责任。

⑩乙方向甲方提交的各种策划、方案、设计、创意、报告等正式文件，均应加盖乙方公章或乙方负责人签名，并注明乙方设计人员、起草人员以及审定人员的名称，通过直接提交或特快专递邮寄的方式送达甲方。

⑪乙方自行制作的招商手册、宣传资料、招商广告等必须经甲方书面确认后，方可使用，未经甲方确认的招商资料产生不实之词或法律责任，均由乙方自行承担。

⑫乙方同意甲方可以将乙方的名称、标志等（包括设计、策划人员的姓名）免费用于该项目的对外宣传。

3）第三阶段：

①乙方负责指定项目营运管理所需各项规章制度的制定，并在相关制度实施前，提交甲方审查确认，未经甲方书面确认，相关制度不得执行实施。

②乙方承诺及同意忠实执行与运营管理顾问之一切事宜、并在遇到有任何特别事项时，向甲方提供最有利于该项目运营管理的建议方案。

③督促该项目范围内业主及占用该项目任何部分的任何人，遵守和执行项目营运的各项管理制度，承担因乙方原因导致的项目受到有关部门的处罚及罚款等损失的责任。

七、声明及保证

（1）乙方在此承诺并保证在 ×× 范围内不再承接任何与甲方的该项目相同或相类似的或与甲方直接竞争的服务项目，否则，甲方有权解除本合同，乙方并应当承担本合同总金额 10% 的违约赔偿金。

（2）经甲方同意后乙方与第三方合作的，乙方须保证本合同约定的费用、比例低于或不高于乙方与其他合作方的收费标准。如有违反，甲方可提前终止合同并不予支付乙方已发生的上述费用。

（3）乙方在其广告作品中适当位置加入乙方公司的名称及电话，要事先取得甲方同意，否则不得实施。

八、特别条款

（1）本合同的签订及合同中所确定的各服务项目，并不视为由乙方独家服务，甲方有权在合同期限内根据需要将部分或全部服务项目委托其他人，甲方亦有权通知乙方而减少服务内容和项目。

（2）本合同履行过程中，甲方有权提前十日通知乙方而解除合同，合同解除后，双方按已履行的期限及本合同约定的服务费标准据实结算，多退少补，甲方不再承担其他补偿、赔偿责任。

九、违约责任及合同的解除

（1）甲方无正当理由逾期支付服务费的，每逾期一日，须向乙方支付应付服务费万分之三的违约金。

（2）乙方未按计划期限或甲方通知调整后的进程时间向乙方提交方案、策划、设计等或有其他迟延提供服务的行为，每逾期一日，乙方须向甲方支付人民币 500 元的违约金，逾期达五日的，甲方有权解除本合同。

（3）如甲方对乙方完成的任何一期工作成果不满意（包括调研报告、《工作进度表》、工作计划、工作方案等），乙方应当进行修改。经两次修改后甲方仍不满意的，甲方有权解除本合同，而无需向乙方支付任何赔偿、补偿。

（4）合同期内，如因乙方原因造成甲方损失或损害甲方商誉的，甲方有权解除本合同，乙方并应赔偿甲方受到的实际损失。

（5）乙方违反本合同其他约定的，经甲方通知限期改正或履行，而期满仍未改正或履行的，甲方有权解除本合同。

（6）因乙方原因而合同解除或终止的，乙方应当向甲方支付本合同总金额20%的违约赔偿金，如该违约赔偿金不足以弥补甲方的损失，乙方还须赔偿甲方的实际损失。

（7）合同期内，如乙方未征得甲方同意，擅自发布或执行违背甲方意愿的宣传和各类公关活动，甲方不负任何责任，造成甲方损失的，乙方应视实际情况向甲方赔偿经济、名誉损失，并承担法律责任。

十、知识产权

（1）合同期内，乙方各阶段服务向甲方提供的一切报告、营销、策划、创意、设计方案等工作成果，一经由甲方审核、确认并采用，其使用权、著作权（版权）、载体所有权等权利均归甲方所有，甲方有权用于广告发布、对外宣传以及再转让等。本合同期满或提前解除后，未经甲方同意，乙方不得使用上述工作成果。

（2）乙方须保证其向甲方提供的营销、策划、创意、设计、方案等服务和作品的内容，包括所使用的图片、标志、用语、音乐、肖像、数据、表现形式等均合法取得，保证有权使用并可用于甲方项目的使用和广告发布，乙方不得侵犯他人的著作权、版权、肖像权等权利。如侵犯他人权利或违反相关规定的，由乙方承担责任、费用及行政处罚。如造成甲方损失的，乙方并应当赔偿甲方的损失，包括但不限于：诉讼费、仲裁费、律师费、鉴定费、公证费、差旅费等。如甲方为继续使用而支付使用费等，该费用由乙方承担。

（3）有关项目招商或其他招商工具的设计、制作，如甲方以图书的形式正式出版发行，则版权归甲方所有。

十一、保密责任

（1）为履行本合同，甲方向乙方提供经营、业务、产品、技术等有关的文件、信息、图纸及软件等，乙方须对甲方所提供的上述资料和所知悉的甲方的一切未经公开的商业秘密负有保密义务，并应采取一切合理的措施以使其所接受的资料免于散发、传播、披露、复制、滥用及被无关人员接触。如乙方违反本条款，甲方有权解除本合同，同时乙方须赔偿甲方因此而受到的损失。

（2）对于甲方提供的资料及乙方完成的服务成果，乙方应当在合同解除或终止时交还甲方。甲方无须为此而额外支付费用。

十二、免责条款

（1）如因不可抗力致使一方不能履行本合同义务的，该方不承担责任，但该方应在合理的时间内提供所发生的不可抗力的证明文件。

（2）甲方有权提前十日通知乙方而解除或暂停合同，双方按乙方已提供的服务及本合同约定价款结算，甲方未支付的部分在双方结算后七日内结算，除此之外，甲方不再承担其他责任。

十三、争议的解决

双方因本合同发生争议的，应协商解决，协商不成时，任何一方可提请项目所在地人民法院诉讼解决。

十四、通知

（1）甲方根据本合同发出任何通知书予乙方，可发送至如下地址：

地址：　　　　　　　　　　　　邮编：

甲方也可直接发送至乙方服务现场。

经邮局将通知书寄出48小时后，视为送达。

（2）所有乙方根据本合同发出予甲方的书面通知或向乙方提交的工作成果，如派人送达的，应直接送达到，可发送致如下地址：

地址：　　　　　　　　　　　　邮编：

如采取特快专递送达的，以甲方实际收到为准。

十五、其他

（1）本合同附件系本合同的组成部分，同合同正文具有同等法律效力。

（2）本合同自双方法定代表人签字并加盖公章后生效。本合同一式四份，双方各执两份。

甲方：　　　　　　　　　　　　乙方：

代表：　　　　　　　　　　　　代表：

签署日期：______年____月____日　　签署地点：

第二节　商业项目招商策划书范本

第一部分：市场调研

目的：

• 通过对于 ×× 市总体商业市场的研究（包括经济、政策、商业动态等），明确项目发展的大环境和市场背景，把握目前的外部环境发展动脉，在了解总体供需关系、市场信息的前提下为项目定位提供方向性的指导；

• 对该项目主要影响和竞争区域的相关商业市场进行调查和分析，辨别区域市场商业特性、发展特点、经营模式等，明确项目所能辐射的研究区域，并分析出区域电子市场未来发展走势，为项目定位提供依据；

• 通过对影响市场相关性较大的要素（消费人群、交通、配套设施等）为分析重点，对于项目外部发展条件有一个全面认识。明确其对于该项目的影响，进一步为项目的发展方向提供一定的保证。

• 包含内容见图 14-1。

1. 宏观市场环境的调查与分析

◆ 总体经济环境分析

◆ 总体商业发展政策分析

◆ 动态市场信息的收集与分析

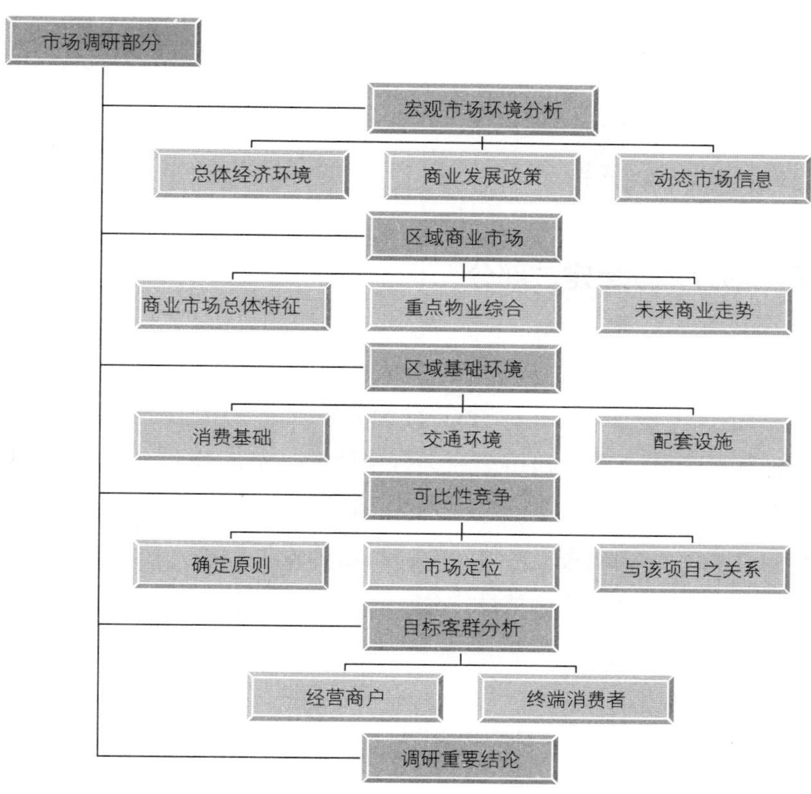

图 14-1 市场调研包括的内容

2. 区域商业市场分析

◆ 区域商业市场总体特征分析

◆ 区域重点商业物业供应分析

◆ 区域商业市场未来发展分析

3. 区域基础环境分析

◆ 区域消费人群分析

◆ 交通状况分析

◆ 相关配套设施分析

4. 可比性竞争分析

◆ 可比性项目的确定

◆ 可比性项目的市场定位分析

◆ 可比性项目对该项目所带来的影响

5. 电子商业物业目标客群分析

◆ 经营者分析

◆ 终端消费者分析

6. 调研部分相关结论

第二部分：项目定位部分

目的：

• 在前期市场调研报告以及相关结论的基础上，通过对项目区位、时机、自身条件等因素和外部可利用资源进行全面的分析、整合，结合项目优劣势分析，提出商业项目开发、经营的核心价值体系；

• 明确项目发展的总体方向，并对项目的发展规模、位置、业态形式等进行总体的规划，确定项目总体定位，为项目产品组合、营销模式的选择等后期工作提供强有力的统领作用。

• 包含内容见图 14-2。

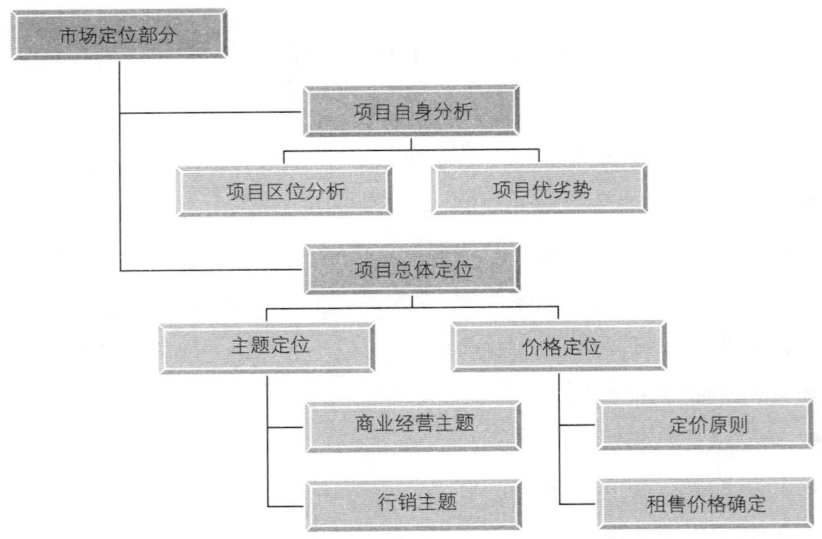

图 14-2 项目定位包含的内容

1. 项目自身分析

◆ 项目区位分析

◆ 项目 SWOT 分析

2. 项目总体定位

◆ 项目主题概念定位

◆ 经营业态及目标客户组合定位

3. 项目价格定位

◆ 定价的依据说明

◆ 租售价格的制定

第三部分：产品建议

目的：

• 针对项目的地理位置、发展规模、未来机遇等因素，对该项目商业包装、面积划分、内部功能设置、商业硬件设施设置和人流动线等进行详尽建议，优化产品设计，制定项目整体设计理念和方向；

• 本报告为市场定位的产品体现，也为后期营销推广提供更为清晰的诉求重点，起到整体策划中承上启下的关键作用。

• 主要内容见图 14-3。

1. 产品塑造主题

2. 商业经营产品改造建议

◆ 店铺分割与功能布局

1）店铺分割总体策略的确定

2）物业功能布局的设计与规划

（柱间距、层数、层高、商铺面宽、进深、单位铺位等）

◆ 交通组织系统

（外部交通组织、内部交通组织、出入口、中庭、电梯、消防通道、休息场所、停车场等）

◆ 经营管理产品

（仓储空间的设计与规划、中央空调系统设计、智能化保安系统设计、电子商务平台设计等）

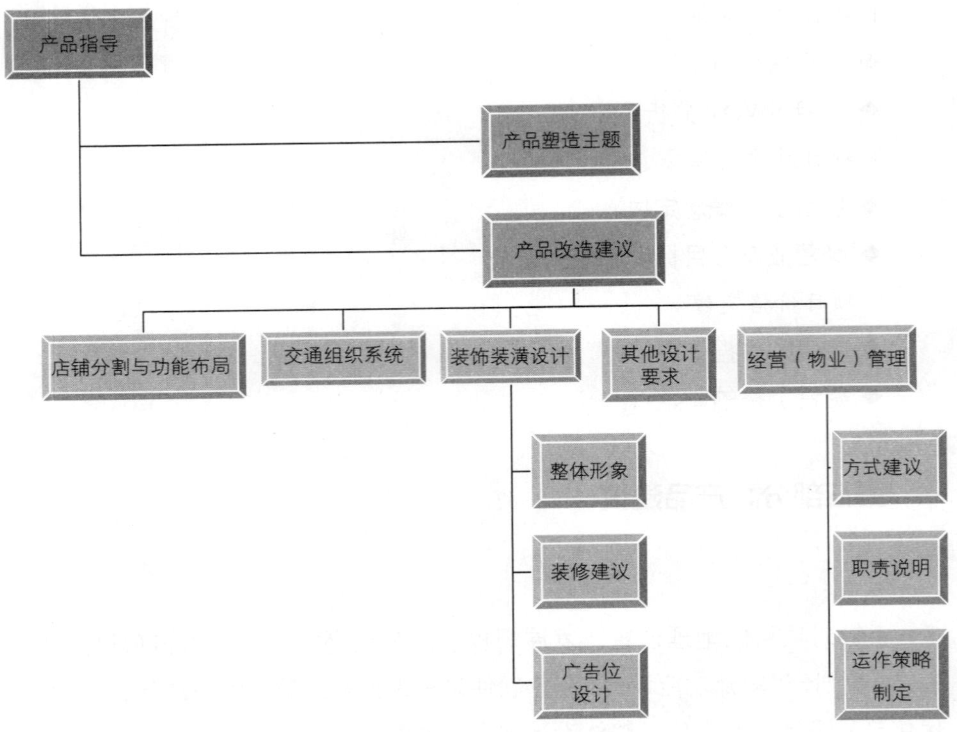

图 14-3 产品建议包含的内容

◆ 装饰装潢设计

（整体形象与风格建议、外立面设计、内部装修标准、绿化建议、灯光建议、景观小品建议、广告位设计等）

3. 商业经营管理（物业管理）建议

◆ 商业经营管理模式的建议

◆ 商业经营管理职责的确定（介入时机的选择、工作内容的确定、管理方式的制定、管理费用的确定等）

◆ 商业经营管理针对项目长期、稳定发展运作策略的制定

第四部分：招商销售策略计划

目的：

• 制定招商销售策略，促进项目的营运能在适合市场发展的基础上得以

提升，提供有利于项目发展的招商销售推广手段，以配合项目未来的经营；

• 根据市场的不同情况，调整项目的招商销售推广方式，对操作的进展情况做出必要和及时的修订。

• 主要内容见图 14-4。

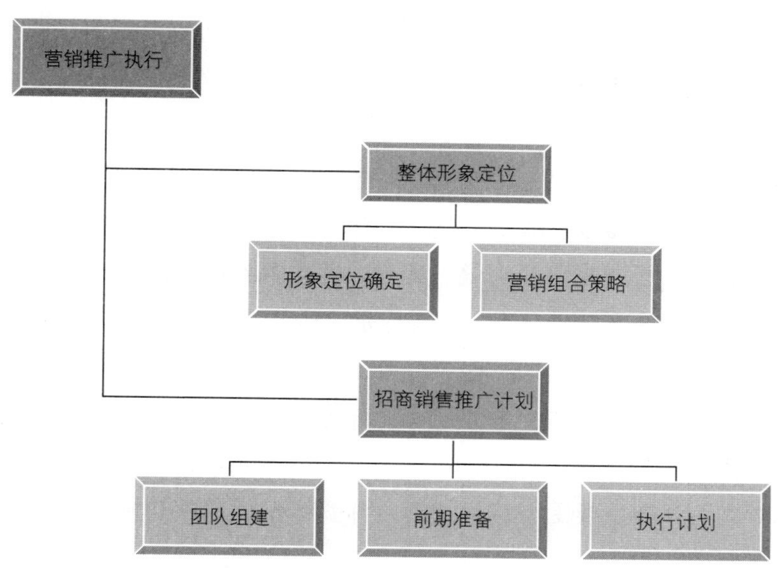

图 14-4 招商销售策略计划

1. 商业整体形象定位

◆ 形象定位确定

◆ 营销组合策略

2. 招商销售推广计划

◆ 招商销售团队组建

◆ 招商销售前期准备工作

◆ 招商销售执行计划

第三节　商业项目招商流程

一、确立目标

招商策划是招商过程的第一步，那么，招商策划程序的第一步又是什么呢？策划程序的第一步是确立目标。只有目标确立了，策划工作才能做到有的放矢。确定目标包括三个方面：第一，要达到的目标是什么；第二，围绕目标进行随后的一切工作；第三，目标是否得到了实现。比如，要策划一次海外的新闻发布会。在策划过程中，首先得确定这次新闻发布会的目标是什么？要达到一个什么目的？通过新闻发布会，我们或者是要让世界了解我们的投资环境，了解我们的优惠政策，提高我们的知名度；或者是推出多少项目。目标确立之后，随后要围绕目标搜集各种资料，制定各类方案，最后检查目标是否得到了实现。

二、搜集资料

招商策划程序的第二步是广泛地、大量地收集信息，获取情报。信息收集对招商工作来说，显得尤为重要。从一定程度上来说，招商过程就是一个收集信息、寻找机遇、寻求合作伙伴的过程。一个地区、一个单位的信息流量大、信息面广，就有可能获得较多的招商机会，取得较好的招商成绩。如果信息闭塞，与外界交往甚少，要想招到较多的项目是不可想象的。因此，在招商策划中，收集资料、获取信息是非常重要的一环。收集信息时要把握如下几个要点：第一，既要注重信息的针对性，但也不要放过信息的广泛性。如策划新闻发布会时，事先理所当然要重点收集与新闻发布会相关的资料及信息，但也不要放过附带而来的一些资料及信息。因为有时稍加留心就可以获得一些意外收获。这一点在广州经济技术开发区的招商史上不乏其例。如某广场项目就是偶尔从报刊上获得的一则消息而因此引进的。第二，要注意改进收集资料、获取信息的手段。信息瞬息万变，信息交换日益频繁，信息流量不断增加，获取信息的方式也在不断更新。要尝试采用各种先进的手段来收集信息。第三，要对信息及时加以处理，并提高加工处理信息的能力。信息是有时效性的，一定期限内信息才有价值，过时的信息是一钱不值的。要提高对信息的分析、处理和加工能力，对信息进行深加工，从而使信息的价值量大增。

三、制订方案

制订方案是招商策划的一个重要程序，因为方案的优劣直接影响招商策划后几个程序的进行，直接关系到招商效果的大小。因此，必须极为重视招商方案的制订这一环节。

招商方案的制订要考虑两个因素：一是方案的可行性，二是方案的可选择性。制定招商方案要切合实际，制定的目标要能够实现，或者说经过努力能够实现。不能不顾实际和可能凭空拍脑袋，不切实际，制订无法实现的方案。所谓方案的可选择性，就是指要同时制订各类方案，以利于决策人物能比较选择其中最优的方案。为什么要同时提出各类招商方案？这是因为方案的提出与实施之间有一个时间差，在这个时间差里，可能会由于政策、市场或政治、军事、文化等因素的变化而使整个招商环境发生改变，从而使原先制订的招商方案无法实施。如果同时制订几类招商方案，当一个方案不可行时可以实施另一个方案，这样就能化被动为主动。比如，在策划海外的新闻发布会时，可以预先提出在美国、德国或日本举行等几类方案，以利比较选择。

四、选择方案

各类招商方案提出来了，比较选择其中最合适、最理想的方案也就成为招商策划中一个带有决策意义的重要环节。如果方案选择得好，继而进行的招商工作就有可能取得好的成绩；如果方案选择不当，就会影响效果。

那么，如何比较选择各类招商方案呢？第一，要考虑招商方案是否与招商工作的长远战略目标相一致。前面已经提到，招商是一项系统工程，对该地区、该单位的招商工作要站在战略的角度进行准确的目标定位，在组织一项具体的招商活动时，首先要考虑招商方案是否与长远的招商目标相一致。第二，要选择成功率较高的一种方案。成功率的大小与方案的科学性和创造性有关，也与外方的政治、经济、宗教、文化、地理等因素有关，要选择双方有良好合作意向，把握较大的招商对象。第三，要选择成本较小，而效果又相对较好的一种方案。成本包括机会成本和货币成本。机会成本是指在得到一个机会时而又失去另一个机会所付出的代价。如决定到美国招商的同时，失去了在日本招商的可能性。在比较选择方案时，要选择机会成本和货币成本都较小，而效果又较好的一种方案。

五、方案实施

方案的实施就是将招商方案付诸实际、付诸行动的过程。一般说来，实施的方案是在各类招商方案中经过了严格筛选和充分论证的，是可行和可靠的方案。因此，实施过程中要遵守原方案中制订的程序、原则和操作办法，不得随意变更时间、地点、出席会议的人员等，在万不得已的情况下才改变会议的有关事项。方案的实施一般是一段较为集中且不太长的时间，如举办一个招商会一般只是一星期左右。在方案的实施期内，参加招商会的有关人员最好每天开个碰头会，交流当天的工作情况，明确下一天的工作任务。这样做可以避免工作的盲目性，使大家做得心中有数，有利于在工作中互相支持，加强协调。招商会有其自身的特点，招商方案也有其不同一般的特性。招商方案的实施过程中，尤其要注意信息的捕捉和资料的收集、储存、整理，这样才能保证招商会获得尽可能大的收获。因此，在整个招商活动期间内，需组织尽可能多的力量，主动出击，广交朋友，挖掘新的信息，建立新的招商渠道。

六、跟踪反馈

招商方案较为集中的实施阶段结束后，并不是招商方案全部过程的完结，更不是招商策划的终止。要圆满地完成整个策划工作，还有一道必不可少的程序——方案的跟踪、反馈。跟踪得好，能巩固和扩大招商会的成果，达到事半功倍的效果；跟踪得不得力，则有可能前功尽弃。因此，策划者要极为重视方案的跟踪、反馈工作。

跟踪和反馈主要表现在以下几个方面。第一，主动征询和收集外方(他方)对整个招商方案(如招商会)的意见。在外商或他人眼里看来，此次招商活动成功的地方在哪里？需要改进和注意的地方在哪里？通过收集这些反馈意见，对以后进行类似的招商策划和制订招商方案时能有所借鉴。第二，对在招商活动中所捕捉到的信息要继续跟踪，对新接触的外商要保持联系，不要出现招商会一结束，信息和来往就随之终止的局面。对有意向的合作项目，要在方案实施之后创造条件促其尽快签约。第三，对在招商活动中已签约的项目要加快立项和报批工作，促使项目尽早上马，促使外资尽快到位，使合作项目进入实质性的实施和建设阶段。第四，对“如何做好方案实施后的跟踪反馈工作”也应制订一个方案，分工到人，明确职责，并定期检查跟踪、反馈工作的成效。

附录：商业地产策划表格

表格目录

表格使用说明

一、此套表格为项目日常用表格，填报时应按照公司要求的时间完整填写。

二、填报时应按照标准格式填写：带有 ××LOGO 的页眉；标题为黑体小三字体，表格项目类为黑体五号字体，内容为楷体小四；涉及合计栏的，为黑体五号，数字部分应加粗。

三、填报时，如表格部分填写不下的，可另附文字说明，并在表格内备注说明。

四、每个表格可单独使用。

五、该系列表格自　　年　月启用，解释权归项目管理中心。不明白或有异议的，请致电咨询。

六、各项目在使用过程中，应根据实际情况提出改进意见和建议，然后发送至：

客户需求调查

<table>
<tr><td>客户姓名</td><td></td><td>客户年龄</td><td></td><td>联系方式</td><td></td></tr>
<tr><td>家庭成员</td><td></td><td>工作单位</td><td></td><td>现住地址</td><td>______市______县______路（街）______号</td></tr>
<tr><td>您第一意向选择的楼号是</td><td colspan="5">______#楼______单元______层______户
□1层 □2层 □3层 □4层 □5层 □6层 □6.5层</td></tr>
<tr><td>您打算选择的户型及面积为</td><td colspan="5">一室：□30～45m² □45～55m² 二室：□80～90m² □90～100m²
三室：□90～115m² □115～125m² □125～140m² 四室：□130～144m² □144～155m² □155～165m²
复式：□105～130m² □130～155m² □160～200m²以上</td></tr>
<tr><td>对本项目的获知方式</td><td colspan="5">□报广 □道旗 □电台 □电视 □派单 □举牌 □路过
□户外 □朋友介绍 □网络 □其他：__________</td></tr>
<tr><td>选择本项目最关心哪种因素
（限选三项）</td><td colspan="5">□销售单价 □户型设计 □房屋总房款 □内部景观 □交房时间 □首付款 □工程质量
□物业管理 □升值潜力 □周边配套 □开发商品 □地段 □其他__________（请注明）</td></tr>
<tr><td>选择本项目时感觉最满意的地方是：
（限选三项）</td><td colspan="5">□社区规模 □生态环境 □工程质量 □内部景观 □社区配套 □学校配套 □户型设计
□物业管理 □开发商品牌 □升值潜力 □地段 □其他__________（请注明）</td></tr>
<tr><td>您选择本项目的用途是</td><td colspan="5">□改善居住品质 □给父母购房 □给子女购房 □投资 □其他__________（请注明）</td></tr>
<tr><td>您可能选择何种付款方式</td><td colspan="5">□一次性 □银行按揭 □公积金</td></tr>
<tr><td>您现在的住房属于哪种情况</td><td colspan="5">□自购商品房 □集资房 □单位分房 □父母购房 □租房 □自建房</td></tr>
<tr><td>您目前的家庭结构</td><td colspan="5">□未婚单身 □已婚无小孩 □已婚有小孩 □已婚有小孩和老人 □其他</td></tr>
<tr><td>您的家庭月收入水平</td><td colspan="5">□2000元以下 □2000～3000元 □3000～5000元 □5000～8000元 □8000元以上</td></tr>
<tr><td>置业顾问</td><td colspan="2"></td><td colspan="2">填表日期</td><td>______年____月____日</td></tr>
</table>

来访客户分析表

置业顾问：＿＿＿＿＿＿　意向类型：＿＿＿＿＿＿　时 间：＿＿＿年＿＿月＿＿日

<table>
<tr><td rowspan="2">客户资料</td><td>姓 名</td><td></td><td>年 龄</td><td></td><td>性 别</td><td></td><td>籍 贯</td><td></td></tr>
<tr><td>联系方式</td><td colspan="5">宅电：　手机：　办公室：</td><td>居住区域</td><td></td></tr>
<tr><td rowspan="2">客户概括</td><td>购买用途</td><td colspan="2"></td><td>置业次数</td><td colspan="2"></td><td>看房人数</td><td></td></tr>
<tr><td>看房工具</td><td></td><td>车号/品牌</td><td colspan="5"></td></tr>
<tr><td rowspan="2">职业</td><td rowspan="2">从事行业</td><td rowspan="2"></td><td rowspan="2">性质</td><td>公务员</td><td>公司职员</td><td colspan="2">企事业管理人员</td><td>自由职业者</td></tr>
<tr><td>个体户</td><td>私营企业主</td><td>教 师</td><td>军 人</td><td>其他：</td></tr>
<tr><td rowspan="2">来访渠道</td><td>《大河报》</td><td>《郑州晚报》</td><td>其他报纸</td><td>户外广告</td><td>网 络</td><td>DM单页</td><td>路 过</td><td>其他：</td></tr>
<tr><td>朋友介绍</td><td colspan="2">介绍人姓名：</td><td colspan="5">联系方式：</td></tr>
<tr><td colspan="2">意向户型</td><td></td><td>意向面积</td><td></td><td>意向房源</td><td colspan="3">号楼　层　户</td></tr>
<tr><td colspan="2">第一次来访时间</td><td></td><td>洽谈时间</td><td colspan="5"></td></tr>
<tr><td colspan="9">洽 谈 白 描（请详细填写）</td></tr>
<tr><td colspan="9"></td></tr>
</table>

项目回访客户登记表

序号	日期	客户姓名	来访次数	首访日期	锁定房源情况	主要抗性或问题点	成交与否	置业顾问

项目大定统计表

序号	姓名	年龄	大定时间	签约时间	联系方式	物业坐落	户型面积	总价	单价	优惠	付款方式	置业顾问

项目合同统计表

序号	合同号	姓名	联系方式	职业	物业坐落	大定时间	签约时间	合同情况							置业顾问
								面积	单价	首付款	贷款额	总价	优惠	付款方式	

老带新推荐看房表

项目名称：　　　　　　　　　　　　　　　申请日期：　年　月　日

老业主姓名		联系电话	
房屋坐落		老业主签名	
新业主姓名		欲购坐落	
联系电话		面　积	
初访日期		下定日期	
付款方式	【1】一次性　【2】按揭　【3】公积金		
原 单 价		额外优惠	
原 优 惠		优惠后单价	
置业顾问签字：			日期：
案场销售经理或主管签字：			日期：
项目经理签字：			日期：
开发公司案场负责人签字			日期：
开发公司负责人签字：			日期：
需存档部门	开发公司、公司客户资源部、项目客服专员或行政专员各1份		
备注	1.每组老带新客户要在新客户第一次来访当天填写此表，每组老带新优惠以见此表方可执行； 2.此表的保密级别为A级，不得随意公开；此表的每项内容必须填写 3.此表由本项目客服专员或行政专员统一保管，并做电子文档保存； 4.老客户必须是亲自到案场签字确认。		

________项目置业顾问销售情况分析表（周）

时间：_月_日—_月_日

置业顾问姓名	销售基本数据统计						成交房源统计（套）				未成交原因分析		分析处理意见
	来访情况			成交情况			多层	高层	小户型	商铺	客户主要抗性	销讲/接待	
	初访（组）	回访（组）	回访率（%）	意向（组）	已成交（套）	成交率（%）							

备注：该表格仅作为项目经理在销售管理中的工具表使用，不作为目标考评的依据。

________项目____月份目标任务及奖惩办法

一、目标任务（考核以 □大定 □金额计）

类型	大定（套）	合同（套）	合同金额（万元）	认筹卡办理（个）	考核截止日期	目标分解（人均任务）
多层					月　日	
高层					月　日	
小户型					月　日	
地下车库					月　日	
商铺					月　日	
合　计					月　日	

二、提成标准

类别	基本标准（‰）	浮动标准（‰）：（以文字形式说明）
多层		
高层		
小户型		
地下车库		
商铺		

三、销售人员目标达成情况奖惩（以文字说明）

奖励办法	处罚办法

四、项目管理人员奖惩办法（以文字说明）

奖励办法	处罚办法

项目经理签字		总经理批示	

公司______年____月报表

项目		盛世家园	盛世广场	沁阳家园	亚星晓城	蓝钻	花都港湾	第一城	森林公寓	永丰心座	克拉城	月度合计	年度累计
大定数据	住宅大定												
	商铺写字楼												
	车库												
	项目合计												
合同数据	新成交住宅合同												
	合同合计												
	住宅合同金额												
	商铺写字楼签约												
	签约金额												
	车位地下室金额												
	销售总金额												

续表

项目		盛世家园	盛世广场	沁阳家园	亚星晓城	蓝钻	花都港湾	第一城	森林公寓	永丰心座	克拉城	月度合计	年度累计
来访数据	来访总量												
	新客户												
	回访客户												
来电数据													
住宅销售资源	住宅总套数												
	已售套数												
	库存套数												
	总面积（m^2）												
	已售面积（m^2）												
	库存面积（m^2）												
	住宅总金额												

续表

项目		盛世家园	盛世广场	沁阳家园	亚星晓城	蓝钻	花都港湾	第一城	森林公寓	永丰心座	克拉城	月度合计	年度累计
住宅销售资源	已售金额												
	已售均价												
	库存金额												
商铺销售资源	商铺总面积（m^2）												
	商铺总金额												
	已售面积（m^2）												
	已售金额												
	库存面积（m^2）												
	库存金额												
	已售均价												

________项目大定逾期情况汇总

本月成交______套，逾期______套，逾期比率________%。

序号	客户姓名	大定日期	合同约定签约日期	实际签约日期	合同约定过期天数	公司规定过期天数	过期原因	置业顾问
1								
2								
3								
4								
5								
6								
7								
8								
9								
10								

项目经理意见：

备注：请案场秘书做好统计，每天更新后发至项目管理中心邮箱：XXx@163.com

________项目周工作总结与计划

周工作总结（_月_日—_月_日）

一、销售情况

大定（套）【与计划相比：　　】						合同（元）【与计划相比：　　】					优惠卡办理（个）		剩余房源（套）		
本周情况			本月累计			本周		本月累计		剩余大定	本周	月累计	高层	多层	商铺
高层	多层	商铺	高层	多层	商铺	数量	金额	数量	金额						

销售员销售情况（以数量排序）：　　　　上半年累计：

二、来电、来访及按揭办理情况

来电（组）		来访（组）				按揭情况【本月累计：办理　户，到账　万元】				
数量	获知渠道	新客户	老客户	来访渠道		本周办理（户）		本周到账（万元）		过期数量及原因

三、重点工作、存在问题及解决措施

本周重点	存在问题	解决措施	责任人

续表

<table>
<tr><td colspan="10">四、需要公司协调事宜</td></tr>
<tr><td colspan="10">周工作计划（_月_日—_月_日）</td></tr>
<tr><td colspan="10">一、销售目标</td></tr>
<tr><td colspan="4">大定</td><td rowspan="2">意向金（个）</td><td colspan="2">合同（元）</td><td colspan="2">按揭办理（户）</td><td>目标分解</td></tr>
<tr><td>多层</td><td>高层</td><td>商铺</td><td>车库</td><td>数量</td><td>金额</td><td>按揭</td><td>公积金</td><td rowspan="2">目标分解：</td></tr>
<tr><td></td><td></td><td></td><td></td><td></td><td></td><td></td><td></td><td></td></tr>
</table>

<table>
<tr><td colspan="3">二、重点工作（总负责人：　　　　）</td></tr>
<tr><td>销售组织（责任人：）</td><td>媒体推广（责任人：）</td><td>渠道（责任人：）</td></tr>
<tr><td></td><td></td><td></td></tr>
<tr><td></td><td></td><td></td></tr>
</table>

________项目销售日报表

2007 年____月____日星期____：　　　　　　　　　　　　　　　　　　　　值班经理：________

大定套数	累计套数	合同套数	合同金额		累计合同套数	剩余大定	过期大定	来访总量	新客户	回访客户	未登记客户	来电量	与月度目标差距	与阶段性目标差距

人员	个人业绩情况						当日来访情况					本月来访情况								
	大定套数		意向金		签约套数		当日来访总量	初访		回访		月来访总量	初访		回访		来访总量成交率	来访总量回访率	月度大定名次	月度签约名次
	本日	本月合计	本日	阶段合计	本日	本月合计		登记客户	未登记客户	成交客户	未成交客户		登记客户	未登记客户	成交客户	未成交客户				
合计																				

来访途径	报纸	路过	户外	派单	举牌	短信	网络	介绍	老业主	来电邀约
客户需求	高层	多层	商铺	$90m^2$以下	$90\sim144m^2$	$144\sim170m^2$	$170m^2$以上	$200m^2$以上	其他	
渠道	报纸	路过	户外	派单	举牌	短信	网络	介绍	老业主	来电邀约

________项目月（周）报表

大定（套）	大定	较上月（周）相比	剩余大定	大定情况						与目标对比	过期套数
				多层	高层	商铺	车库	写字楼	小户型		

合同（万元）	合同	较上月	金额	合同面积	实现均价	合同细分						累计金额
						多层	高层	商铺	车库	写字楼	小户型	

库存资源数据	数量（套）			面积（m^2）			金额（万元）			
	住宅总套	已售	库存套数	总面积	已售面积	库存面积	总金额	已售	均价	库存金额

销售员业绩	第1名		第2名		第3名		第4名		第5名		最后1名	
	套数	金额	套数	金额	套数	金额	套数	金额	套数	金额	套数	金额

来访	途径	总量	新来访	回访	报纸	户外	路过	介绍	派单	举牌	短信	网络	老业主
	数量												
	比例												

成交	区域	总量	二七区	金水区	管城区	中原区	惠济区	东开发区	西开发区	新密登新郑许	上街荥阳巩义	其他地市
	数量											
	比例											

续表

<table>
<tr><td colspan="2" rowspan="2">大定（套）</td><td colspan="2">大定</td><td colspan="2">较上月（周）相比</td><td>剩余大定</td><td colspan="6">大定情况</td><td>与目标对比</td><td>过期套数</td></tr>
<tr><td colspan="2"></td><td colspan="2"></td><td></td><td>多层</td><td>高层</td><td>商铺</td><td>车库</td><td>写字楼</td><td>小户型</td><td></td><td></td></tr>
<tr><td colspan="2"></td><td colspan="2"></td><td colspan="2"></td><td></td><td></td><td></td><td></td><td></td><td></td><td></td><td></td><td></td></tr>
<tr><td rowspan="3">来电</td><td colspan="2"></td><td>总量</td><td>报纸</td><td>户外</td><td>路过</td><td>派单</td><td>举牌</td><td>短信</td><td>网络</td><td>老业主</td><td>介绍</td><td>其他</td><td></td></tr>
<tr><td colspan="2">数量</td><td></td><td></td><td></td><td></td><td></td><td></td><td></td><td></td><td></td><td></td><td></td><td></td></tr>
<tr><td colspan="2">比例</td><td></td><td></td><td></td><td></td><td></td><td></td><td></td><td></td><td></td><td></td><td></td><td></td></tr>
<tr><td colspan="2" rowspan="3">按揭办理</td><td colspan="5">按揭情况</td><td colspan="2">公积金情况</td><td colspan="2">逾期情况</td><td colspan="4">主要原因分析</td></tr>
<tr><td colspan="2">应办数</td><td>实际</td><td>未办数</td><td>已下账</td><td>应办</td><td>未办</td><td>本月逾期</td><td>累计</td><td colspan="4" rowspan="2"></td></tr>
<tr><td colspan="2"></td><td></td><td></td><td></td><td></td><td></td><td></td><td></td></tr>
</table>

________项目按揭办理情况汇总

序号	客户姓名	签约日期	按揭办理日期	未办理原因	办理后欠缺资料情况	提交日期	置业顾问
1							
2							
3							
4							
5							
6							
7							
8							
9							
10							
11							
12							
13							
14							
15							
16							

备注：请案场客服做好统计，每天更新发至项目管理中心邮箱 XXx@163.com

______项目公积金未到账客户明细

序号	客户姓名	签约日期	合同约定到账时间	客户信息备案表领取时间	逾期到账时间	面积	首付款	贷款额	总金额	置业顾问
1										
2										
3										
4										
5										
6										
7										
8										
9										
10										
11										
12										
13										
14										
15										
16										

________项目开盘选房前认筹客户回访表

卡号	客户姓名	联系方式	需求位置	面积	主要抗性	第一次回访记录	第二次回访记录	第三次回访记录	心理价位	是否领选房须知	意向判断

备注：

项目经理、销售部经理、置业顾问共同使用。如置业顾问认为某些客户意向不强或者已经放弃购买，则收回统一安排回访；同时，对解筹率进行核实。

________项目认筹前客户跟踪回访筛选表

序号	来访时间	客户姓名	联系方式	需求位置	面积	来访次数	主要抗性	第1次回访	第2次回访	第3次回访	置业顾问

项目认筹客户选房当天跟踪检查表

卡号	姓名	联系方式	需求位置	面积	选房时间	是否到访	是否锁定房源	成交情况	未到访及未成交原因分析

______项目____年__月度营销推广方案

第一部分：上月营销工作总结

一、目标任务完成情况

大定（套）	多层（套）	高层（套）	商铺/写字楼（套）	车位、地下室
合同（套）	销售面积	销售金额		

二、来访客户、成交统计表

1. 客户来访数据

来访客户总量（组）	新客户（组）	回访客户（组）	成交率

2. 来访客户渠道分析表

渠道	报纸广告	路过	介绍	户外	派单	短信	其他
数量							
比例							

3. 成交客户区域分析表（根据各个项目确定区域个数）

区域	二七区	金水区	管城区	中原区	惠济区	东开发区	新密登封	外地市
数量								
比例								

4. 热销房源情况表（集中销售较多的楼栋、单元、房型、面积）

热销排名	楼栋	套数	热销面积	热销楼层
1				
2				
3				

三、销售业绩统计表

名次	1	2	3	4	最后一名
置业顾问					
合同套数					
合同金额					
平均销售套数					

四、本项目上月存在的主要问题

存在问题	具体因素
人员方面	
房源方面	
渠道监督执行	
销售培训	
销售机制与创新	
管理方面	
其他方面	

×× 市场调查计划安排表

调研类型	调研内容	调研形式	调研时间	人员配备
一	荣昌宏观经济调研	经济环境		
		政策环境		
		人口环境		
		交通条件		
		区域内总体价格水平与供求关系		
二	项目及周边区域环境调查	用地状况及开发条件		
		项目所在地周边环境（主要针对配套设施情况、人口数量和素质分析等）		
		区域交通状况		

续表

调研类型	调研内容	调研形式	调研时间	人员配备
三	消费者调查	问卷调查 （分别在三区域执行：1.项目周边地区；2.相对项目较远区域；3.竞争楼盘售房部买房客户拦截）		
四	竞争楼盘调查	产品 （区位、产品特征、公司组成、交楼时间等）		
		价格 （单价、总价、付款方式等）		
		广告 （售楼部、媒体、广告投入强度、诉求点等）		
		销售情况 （销售率、销售顺序、客户群分析等）		
		物业管理 （管理内容、情况、费用以及管理公司等 ）		
合计：				
备注：进度；				

第二部分：本月营销推广方案

一、营销目标

大定（套）	多层（套）	高层（套）	商铺/写字楼（套）	车位、地下室
合同（套）	销售面积	销售金额	人均目标任务	

二、主推房源情况

主推楼栋	套数	主要户型	面积	物业类型
#楼				
#楼				
#楼				
#楼				
合计				

三、销售组织

1. 房价优惠办法（正常销售期优惠、阶段性集中选房活动优惠）

产品类型	多层平层	顶层复式	小户型	高层	商铺	写字楼	其他
基础优惠							
额外优惠							
老带新优惠							
对老客户奖励办法							

2. 促销抽奖

活动主题	执行时间	活动内容	参与客户群	预计品种数量	费用
合计					

四、营销推广策略

1. 营销推广整体思路：（100 字以内）

2. 营销推广渠道表

类别 渠道	执行时间	执行区域	数量	规格/单价	费用预算
短信					
派单					
举牌					
巡展					
直邮					
社区海报					
其他					
合计					

3. 物料

类别 名称	执行时间	数量	规格/单价	费用预算
单页				
楼书				
折页				
海报				
计算单				
吊旗				
小礼品				
展板				
展架				
条幅/喷绘				
道旗				
其他				
合计				

4. 公关活动（后附：公关活动执行方案）

活动主题	活动日期	活动地点	活动对象	主要内容	费用预算

五、媒体计划

1. 报纸媒体计划

内容 报纸类型	日期	版面/规格	主题	媒体费用
合计				

2. 户外广告计划

内容 广告位置	日期	版面/规格	主题	费用
合计				

3. 夹报计划

内容 报纸类型	日期	区域	数量/规格	主题	媒体费用
合计					

六、费用总预算

渠道（元）	活动（元）	促销（元）	物料（元）	媒体（元）	费用合计（元）

七、需要协调支持的事项

类别 事项	主要内容	支持单位（XX/开发商/人）	完成时间

________项目月推广费用明细表

序号	时间	品名	数量	单价	总价	是否正规发票	支付方式	费用支出方式	用途	经手人	备注

项目经理________　　　　推广专员________

项目日常工作自检表

项目名称：　　　　　　　　　　检查时间：　年　月　日　时

项目	加减分情况	检查内容											
基础管理类		卫生		仪容仪表		考勤		礼仪		个人物品管理		公司物品管理	
		问题	处理情况	问题	处理情况	问题	处理情况	问题	处理情况	问题	处理情况	问题	处理情况
		档案管理		营销资料		保安保洁		样板间		办公设备		电脑软件	
		问题	处理情况	问题	处理情况	问题	处理情况	问题	处理情况	问题	处理情况	问题	处理情况
销售物料类		户型册		X展架		报架		展板		道旗		吊旗	
		问题	处理情况	问题	处理情况	问题	处理情况	问题	处理情况	问题	处理情况	问题	处理情况
		条幅		订单		单页（宣传册）		公告栏		公文张贴			
		问题	处理情况	问题	处理情况	问题	处理情况	问题	处理情况	问题	处理情况		
案场管理类		接待轮排		播报		喊控		成交祝贺		来电接听		价格销控	
		问题	处理情况	问题	处理情况	问题	处理情况	问题	处理情况	问题	处理情况	问题	处理情况
		秘书电脑		资料录入		客户接待							
		问题	处理情况	问题	处理情况	问题	处理情况						

续表

项目	加减分情况	检查内容											
规范性作业类		来电登记本		来访登记本		回访登记本		客户回访登记本		秘书日志		来访白描	
		问题	处理情况	问题	处理情况	问题	处理情况	问题	处理情况	问题	处理情况	问题	处理情况
		诚意书		满意度调查表		会议纪要		一堂一所纪要					
		问题	处理情况	问题	处理情况	问题	处理情况	问题	处理情况				
销售执行类		大定		签约		按揭办理		优惠审批		合同更名		销控房源	
		问题	处理情况	问题	处理情况	问题	处理情况	问题	处理情况	问题	处理情况	问题	处理情况
		客户意见		员工异动或意见收集									

检查人：　　　　　　　　　　项目负责人签字：

________项目

____年__月__日至__月__日阶段性销售任务完成情况奖罚明细表（销售人员）

序号	时间	销售人员姓名	任务套数	完成套数	奖励（元）	罚款（元）	执行时间	奖惩兑现情况
合计								

____年__月__日至__月__日阶段性销售任务完成情况奖罚明细表（管理人员）

序号	时间	管理人员姓名	任务套数	完成套数	奖励（元）	罚款（元）	执行时间	奖惩兑现情况
合计								
阶段奖罚措施								

行政人员：________　　　　项目经理：________

（备注：此表格为项目每月制定的阶段性考核奖罚用）

________项目____月份日常开支明细表

序号	购买时间	品名	数量	单价（元）	总价（元）	用途	经手人	流向	备注
合计									

财务部：______ 项目经理：______ 行政人员：______

（备注：此表用于对由公司支付的项目上非推广费用的日常开支记录）

ETERNAL Sun 恒辉地产顾问机构 工作任务书（A） 编号HHGW：070815-1

<table>
<tr><td>接受任务部门</td><td></td><td>接受责任人</td><td></td></tr>
<tr><td>工作任务</td><td colspan="3"></td></tr>
<tr><td>具体要求</td><td colspan="3"></td></tr>
<tr><td>完成时间</td><td colspan="3"></td></tr>
<tr><td rowspan="2">责任人签字</td><td rowspan="2"></td><td>下单部门</td><td></td></tr>
<tr><td>下单人</td><td></td></tr>
</table>

备注：工作任务书一式两份，A 份由任务接受人留存；B 份由下单部门留存。（必要时上报督察办备查）

ETERNAL Sun 恒辉地产顾问机构 工作任务书（B） 编号HHGW：070815-1

<table>
<tr><td>接受任务部门</td><td></td><td>接受责任人</td><td></td></tr>
<tr><td>工作任务</td><td colspan="3"></td></tr>
<tr><td>具体要求</td><td colspan="3"></td></tr>
<tr><td>完成时间</td><td colspan="3"></td></tr>
<tr><td>实际完成情况</td><td colspan="3"></td></tr>
<tr><td rowspan="2">责任人签字</td><td rowspan="2"></td><td>下单部门</td><td></td></tr>
<tr><td>下单人</td><td></td></tr>
</table>

备注：工作任务书一式两份，A 份由任务接受人留存；B 份由下单部门留存。

________项目提成统计表

序号	大定时间	约定签约时间	实际签约时间	客户姓名	物业位置	面积（m^2）	付款情况（万元）						提成情况			置业顾问
							单价	首付款	贷款	地下室	总价	到账	比例	金额	实提	
1																
2																
3																
4																
5																
6																
7																
8																
9																
10																
合计																

使用说明：
此表由秘书按照公司不同阶段下发的提成比例制作
上报部门：　　邮箱：
上报时间：每月 5 日上报上月的销售员提成